7대 이슈로 보는

돈의 역사 2

7대 이슈로 보는
돈의 역사 2

—

2020년 11월 4일 초판 1쇄 발행
2022년 10월 10일 초판 11쇄 발행

—

지은이 홍춘욱
펴낸이 김정수, 강준규

—

책임편집 유형일
마케팅 추영대
마케팅지원 배진경, 임혜솔, 송지유

—

펴낸곳 (주)로크미디어
출판등록 2003년 3월 24일
주소 서울시 마포구 성암로 330 DMC첨단산업센터 318호
전화 번호 02-3273-5135
팩스 번호 02-3273-5134
편집 070-7863-0333
홈페이지 http://rokmedia.com
이메일 rokmedia@empas.com

—

ISBN 979-11-354-8953-2 (03320)
책값은 표지 뒷면에 적혀 있습니다.

—

• 잘못 만들어진 책은 구입하신 서점에서 교환해 드립니다.

7대 이슈로 보는

돈의 역사 2

화폐, 전염병, 기후변화, 경쟁, 신뢰, 금융위기, 갈등

The History of Money

홍춘욱 지음

ROK MEDIA

서문

2019년 발간된 책 『50대 사건으로 보는 돈의 역사』가 많은 사랑을 받으면서 후속작에 대한 부담이 날이 갈수록 커졌다. 무엇보다 독자들로부터 단 한 번도 경험해본 적 없을 정도로 많은 메일을 받았는데, "내용을 이해하기 어려운 부분이 있다"며 질문을 던지는 경우가 잦아 진땀을 흘렸던 기억이 선명하다.

독자들의 의견을 감안해 『돈의 역사 2』는 최대한 쉽게 쓰려고 노력했다. 경제학을 어렵게 느끼는 독자들을 위해 최대한 일상적인 용어를 사용했고, 더 많은 정보를 알기 원하는 독자들을 위해 각 장의 마지막 부분에 '더 깊게 읽기'를 덧붙였다. 또한 책의 구성도 바꾸었다. 『50대 사건으로 보는 돈의 역사』는 돈의 역사에 영향을 미친 중요한 사건을 중심으로 시간 흐름에 따라 구성했다면, 『돈의 역사 2』는 크게 일곱 가지 주제를 중심으로 구성해 경제학의 기본적인 개념을 익힐 수 있게 했다.

1부에서는 '신뢰'의 문제를 다룬다. 지난 1975년 전라남도 신안에서 발견된 보물선에 왜 중국 동전이 28톤이나 실려 있었는지, 그 의문을 풀다 보면 '돈'이 어떤 식으로 사회구성원들에게 수용되고 또 어떻게 신뢰를 잃어버리게 되는지 이해할 수 있을 것이다.

간단하게 설명하자면, 신안 보물선에 중국 동전이 가득 실려 있었던 이유는 당시 중국에서 금속화폐를 더 이상 쓰지 않아서였다. 송나라에서 시작되었던 금융 혁신이 원나라 때에 정착 단계에 도달해 '교초交鈔'라는 지폐가 경제 활동에서 지배적인 위치를 차지하고 있었기에, 중국 사람들은 쓸모가 없어진 옛날 동전을 수출하고 귀금속이나 유황 같은 긴요한 상품을 수입할 목적으로 일본으로 항해를 나서다 배가 난파됐던 것이다.

그런데 이와 같은 금융 혁신은 원나라 멸망을 전후해 '단절'되었다. 이 책의 2부는 전염병이 인간의 경제생활에 어떤 영향을 미쳤는지 본격적으로 다루는데, 14세기 중반 흑사병 창궐에 따른 원나라의 몰락이 주인공의 자리를 차지한다. 송나라 때 인구가 1억에 달했지만, 명나라 개국 초기에 이뤄진 인구 조사에서는 5천만 명대로 줄어들었으니 200년 동안 중국 사람들이 얼마나 끔찍한 일을 겪었는지 짐작할 수 있으리라 생각한다. 전염병으로 수많은 사람이 목숨을 잃고 원나라가 멸망하는 과정에서 중국 사람들은 '지폐'에 대해, 아니 정부가 주도하는 화폐 시스템에 대해 더 이상 신뢰하지 않게 되었다. 물론 원나라의 뒤를 이은 명나라와 청나라 모두 지폐 및 주화를 발행하고 이를 정착시키기 위해 노력했지만, 민간 상거래에서 지폐 및 주화는 부차적인 존재에 불과했다. 왕조가 멸망하거나 전염병이 도는 순간 지폐가 휴지조각이 되어 그것으로는 필수품을 구입할 수 없다는 사실을 몸소 깨달은 중국인들이 금이나 은 같은 귀금속만을 '화폐'로 인정했기 때문이다. 중국인의 귀금속에 대한 갈증을 해소해준 것은 스페인의 갤리온선이었다. 멕시코에서 필리핀을 거쳐 중국으로 유입된 은이 명나라에 경제 혁명을 일으킨 밑거름이 되었다.

그러나 명나라의 경제 혁명은 불완전한 것이었다. 한 나라의 통화 공급이 자체적으로 이루어지지 못하고 다른 이의 손에 이루어지는 것은 매우 위험한 일이다. 결국 1640년을 전후해 명나라에 수입되는 은의 양이 급격히 감소하며, 심각한 위기가 찾아왔다. 명나라 멸망 직전 은의 수입이 줄어든 원인을 둘러싸고 역사학자들이 끊임없이 논쟁을 벌이고 있는데, 은의 수입 감소가 명나라의 경제난을 더욱 심화시켰다는 것에는 이론의 여지가 없다.

17세기, 특히 초반은 세계 대부분의 나라가 심각한 어려움을 겪었던 시기로 기후학계에서는 이때를 '소빙하기'라고 지칭한다. 북아메리카 북동부 지역에 건설되었던 바이킹의 주거지가 버려진 것 그리고 명나라 전역에서 반란이 일어난 것 모두 기후변화와 밀접한 연관을 갖는다는 새로운 주장은 역사에 관심이 많은 독자들에게 흥미를 끌 것으로 기대한다. 이러한 내용은 3부에서 다뤘다.

4부에서는 서양이 세계를 지배하게 된 이유에 집중한다. 대체 왜 서양인들은 그 먼 바다를 항해해 중국에서 은과 중국산 상품을 교환했을까? 여러 이유가 있겠지만, 가장 결정적인 요인은 '뒤처지는 순간 멸망할 수밖에 없는' 경쟁 압력에 있다. 무엇보다 15세기 말 프랑스의 왕 샤를 8세가 패러다임을 송두리째 바꾸는 혁신적인 전술을 사용해 이탈리아 전역을 제패하는 데 성공한 것이 결정적인 계기가 되었다. 샤를 8세는 고대 그리스의 밀집 방진을 되살려 기사의 돌격을 막아내는 한편, 경량화된 대포를 이용해 상대를 제압하는 전술을 들고 왔는데 예전의 전술만을 답습하던 이탈리아 군대로서는 일방적인 패배를 맛볼 수밖에 없었다.

그러나 프랑스의 패권은 불과 5년을 넘기지 못했다. 이베리아 반도를 통일한 신흥 강국 스페인이 프랑스보다 더욱 혁신적인 전술과 더 많은 화승총으로 무장해 도전해왔기 때문이다. 결국 15세기 말을 전후해 유럽에 일종의 강력한 '생존 경쟁'이 벌어졌다고 볼 수 있다. 경쟁자보다 더 빨리 화약 무기를 채택하고 군사들을 훈련시키지 못하면 상대에게 굴복하거나 심지어 망할 수도 있다는 절박감 속에 유럽에서는 끊임없이 혁신이 이뤄졌던 것이다.

반면 아시아의 제국들은 유럽과 상황이 달랐다. 통일 제국을 만들 때까지는 신속하게 화약 무기를 수용하고 새로운 전술을 습득했지만, 일단 제국을 세우고 나면 혁신적인 전술을 폐기하거나 심지어 과거로 돌아가는 일이 비일비재했다. 주변에 위협적인 적이 존재하지 않았기에 군사력을 지속적으로 강화할 이유가 없었기 때문이다. 가장 대표적인 예가 17세기 초 일본이다. 전국시대를 마감하고 새로운 막부를 개척한 도쿠가와 이에야스는 조총을 중심으로 한 강력한 전술을 포기하고, 다시 긴 칼을 중심에 두는 '무사도'를 부각시키는 데 앞장섰다.

유럽 내 경쟁에서 최종 승자는 영국이 차지했는데, 적어도 17세기까지는 누구도 예측하지 못한 결과였을 것이다. 영국은 인구도 적은 편에 속했고 육군은 존재감도 없었는데, 어떻게 패권 국가가 될 수 있었던 걸까? 5부는 이 의문을 풀기 위해 노력한다. 영국은 섬나라였기에 대륙의 전쟁에 말려들지 않았고, 이 덕분에 국토가 황폐화되는 것을 피할 수 있었다. 그러나 17세기 말부터 시작된 금융 혁신이 없었던들 강력한 제국을 만들어내기는 쉽지 않았을 것이다. 다른 나라들이 약탈 등으로 군대를 먹이고 입힐 때 영국은 저금리로 국채를 발행하여 자금을 조달했다. 특히 13세기 중국 이후 처음으로 영국이 지폐 시스템을 확립했는데, 이는 상거래를 활성화하고 근대적인 은행 제도를 만들어내는 결정적 계기가 되었다.

그러나 이 대목에서 한 가지 의문을 품는 독자들이 있을 것이다. 지폐에 기반한 금융 시스템이 경제 발전의 초석이 된 것은 부인할 수 없는 사실이지만, 2000년 정보통신 거품 붕괴 그리고 2008년의 부동산 시장 침체와 같은 자산시장발發 위기를 만들어 낸 것 또한 사실이 아닌가? 6부에서는 이 문제를 자세히 다루는데, 2008년 글로벌 금융위기의 발생 원인과 이후의 해결 과정에 의문을 품었던 독자들에게 도움이 될 것이다. 특히 2020년 이른바 '코로나 쇼크' 이후 연방준비제도 이사회(미국의 중앙은행)를 비롯한 선진국 중앙은행이 신속하게 금리를 인하하고, 금융시장에서 국채와 회사채 등을 매입하는 양적완화 정책을 시행하게 된 기원을 파악할 수 있을 것으로 기대한다.

글로벌 금융위기의 충격이 조금씩 잊히던 2018년, 두 강대국 미국과 중국이 무역전쟁을 시작했다. 경제학자들은 자유로운 무역을 통해 경제의 성장이 촉진되며, 발전된 나라일수록 경제의 개방도가 높다고 이야기하건만, 왜 트럼프 대통령은 중국을 향해 대규모 관세(10~25%)를 부과했을까? 7부에서는 이 의문을 풀어본다. 언론은 주로 중국의 위협이 높아진 것에 초점을 맞추지만, 이것만으로는 2018년이 되어서야 미국이 대중 관세를 부과한 이유를 설명할 수 없다. 중국이 '제조업 2025'를 비롯한 대규모 산업정책을 본격적으로 추진한 것은 2010년대 초반의 일이고, 실제로 특허 출원 건수에서 중국이 세계 1위의 자리에 올라선 건 2015년을 전후해서이니 말이다. 따라서 이 의문을 해소하기 위해서는 미국에서 벌어진 여러 문제에 대한 이해가 필요하다. 불평등의 끝없는 심화와 셰일 혁명의 진전 과정을 추적하다 보면 미국 내부에서 왜 '고립주의' 움직임이 나타났는지 이해할 수 있으리라 생각한다.

마지막으로 책을 쓰는 데 도움을 주신 분들에게 감사의 말씀을 전하고자 한다. 먼저 명지대학교 김두얼 교수님에게 큰 도움을 받았다. 3부의 3장 '중국이 12세기 이후 북방 민족의 침략에 시달린 이유는?' 부분은 김두얼 교수님이 소개해준 흥미로운 논문이 없었다면 쓸 수 없었을 것이다. 그리고 논산 대건고등학교의 이해창 선생님은 메소포타미아와 같은 반건조지역에서 농업이 어떻게 이뤄졌는지 이해하는 데 결정적 도움을 주는 자료와 논문을 제공해주었다. 규장각 한국학연구원의 김시덕 교수님은 1부의 1장 '신안 보물선에 중국 동전이 가득 실려 있었던 이유는?'을 쓰는 데 큰 도움을 주셨다. 교수님이 일본에서 출간된 흥미로운 화폐사 책을 소개하고 직접 빌려주신 덕분에 책의 내용이 더욱 풍부해질 수 있었다. 일본어로 된 책이라 이해하는 데 어려움이 있었지만, 유학 준비 중이던 큰아들 채훈이가 주요 내용을 번역해주어 어려움을 해결할 수 있었다.

끝으로 각 장이 마무리될 때마다 귀한 시간을 내어 꼼꼼하게 교열을 봐준 동생들, 그리고 자식이 좋은 책을 쓸 수 있도록 기도해주신 어머님 덕분에 이 책을 마무리할 수 있었다. 또한 매일 밤 자기 전에 재미없는 역사 이야기를 들어주고 힘내라며 격려해준 아내와 막내아들 우진에게도 감사의 마음을 전한다.

2020년 8월 10일 홍춘욱

THE HISTORY OF MONEY

차례

PART 1 신안 보물선의 비밀

021 **1장. 신안 보물선에 중국 동전이 가득 실려 있었던 이유는?**

030 더 깊게 읽기 1 조선의 삼베는 어떻게 화폐가 되었나

032 더 깊게 읽기 2 최초의 화폐는 '조개'였다

034 **2장. 송나라의 금속화폐가 동아시아에 넘쳐흐르게 된 이유는?**

046 더 깊게 읽기 3 남송 사람들은 북송에서 만들어진 동전을 사용하지 않았을까?

047 더 깊게 읽기 4 금속화폐의 최대 문제, 시뇨리지

050 **3장. 중국 사람들이 금과 은을 좋아하는 이유는?**

059 더 깊게 읽기 5 최초의 종이 화폐는 어떤 모습일까?

060 더 깊게 읽기 6 일본에서 송나라로 이어진 유황의 길

063 더 깊게 읽기 7 한 무제가 서역 원정에 나선 이유는 디플레 때문?

066 1부의 핵심 포인트 화폐의 공급이 경기 사이클을 일으킨다!

PART

2

전염병이 번질 때, 경제는 어떤 변화를 겪을까?

073 **1장. 유럽인들이 엘도라도를 찾아간 까닭은?**

084 더 깊게 읽기 1 지난 1,000년 동안의 영국 물가 추이

085 **2장. 바람과 함께 사라진 것은 무엇일까?**

094 더 깊게 읽기 2 '총, 균, 쇠'가 바꾼 영국 식민지의 운명

096 **3장. 아일랜드 사람들은 왜 그렇게 케네디 대통령을 좋아했을까?**

104 더 깊게 읽기 3 대서양 너머로 물건을 수송하는 비용은 얼마나 줄었을까?

106 더 깊게 읽기 4 잉카 사람들은 '감자마름병'에 어떻게 대응했을까?

108 **4장. 전쟁보다 무서운 '스페인 독감'의 나비효과, 미국 이민법 개정**

116 더 깊게 읽기 5 유럽에서 신대륙으로 이민을 간 사람은 얼마나 될까?

118 더 깊게 읽기 6 인구 이동과 무역이 어려워질 때, 어떤 세상이 펼쳐질까?

121 2부의 핵심 포인트 전염병의 시대, 우리는 어떻게 될까?

PART

3

기후변화가 바꾼 역사의 분기점

127 **1장. 아이슬란드와 그린란드, 그 이름에 얽힌 웃지 못할 사연**

137 더 깊게 읽기 1 지난 1,000년 동안의 유럽 기후는?

139 더 깊게 읽기 2 지구온난화가 그린란드의 독립으로 이어질까?

141 **2장. 문명의 요람, 메소포타미아가 황무지로 변한 이유는?**

149 더 깊게 읽기 3 기근이 들면 마녀 사냥이 시작된다?

151 **3장. 중국이 12세기 이후 북방 민족의 침략에 시달린 이유는?**

160 더 깊게 읽기 4 황허강이 마르면 북방에 전쟁의 불길이 타오른다

162 더 깊게 읽기 5 중국의 1인당 소득은 언제 영국에게 추월당했나?

165 3부의 핵심 포인트 ESG열풍의 이유는?

PART

4

왜 서양이 세계를 지배하게 되었나?

171 **1장. 달러는 어떻게 기축통화의 패권을 차지했을까?**

180 더 깊게 읽기 1 세계에서 거래량이 가장 많은 통화는?

182 **2장. 서양의 군대가 세계를 제패한 까닭은?**

193 더 깊게 읽기 2 유럽 국가들은 얼마나 많은 세금을 거뒀을까?

195 **3장. 임진왜란 초반 조선군이 일본군에게 일방적으로 밀린 이유는?**

206 더 깊게 읽기 3 일본의 체사레 보르자, 오다 노부나가

209 더 깊게 읽기 4 도쿠가와 이에야스는 왜 화승총 부대를 해체했을까?

211 **4장. 서양의 두 번째 군사 혁명은 제식 훈련에서 시작되었다!**

219 더 깊게 읽기 5 네덜란드는 어떻게 부를 쌓았나?

221 4부의 핵심 포인트 서양은 어떻게 세계를 지배하게 되었는가?

PART

5

금융은 어떻게 세상을 바꾸는가?

227 **1장. 금융 발달의 좋은 점은?**

235 더 깊게 읽기 1 뱅크런을 막기 위한 두 가지 장치, 지급준비금과 예금자보험

237 더 깊게 읽기 2 금융발달은 어떻게 경제 성장을 촉진하는가?

239 **2장. 영국이 파운드화를 기축통화로 만든 노하우는?**

250 더 깊게 읽기 3 유럽의 나라들은 은화의 순도를 얼마나 떨어뜨렸을까?

252 **3장. 인도의 화폐 개혁 이후 어떤 일이 벌어졌을까?**

261 더 깊게 읽기 4 1962년 화폐 개혁 이후에도 한국 물가가 급등한 이유는?

263 **4장. 북한은 어쩌다 자기 발목을 잡았나?**

269 더 깊게 읽기 5 북한 경제가 망가진 근본 원인은?

271 5부의 핵심 포인트 '신뢰' 받는 통화를 가진 나라인가요?

PART

6

모든 금융위기의 아버지, 2008년 글로벌 금융위기

277 **1장. 2008년 글로벌 금융 위기의 발생 원인은?**

284 더 깊게 읽기 1 2000년대 미국 사람들은 왜 그렇게 부동산을 좋아했을까?

286 더 깊게 읽기 2 은행은 어떻게 돈을 버나?

288 **2장. 부동산 가격이 급등할 때 중앙은행은 무엇을 했나?**

296 더 깊게 읽기 3 정책금리 인상에도 대출금리가 오르지 않은 이유는?

298 더 깊게 읽기 4 미 연준은 왜 정책금리를 빠르게 인상하지 않았나?

300 **3장. 금융위기가 발생하면 왜 경제가 망가지나?**

307 더 깊게 읽기 5 미국 부동산이 2006년부터 무너진 또 다른 이유는? 공급 과잉 때문!

309 **4장. 연준은 어떻게 경제를 살렸나?**

316 더 깊게 읽기 6 부동산 규제가 왜 그렇게 완화되었을까?

320 6부의 핵심 포인트 경제위기 대응 매뉴얼은 언제까지 유용할까?

PART

7

미·중 무역분쟁의 근원과 우리의 대응 방법은?

325 **1장. 중국 부활의 신호탄, '토지개혁'**

333 더 깊게 읽기 1 중국의 농업 생산성은 얼마나 개선되었나?

336 **2장. 중국이 세계적인 제조업 대국이 될 수 있었던 이유는?**

345 더 깊게 읽기 2 미국의 관세 부과에도 중국산 제품 가격이 인상되지 않는 이유는?

347 **3장. 미·중 무역분쟁이 2018년부터 격화된 이유는?**

355 더 깊게 읽기 3 중국의 기술 경쟁력은 어떤 수준일까?

357 7부의 **핵심** 포인트 한국 경제는 미·중 분쟁으로 어떤 영향을 받을까?

361 **맺는말**

PART

1

신안 보물선의 비밀

THE HISTORY OF MONEY

신안 보물선에 중국 동전이 가득 실려 있었던 이유는?

$

지난 2016년 국립중앙박물관에서 열린 '신안해저선에서 찾아낸 것들' 특별전에 꽤 많은 인파가 모였다. 아름다운 도자기 2만여 점과 28톤에 이르는 동전이 가득 담긴 상자 등은 사람들의 호기심을 감탄으로 바꿔놓기에 충분했다. (나 역시 가족과 함께 관람했는데, 그 장관에 입이 떡 벌어졌던 기억이 지금도 생생하다.)

특별전 소개 책자의 내용을 간단하게 요약하자면, 보물선 발굴은 1975년 8월 전남 신안 증도 앞바다에서 한 어부의 그물에 걸려 올라온 도자기 6점에서 비롯되었다. 그 도자기들은 놀랍게도 중국 원元나라 때 용천요龍泉窯라는 가마에서 만든 청자로 밝혀졌고, 이후 약 9년에 걸쳐 인양 작업이 이뤄졌다.

한국 역사상 가장 위대한 고고학적 발견을 들라고 한다면 무엇을 꼽을 수 있을까? 천마총이나 백제대향로 등 수많은 후보군이 있지만, 발견된 유물의 규모만 놓고 볼 때 신안 보물선이 단연 최고라 할 수 있다. '보물선'이라는 말에서 알 수 있듯, 현재 가치로 환산했을 때 상상할 수 없을 정도의 많은 도자기와 동전이 가득 실려 있었으니 말이다. 그렇다면 누가 이 엄청난 보물선을 신안 앞바다에 보낸 걸까?

배는 원나라 때 중국 저장성 닝보(영파)항에서 출발한 첨저선尖底船이었다. 첨저선은 배 바닥이 V자 모양인 원양 항해용 배로, 평저선平底船보다 크게 만들 수 있어 짐을 많이 실을 수 있는 데다, 무거운 짐을 바닥에 깔면 복원력이 좋아 먼 바다를 항해하기에 유리하다. 참고로 신안 보물선의 경우 무려 28톤, 약 800만 개에 달하는 동전이 일종의 밸러스트Ballast(배의 무게 중심을 잡아주는 용도로 사용되는 무거운 물건이나 액체) 역할을 했다. 이 대목에서 잠깐 영화 이야기를 하자면, 한국 역사상 최다 관객수를 자랑했던 영화 〈명량〉에 등장하는 조선 수군의 배는 바닥이 평평한 평저선이다. 배 바닥이 평평하면 얕은 여울목에서도 배를 자유롭게 조종할 수 있을 뿐만 아니라, 암초에 배 밑바닥이 걸려 침몰할 위험이 낮다. 전투에서도 방향 전환이 쉬워 적을 공격하기에 유리하다. 반면 배 바닥이 뾰족한 첨저선은 신안처럼 얕은 바다에서는 침몰할 위험이 있다.

배를 운행한 사람들은 대부분 중국인으로 보이는데, 목적지는 일본 규슈 북동부에 위치한 하카타(현재의 후쿠오카) 항구였던 것으로 밝혀졌다. 배에 실려 있는 1천여 개의 자단목(아주 단단한 붉은색 나무로, 특유의 장미향 때문에 장미목이라고도 불리는 귀한 목재)과 목간(종이가 발명되기 이전에 문자 기록을 위해 사용하던 목편)에 다양한 글씨가 적혀 있었는데, 물건을 실은 상인들의 이름을 취합해 보니 대부분 중국인인 것으로 밝혀졌다. 일본 연구자들에 따르면, 이 배는 교토의 명문 귀족인 구조九條 가문의 후원을 받은 도후쿠지東福寺가 1323년에 하카타의 말사末寺인 조텐지昇天寺를 통해 중국에 파견한 무역선이었다고 한다. 원래는 신안 앞바다가 아닌 제주도 남쪽 바다를 통해 규슈 북부로 갔어야 했는데, 태풍을 만나 북쪽으로 표류하다 배 바닥이 신안의 얕은 여울에 걸려 침몰하고 말았다.

하지만 아직 의문은 풀리지 않는다. 대체 그 많은 동전이 왜 일본으로 가게 된 것일까? 필자도 오랫동안 이 문제를 고민했는데, 여러 연구자들 덕분에 두 가지 이유를 찾을 수 있었다.

첫 번째 이유는 당시 일본에서 화폐 수요가 급격히 늘어난 데 있다. 일본에서는 12세기 중반 이후 화폐 경제가 급속도로 진전되어 13세기 후반에는 소작료나 세금 등을 동전으로 납부하는 일이 일반화되었다. 그런데도 이 시기에 교토의 조정朝廷(왕을 중심으로 한 공경 세력)이나 가마쿠라 막부幕府(사무라이 집단이 세운 사실상의 지배 세력) 모두 독자적으로 화폐를 발행하지 않았다. 결국 늘어난 수요를 만족시킨 것이 바로 중국 송나라에서 발행한 동전이었다.

참고로 일본 학계가 중국에서 대거 유입된 동전을 뭉뚱그려 '송전宋錢'이라 부를 정도로, 중세 유적지에서 중국 동전이 무더기로 발견됐다. 송전은 일본 고등학교 역사 교과서에도 사진과 함께 소개될 정도로 일본 중세 사회에서 지배적인 역할을 했다. 이 부분에서 다음과 같은 의문을 품는 독자들이 있을 것이다.

'다른 나라 동전을 거래에 사용한다고? 이게 가능한가?'

이런 일은 대단히 잦았다. 화폐 경제가 채 자리를 잡기 전인 옛날 이야기만은 아니다. 지금 이 시간에도 해외에서 생산되거나 지금은 존재하지 않는 나라에서 만들어진 화폐를 더 선호하는 사람들이 있다. 대표적인 경우가 2000년대 초반의 소말리아다. 당시 소말리아는 오랜 내전에 시달린, 세계에서 가장 가난한 나라였다. 이때 소말리아 사람들은 '소말리 실링'이라는 돈을 썼는데, 그 돈은 이미 20년 전에 사라진 정부가 발행한 것이었다. 한국으로 따지자면 일제 시대 때의 화폐를 지금 사용하는 셈이다.

'소말리 실링'이 시장에서 화폐로 기능할 수 있었던 가장 큰 이유는 친숙함이었다. 사람들은 비누 한 장이 소말리 실링으로 얼마인지 계산하는 데 익숙해져 있었다. 거기다 지역적 커뮤니티의 존재도 소말리 실링이 통용되는 데 한몫했다. 사실상 무정부 상태였기에 사람들은 지역별 그룹에 굉장히 강한 유대감을 갖고 있었다. 실제 이 커뮤니티가 일종의 사회적 아교 역할을 했는데, 커뮤니티

1988년에 발행된 소말리아 100실링 지폐다.

내에서 소말리 실링으로 거래하는 데 강한 동의가 이뤄졌다. 정부 기능이 마비된 상태였으니 소말리 실링이 갑자기 시장에 새로 공급될 가능성은 제로에 가까웠다. 즉, 정부가 윤전기를 돌려서 순식간에 돈의 가치를 떨어뜨릴 가능성이 낮다는 사실이 오히려 소말리 실링이 화폐로서 기능하도록 도왔던 셈이다.

이 사례와 중세 일본의 상황은 매우 비슷하다. 일본 사람들은 무역선에 실려 온 송전에 익숙해져, 자연스럽게 이를 상거래에 사용하거나 저축하는 수단으로 활용하기 시작했다. 일단 가마쿠라 막부가 통화를 만들어낼 의지가 없었기에, 공급도 일정하고 품질도 꽤 믿을 만한 송전이 거래 수단으로 인식된 건 당연해 보인다. 소말리 실링도 화폐가 되는 판에, 경제와 문화가 일본보다 발달한 송나라에서 만든 주화를 화폐로 쓰지 못할 이유가 없지 않겠는가?

첫 번째 이유는 이쯤에서 마무리하고, 신안 보물선에 28톤이나 되는 동전이 실렸던 두 번째 이유를 살펴보자. 아무리 일본 사람들이 송전을 좋아했다고 해도, 중국 사람들이 돈을 굳이 일본에 수출할 동기가 없었다면 무역은 이뤄지지 않았을 것이다. 그럼 왜 당시 중국 사람들은 송전을 일본으로 보냈을까?

동전이 더는 필요 없어졌기 때문이다. 당시 중국은 금속화폐에서 신용화폐의 세상으로 넘어가고 있었다. 이 부분을 이해하기 위해서는 화폐의 3단계(실물화폐 → 금속화폐 → 신용화폐) 발전 과정을 알아야 한다.

화폐 발달 과정에서 1단계는 실물화폐다. 조선의 면포, 일본의 쌀처럼 사회에서 가장 흔히 사용하는 실물을 화폐로 사용하는 것이다. 실물화폐 시스템은 매우 간명하며 직관적이다. 쌀과 면포가 가지고 있는 사용 가치가 명확하니 사람들도 이를 화폐로 쉽게 받아들일 수 있다. 그러나 실물화폐에는 세 가지 문제가 있다. 하나는 가치가 너무 쉽게 바뀌거나 정확하게 평가하기 어렵다는 것이고, 또 다른 하나는 부피가 크고 무거워 거래의 편의성이 떨어진다는 것이며, 마지막 문제는 품질이 동일하지 않은 경우가 많다는 점이다.

실제 전근대 사회에서 보릿고개와 가을 추수기 사이에 쌀값 차이는 두 배, 심지어 서너 배까지 벌어졌다. 화폐는 물품의 가치를 측정하는 잣대인데, 잣대가 춘궁기와 수확기 사이에 급등락한다면 사회에 큰 악영향을 미칠 수밖에 없다. 게다가 쌀은 가격에 비해 무게가 대단히 많이 나간다. 당장 지금 인터넷에서 쌀 20킬로그램을 구입하려면 약 5만 원 정도가 든다(이하 2020년 7월 말 기준). 반면 금은 1온스(약 28그램)가 2,000달러 내외에 거래되니, 20킬로그램에 약 230만 원 이상이라 볼 수 있다. 같은 가치를 가지는 물건과 교환한다고 했을 때 들고 가야 할 쌀의 무게와 부피가 어떠할지 짐작이 될 것이다. 문제는 이뿐만이 아니다. 품질을 둘러싼 다툼이 생길 여지도 많다. 이러한 문제들로 인해 협소한 지역에서 서로 얼굴을 알고 신뢰할 만한 사이가 아니고서는 면포나 쌀이 화폐로 기능하기 어렵다.

이러한 실물화폐의 문제점을 보완한 것이 금속화폐다. 한漢 무제 시절의 오수전, 조선 숙종 때 만들어진 상평통보常平通寶처럼 나라에서 일정한 크기와 무게를 가진 화폐를 주조鑄造해, 세금을 동전으로 수취한 것이 금속화폐 시스템이다. 금속화폐는 실물화폐에 비해 두 가지 장점을 지닌다. 가장 큰 장점은 가치가 상대적으로 안정적이라는 것이다. 금속화폐는 구리 혹은 주석, 은 등으로 만드는데, 기본적으로 채굴 가능한 금속 매장량이 정해져 있다 보니 장기간에 걸쳐 그 가치는 대체로 일정하다. (물론 왕조가 바뀔 때 크게 움직이긴 한다.) 금속화폐의 또 다른 장점은 휴대가 편리하다는 것이다. 앞서 일본 중세 유적에서 송전이 다수 발견되었다고 이야기했는데, 주로 돈 꾸러미 형태로 발견되었다고 한다. 수십 혹은 수백 개의 동전을 끈으로 묶어 사용했던 것이다. 면포나 쌀 가마니를 소 달구지에 싣고 가서 거래하는 시스템에 비해 훨씬 편리했음을 알 수 있다.

화폐의 3단계는 신용화폐다. 이 부분은 다음 2장에서 보다 자세히 설명하겠지만, 동전 같은 금속화폐 대신 나라가 발행한 지폐로 실생활에서 거래하는 것을 말한다. 19세기 이후 서유럽의 여러 나라, 그리고 오늘날 세계 대부분의 나라에서 이뤄지는 화폐 시스템이다. 중국에서는 13세기를 전후해 신용화폐 시스템이 출현했는데, 이는 경제 전반에 대단히 큰 영향을 미친 사건이기도 했다. 신용화폐의 가장 핵심적이며 긍정적인 역할은 경제 성장에 필요한 통화를 적절하게 조절할 수 있다는 점이다. (신용화폐 출현 및 정착이 경제에 미친 영향에 대해서는 이 책의 4부에서 보다 자세히 다룰 것이다.)

다음 장에서는 송나라에 신용화폐가 등장하게 된 배경에 대해 자세히 살펴보자.

실물화폐의 대표적인 폐단이 나온 셈이다. 1승은 80가닥을 의미하니, 5승포는 실 400가닥으로 폭 8치寸를 짠 삼베를 말한다(한 치는 한 자의 10분의 1 또는 약 3.03센티미터에 해당한다). 1460년에 완성, 공표된 『경국대전』*에 1필은 저화 20장 그리고 저화 1장은 쌀 1되라는 공정 가격이 기재된다. 즉 5승포 1필은 쌀 20되로 교환되어야 했다. 그러나 사헌부 관리의 지적처럼, 품질이 조악한 3승포가 시중에 유통되면서 조선 정부가 정한 교환 비율은 이내 유명무실해지고 말았다. 조선은 마지막 순간까지 지폐를 통용시키는 데는 실패했지만, 조선 후기에 상평통보常平通寶 등 다양한 주화를 발행하고 통용하는 데는 성공한다.

* 고려 말부터 조선 성종 초년까지 100년간에 반포된 법령, 교지(敎旨), 조례(條例) 및 관례 등을 망라한 조선 시대 최고의 법전으로, 세조 때 집필을 시작하여 성종 7년(1476)에 완성하고, 16년(1485)에 간행하였다. 1460년(세조 6년)에 재정·경제의 기본이 되는 호전(戶典)이 가장 먼저 완성되어 『경국대전 호전』으로 편찬되었다.

더 깊게 읽기 ❷

최초의 화폐는 '조개'였다

최초의 화폐로 가장 선호된 것은 조개貝였다. 세계 최초로 신용화폐를 만들어낸 중국의 경우에도 화폐의 시작은 바닷조개였다. 바닷조개는 정교하면서도 단단해 오래 사용할 수 있는 데다, 색채도 영롱하고 아름다워 장식품으로서도 인기가 좋았다. 게다가 크기가 적당하고 줄에 꿰어 휴대하기 편리하며, 수를 세기에도 편했기에 자연스럽게 최초의 화폐로 인정받게 되었다. 귀할 귀[貴]나 재산 재[財]와 같이 '재화財貨'와 연관된 한자의 대다수에 '조개 패[貝]' 자 부수가 들어가는 이유가 여기에 있다.

하夏나라 때로 추정되는 중국의 고대 유적을 발굴하면 수많은 천연 바닷조개가 출토된다. 그러나 조개껍데기 화폐는 기원전 6세기를 전후해 서서히

고대 사회에 사용되던 조개화폐 13점.

● **출처**: 국립중앙박물관 소장품 이미지. https://www.museum.go.kr/site/main/relic/search/view?relicId=886#

사라지는데, 그 이유는 조개가 앞에 설명했던 현물화폐의 문제점을 지니고 있었기 때문이다. 예를 들어, 당시 사람들이 한 마리의 소를 사기 위해서는 약 한 말斗(10되에 해당하는 옛 단위로 10말이 한 섬에 해당한다)의 조개껍데기를 힘겹게 짊어지고 시장에 나가야 했다. 즉 조개껍데기의 가치가 너무 낮아 수송에 부담이 가중되었다.

춘추 시대 주周나라 경왕景王이 이 문제를 해소하고자 새로운 주화를 제조하기에 이르렀다. 고대의 농기구인 부삽[鏟]을 모방하여 작은 손잡이를 가진 모종삽 모양의 청동 화폐를 만든 것인데, 튀어나온 부분이 사람들에게 쉽게 상처를 입히는 데다 많은 양을 휴대하기 힘들다는 문제가 있었다. 결국 한나라 무제武帝 때 원 모양 주화에 네모난 구멍을 넣은 오수전五銖錢이 만들어졌고, 이것이 동아시아 동전의 최종적인 모델이 되었다.

서한(혹은 전한) 해혼후(海昏侯) 고분에서 10톤이 넘는 200만 개의 오수전이 출토되었는데 이는 지금의 100만 위안(1억 8047만 원)이 넘는 가치에 해당한다.

THE HISTORY OF MONEY

송나라의 금속화폐가 동아시아에 넘쳐흐르게 된 이유는?

송나라가 처음부터 신용화폐를 사용한 것은 아니다. 당나라 멸망 이후 지방의 군벌이 할거하여 각축을 벌이던 5대10국 시대가 끝난 후에도 화폐 시스템은 혼란을 겪었다. 그러다가 송나라가 중국을 통일하고 또 사회가 안정되는 가운데 농업생산이 회복되고 적절한 화폐 공급 체제가 형성되며 신용화폐가 발전하게 된 것이다.

송나라는 유교 철학을 적극적으로 수용한 이른바 '유교의 나라'였기에, 개국 초기에는 상거래 활성화에 별 관심이 없었다. 하지만 끊임없이 국경을 침범하는 북방 유목민에 대응하는 과정에서 군사비 지출 부담이 높아지자 어쩔 수 없이 상거래를 활성화하게 되었고, 더불어 동전을 발행했다.

잠깐 이 대목에서 '재정'을 위해 동전을 발행했다는 부분에 대해 설명하고자 한다. 기본적으로 금속화폐는 은이나 동, 아연 등 함유된 금속 구성에 의해 가치가 결정된다. 예를 들어 은이 90퍼센트 포함된 로마 제정 초기 주화인 데나리우스Denarius의 가치가 은이 10퍼센트도 포함되지 않은 3세기 때 주화의 가치와 동일할 수는 없다. 편의상 아연이나 납 등 주화에 포함된 다른 금속의 가치를 무시한다면, 1세기에 주조된 데나리우스 은화의 가치는 3세기 때 만들어진 주화의 9배가 되어야 한다.

그런데 현실에서는 이런 식의 조정이 신속하게 이뤄지지 않는다. 사람들은 일단 어떤 형태와 무게를 갖춘 주화에 익숙해지면, 그 돈에 포함된 동이나 주석 혹은 아연의 양을 일일이 측정하지 않는 경향이 있다. 다시 말해 발행 초기에만 주화의 품질을 적절히 관리하여 유지해주면, 이후에는 품질에 크게 신경 쓰지 않고 그냥 '돈'으로 취급하게 된다. 물론 이 '초기의 품질'을 관리하기란 매우 어렵다. 그러나 이미 춘추전국시대 때부터 동전을 발행하고 성공적으로 유통시켰던 경험이 있었기에 송나라는 이를 어렵지 않게 해낼 수 있었다

이런 사정 덕분에 송전은 주된 소재인 동銅의 가치와 주화의 가치가 분리되는, 일종의 신용화폐로 기능하게 된다. 즉, 송전 100문文은 포함된 동의 가치로만 놓고 본다면 30문 정도밖에 되지 않음에도 금속화폐라는 이유로 100문의 가치로 통용되었다. 이러한

점은 오늘날 우리가 사용하고 있는 지폐를 생각하면 바로 이해할 수 있다. 특정 질감을 지닌 종이에 정교한 무늬를 입혀 인쇄한 것이 5만 원권으로 통용되는 것과 같은 원리다.

송나라는 전쟁 수행에 필요한 비용의 상당 부분을 동전 발행으로 충당했다. 일례로 거란족이 세운 요遼나라와 전쟁을 벌이던 1000~1009년경, 화폐 주조 등으로 인한 수입은 은으로 환산할 때 연 116톤에 이를 정도였다. 참고로 은 1킬로그램이 60만 원 정도이니, 현재 가치로 보더라도 상당히 큰돈이다. (주조 부문이 당시 송나라 정부 재정의 거의 5퍼센트 전후를 담당했다.)

그런데 여기서 한 가지 짚어둘 것이 있다. 주재료인 동의 가치가 달라짐에 따라 나라에서 발행한 동전보다 같은 무게의 동이 더 비싼 적도 있었다는 점이다. 송나라 때의 기록에서, 송전 10문을 녹여서 1량의 동괴를 만들면 5배의 가격으로 팔린다는 내용의 글을 종종 발견할 수 있다.

이런 기현상은 현대에서도 종종 관측된다. 2014년 우리나라에서는 동전 수집업자 10명이 전국 각지를 돌아다니며 구형 10원짜리 동전을 구한 뒤 이를 녹여서 동괴로 판매해 무려 20억 원의 수익을 올린 사건이 있었다. 구형 10원짜리 동전은 지름 22.86밀리미터에 무게는 4.06그램으로, 구리 65퍼센트와 아연 35퍼센트 합금이다. 소재 가격이 급등하면서 주화를 녹여 파는 게 훨씬 이익이 되는 상황이 되자 이런 범죄를 저질렀던 것인데, 주화를 녹여 다른 용도로 사용하는 것은 대부분의 나라에서 범죄이며, 우리나라의 경우 적발되면 6개월 이하의 징역이나 500만 원 이하의 벌금형에 처해진다.

송나라가 한때 주조차익(화폐의 액면가에서 제조 비용을 뺀 것)을 얻기는 했지만, 이게 화폐 주조의 주된 목적은 아니었던 셈이다. 그럼 송나라는 어떤 목적으로 동전을 대거 주조했을까?

금속화폐가 시중에 활발하게 통용되면 경제가 발전해 세금을 더 걷을 수 있기 때문이었다. 송나라는 처음에는 북방의 요나라, 나중에는 서북방의 서하西夏와 계속 전쟁을 치르느라 군사비가 기하급수적으로 증가했다. 송나라가 세워진 지 얼마 되지 않던 975년에는 군사가 약 38만 7천 명이었는데, 서하와의 전쟁이 발발한 1045년에는 125만 9천 명으로 무려 네 배 가까이 늘었다. 이 정도의 병력을 유지하려면 엄청난 비용을 치를 수밖에 없다. 군대를 유지할 돈을 제때 마련하지 못하면 5대10국 시대의 나라들처럼 안에서부터 (군부의 쿠데타로) 무너질지도 모르는 위기 상황에 놓인 것이었다.

이때 등장한 인물이 바로 왕안석이었다. 그는 전쟁에서 승리하기 위해서는 무엇보다 나라가 부유해져야 한다고 생각했다. 그리고 이를 위해서는 '경제의 혈액' 역할을 하는 화폐의 공급이 충분해야 한다고 판단해, 강력한 통화공급 확대를 비롯한 일련의 정책(이하 '신법新法')을 시행했다. 이에 따라 연 100~200만 관貫 내외였던

1069~1076년에 신법의 개혁 정책을 실시한 북송의 정치가, 왕안석

동전 주조량은 1070년대에 400만 관 가까이 늘어났다. (일본이나 고려에서도 송전이 흔하게 발견된 것은 왕안석의 신법 때문임을 알 수 있다.)

화폐 공급 확대는 경제에 어떤 효과를 일으킬까? 송나라에서 가장 중요한 화폐인 동전의 공급이 늘어난다는 것은 곧 동전의 상대적 가치가 내려간다는 것을 의미한다. 그렇게 되면 당장 은이나 쌀처럼 동전과 자주 거래되는 제품의 가격은 상승 압력을 받게 된다. 그리고 완만한 인플레는 경제의 성장을 촉진한다. 앞으로 제품 가격이 꾸준히 오를 것이라는 기대가 형성될 때 사람들은 저축보다 소비나 투자를 확대하는 경향이 있기 때문이다. 예를 들어, 자동차의 연식이 바뀔 때마다 가격이 인상되는 상황이 수년 혹은 십수년 반복된다면, 사람들은 연식이 바뀌기 전에 서둘러 차를 구입하려 들지 않겠는가?

당시 송나라 경제에서 가장 중요한 산업은 농업이었는데, 비가 많이 오고 온난한 양쯔강 유역 지방에 '참파쌀Champa rice'이라는 혁신적인 품종이 전달되어 '경제 혁명'이 이뤄졌다. 참파쌀은 생육 기간이 짧아 이모작이 가능했던 데다 면적당 수확량도 많았다. 식량 생산 증가는 경제에 두 가지 영향을 미친다. 하나는 농업 생산성이 높아져 농촌에 잉여 인력이 발생하고, 이 인력이 도시로 이동하여 품삯 하락을 부추긴다는 것이고, 다른 하나는 곡물 생산량 급증에 따라 곡물 가격이 하락한다는 것이다. 결국 1069년에 시행된 왕안석의 개혁 정책은 재정 재건뿐만 아니라 경제 전반에 높아진 디플레 위험에 대한 대응책이었던 셈이다.

왕안석의 개혁 정책 결과, 북송의 재정은 극적으로 개선되었다. 송나라의 총 조세 수입은 1021년 5,723만 관에 그쳤지만 1077년에는 8,933만 관으로 늘어났다. 또한 동전으로 거둬들인 조세 수입의 비중도 1021년 52퍼센트에서 1077년에는 81퍼센트까지 상승했는데, 이를 통해 국민들이 편리하게 세금을 낼 수 있게 되었음을 알 수 있다.

조선의 대동법을 둘러싼 기나긴 논쟁에서 보듯, 현물로 세금을 납부하는 것은 매우 힘든 일이었다. 쌀이나 면포, 각 지역의 특산품을 수도까지 보내는 데 많은 비용이 들뿐더러 그 과정에서 현물이 쉽게 파손되거나 품질이 손상되었다. 게다가 수도와의 거리에 따라 지역마다 부담해야 하는 운송비 등에 차이도 있었다. 따라서 지방의 산물을 직접 납부하게 하는 대신, 정부가 각 지방에서 상인들에게 필요한 물품을 구입해주는 편이 훨씬 합리적이고 편리했음은 두말할 것도 없다. 수도 및 국경 지대의 상인들은 나라를 상대로 장사를 할 수 있어 이익이었고, 더불어 경제 전체의 물류가 촉진되는 효과도 기대할 수 있었을 것이다.*

물론 왕안석의 신법이 효과를 본 것은 화폐 발행량의 증가에만 있지 않았다. 그는 청묘법靑苗法**이나 시역법市易法*** 등의 다양한 개혁 정책을 과단성 있게 추진해 재정을 재건하는 데 성공했다. 하지만 그 과정에서 많은 적을 만들고 말았다. 그의 후원자 신종神宗(재위 기간 1067~1085년)이 건재할 때는 반대파의 주장이 크게 문제되지 않았으나, 1085년 4월 1일 신종이 사망하고 철종哲宗(재위 기간 1085~1100년)이 어린 나이에 즉위하면서 신법은 종말을 고하게 된다. 섭정을 시작한 신종의 어머니 고태후가 왕안석의 개혁을 가장 강력하게 반대해왔던 사마광을 등용해, 신법을 모두 폐지했던 것이다. 이 사태를 바라보며, 왕안석을 반대하던 정호조차 다음과 같이 개탄했다.

---

* 이는 왕안석의 신법 가운데 맨 처음 실시한 '균수법(均輸法)'의 주요 골자다. 조운(漕運)을 관장하는 발운사(發運使)에게 정부에서 필요로 하는 물자 이외의 잉여 물품을 다른 지역으로 운송하여 판매하고, 부족한 물자는 운송비가 적게 들고 가격이 낮은 곳에서 직접 구매하여 조달하도록 하여 그 이익으로 국가 재정을 보충한 제도였다.

** 농민에 대한 저리금융정책이다.

*** 중소상인의 보호를 목적으로 제정되었다. 정부 자금으로 중소상인의 물자를 매입해 주거나 저리로 대출해주었다.

"개혁의 결과가 현재 이 서글픈 사태로 나타났으나, 그에 관해 우리가 왕안석에게만 모든 비난을 돌릴 수는 없다."

왕안석의 신법이 아무리 파격적이고 추진 과정에서 여러 문제를 일으켰다 하더라도 효과를 발휘한 것은 부분적으로나마 수용할 필요가 있었는데, 중용의 미덕이 조금도 발휘되지 않았다. 결국 신법의 중단으로 군사비를 지탱할 재원을 발굴하는 데 어려움이 생겼으며, 화폐 발행량도 급격히 감소했다. 왕안석이 개혁정책을 추진하던 시기에는 연 400만 관 전후 발행되던 화폐량이 1090년 전후에는 300만 관 수준까지 떨어지며 경제 전반에 어려움이 가중되었고, 세수가 줄어 재정도 부실해지는 악순환이 이어졌다.

여기에 용렬한 황제 휘종徽宗(재위 기간 1100~1126)이 제위에 오르며 백성들의 삶이 어려워진 것도 송나라의 멸망을 이끈 요인으로 지목된다. 중국 4대 소설의 하나인 『수호지水滸誌』는 양산박에 집결한 108명 영웅호걸의 활약을 다뤘는데, 소설 속 송나라 사람들은 어리석은 임금(=휘종)과 부패한 관리 때문에 큰 고통을 겪는 것으로 묘사된다.

특히 축국蹴鞠(동양에서 오랫동안 유행했던 공차기 놀이)의 달인, 고구高俅가 수도의 방위 최고 사령관이 되는 대목에서는 송나라의 국방이 어떻게 무너졌는지 여실히 드러난다. 고구는 자신의 저택 공사에 군대를 부리는 한편, 금군禁軍(수도 방위를 위한 상비군)의 봉급을 가로채거나 금군을 권력자와 귀족의 사적 용도로 동원하는 식으로 그 수를 줄여 송나라 멸망 직전에는 15만이던 금군이 3만 명밖에 남지 않게 된다. 실제로 고구를 탄핵하기 위한 상소문에 "부하 군인을 돌보는 데 은혜로움이 없고, 훈련에는 법도가 없으며, 군정을 정비하는 일이 없어 마치 허물어진 담 같았다"라는 대목이 적혀 있을 정도였다.

북방의 유목민이 부유한 송나라를 끊임없이 침입하던 와중에 개혁이 중단되고, 임금이 재정을 낭비하고 있으니 나라가 제대로 굴러갈 리 없다. 결국 1127년 여진족이 세운 금金이 송나라의 수도 개봉開封을 점령했고, 휘종을 비롯해 수많은 왕족이 만주 땅으로 끌려가 노예로 일하는 신세가 되었다. 하지만 이야기는 여기서 끝나지 않는다.

휘종의 동생, 조구趙構는 금나라와의 협상을 위해 여진족의 근거지를 방문한 바 있었기에 금나라가 얼마나 강대한 무력을 지니고 있는지 파악하고 이에 대비할 수 있었다. 1126년 겨울, 금나라 기병이 개봉을 포위하자 그는 신속하게 양쯔강을 건너 남쪽으로 피신해, 새로운 나라 남송南宋을 세우고 황제 자리에 올랐다. 남쪽에 새 나라를 세울 수 있었던 건 여진족의 약탈을 피해 강남 지방으로 이주한 사람이 워낙 많았기 때문이다. 중국 연구자들은 이때 수백만 명이 조구와 함께 이동한 것으로 보는데, 1162년 양쯔강 하류 지방의 성인 남성 인구가 단 60년 만에 약 30퍼센트 이상 증가했던 것이 이를 뒷받침한다.

하지만 남송은 그다지 평화롭지 못했다. 지속적으로 여진족의 침략 위협에 떨어야 했고, 북부 지역을 금나라에게 빼앗기면서 주요한 구리 광산도 잃게 되어 화폐 부족 문제로 내내 골머리를 앓아야 했다.

이때 남송 정부가 선택한 것이 바로 종이 화폐다. 1161년 금나라와의 전쟁이 다시 시작되자 남송 정부는 회자會子라는 종이 화폐를 남동부 지역에 유통시켰고, 이후 몇 십 년 동안 이를 신중하게 관리했다. 유통량을 엄격하게 제한했으며, 동전과 함께 회자로도 세금을 납부하도록 했고, 기준치를 넘어서서 유통되는 지폐는 정기적으로 은을 주고 매입했다.

남송 정부가 지폐 발행과 유통에 성공한 것은 다음 세 가지 요소 때문이었다. 첫째, 전쟁이 지속되어 구리나 아연, 철과 같은 군수품에 대한 수요가 크게 늘어남에 따라 화폐를 금속으로 주조하는 데 부담감이 생겼다. 둘째, 인쇄술이 발달하면서 모방품이 나오기 어려울 정도로 정교한 지폐 인쇄가 가능해졌다. 셋째, 사람들이 점점 '신용화폐'에 익숙해졌다. 화폐의 가치를 금속의 가치와 분리하는 데 익숙해지면서 정부가 발행한 동전의 무게를 일일이 측정하며 거래하지 않는 것처럼, 회자의 가치를 의심하지 않게 된 것이다.

남송의 제2대 황제인 효종이다.
회자의 신용 유지에 남다른 관심을 쏟으며 남송의 안정기를 이끌었다.

당시 송나라의 학자 섭적葉適은 화폐에 대해 다음과 같이 설명했다.

"사람이 창조한 요물 중 하나인 돈은 그것이 지속적으로 유통될 때에만 유용하다. 그것이 시장에서 벗어나 철궤에 갇혀 있을 때에는 그 존재 의미를 상실한다."

돈은 돌아야 돈이라는 것을 지적한 명언이 아닐 수 없다. 당시 송나라 사람들은 섭적의 가르침에 충실해 적극적으로 지폐를 사용하기 시작했고, 송나라 때 만들어진 그 많은 동전은 아직 지폐를 쓰지 않는 나라, 즉 일본으로 수출되기에 이르렀다.

다음 장에서는 중국 사람들이 어떻게 다시 금과 은을 귀하게 여기게 되었는지 이야기해보자.

참고한 글과 책

- Stephen Broadberry, Hanhui Guan, and David Daokui Li(2017), 『CHINA, EUROPE AND THE GREAT DIVERGENCE: A STUDY IN HISTORICAL NATIONAL ACCOUNTING, 980-1850)』, Discussion Papers in Economic and Social History Number 155, April 2017.
- 伊原 弘 등(2009), 『宋銭の世界』, 29쪽.
- 리처드 폰 글란(2019), 『케임브리지 중국경제사』, 415, 418, 466~468쪽.
- 연합뉴스(2014.11.18), "구형 10원 동전 녹여 팔아 20억원 챙긴 주물기술자".
- 폴 로프(2010), 『옥스퍼드 중국사 수업』, 212쪽.
- 미야자키 이치사다(2006), 『중국사의 대가, 수호전을 역사로 읽다』, 204~205쪽.
- 오카모토 다카시 편(2016), 『중국경제사』, 266쪽.
- 디터 쿤(2015), 『하버드 중국사 송: 유교 원칙의 시대』, 115~116, 122~123, 133쪽.

더 깊게 읽기 3

남송 사람들은 북송에서 만들어진 동전을 사용하지 않았을까?

2장을 읽으면서 다음과 같은 의문을 품는 독자들이 있을 것 같다. "북송 멸망 이후, 구리 부족으로 동전 발행이 어려워졌다지만, 남송 사람들이 지폐를 사용하기로 한 게 이해되지 않는다. 이미 북송에서 만들어진 그 많은 화폐를 쓰면 될 일이 아닌가?" 이 부분은 쉽게 이야기할 수 있다. 동전은 그 가치에 비해 무거워, 북송 멸망 이후 수백만 명이 남쪽으로 이주할 때 가치가 높은 귀금속을 챙겨오는 데 급급했다. 우리에게 친숙한 조선 시대의 동전, 상평통보常平通寶를 통해 동전의 휴대성 문제를 살펴보자. 상평통보 1문의 현재 가치는 대략 200원 정도이니, 20kg짜리 쌀 한 포대(2020년 7월 말 기준으로 5만원 내외)를 사기 위해서는 상평통보 250문이 필요했다. 상평통보 1문이 6그램이니, 동전 무게만 1.5킬로그램에 달해 쌀보다 휴대가 편리하긴 하지만 먼 피난길에 들고 다니기에는 어려움이 적지 않았을 것이다. 결국 남송 입장에서 북방의 영토 상실은 거대한 인력 상실 및 화폐 공급의 감소를 뜻했다. 남송의 효종이 회자를 발행하고, 그 가치를 안정시키기 위해 노심초사했던 데에는 이런 배경이 자리 잡고 있었던 셈이다.

〈표 1-1〉 조선 시대 발행된 가장 대중적인 동전, 상평통보의 가치(어림치)

	상평통보	현재
	1문(푼)	200원
10배	1전	2,000원
10배	1냥	20,000원
10배	1관	200,000원

● **출처:** 네이버 지식백과

금속화폐의 최대 문제, 시뇨리지

로마 제국은 리디아의 주화를 계승한 새로운 주화, '데나리우스'를 제국 전역에 유통시킴으로써 전성기를 열 수 있었다. 그러나 로마 제국의 전성기는 잠시였다. 정복 전쟁이 중단되면서 더 이상 노예와 귀금속이 유입되지 않은 데다, 유럽의 귀금속 광산이 고갈되었기 때문이다.

5현제五賢帝(로마 제국의 전성기를 이끌었던 5명의 황제)의 마지막을 장식한 마르쿠스 아우렐리우스가 죽기 전(180년) 세 가지 문제가 로마 제국을 잠식하고 있었는데, 첫 번째 문제는 게르만족의 이동이었다. (아우렐리우스 황제도 게르만족과의 전쟁 도중에 사망했다.) 두 번째 문제는 노예 유입이 중단되는 가운데 로마 제국 전체의 노동력 부족 현상이 심화된 것, 나머지 문제는 금융 불안정이 높아진 것이었다.

특히 마지막 문제가 로마 제국의 경제에 큰 충격을 가했다. 지출이 수입을 만성적으로 초과하는 가운데, 로마 황제들은 지속적으로 은화의 순도를 떨어뜨려 자금을 조달했다. 초기에는 시장 참여자들이 품위 저하를 인지하지 못했지만, 서기 200년을 전후해 시작된 갑작스러운 은화 순도 저하는 강력한 인플레를 촉발했다.

은화의 순도 저하가 인플레를 촉발하는 이유를 자세히 설명하면 다음과 같다. 은화의 순도 저하를 처음으로 인지한 상인 A는 자신이 보유한 은화를 시장에 나가 팔아치우는 한편, 식료품이나 의류를 매집하는 게 이익이 될 것이라 생각한다. A의 행동에 궁금증을 느낀 상인 B가 원인을 조사하다가 은의 순도가 심각하게 낮아진 것을 알게 되고, 그 역시 보유하고 있던 은화를 처분하는 대신 아우렐리우스 황제 시절에 만들어진(로마의 은화에는 발행 당시 황제의 얼굴이 새겨져 있음) 순도 높은 은화를 구입하기 위해 동분서주하기 시작한다.

A와 B의 행동은 '주화의 품위가 저하될 때' 나타나는 일이다. A가 한 일은 생필품의 가격 급등을 유발할 것이며, B의 행동은 은을 비롯한 귀금속의 퇴

〈표 1-2〉 로마 제국 은화의 순도 변화(기원후 64년 네로 황제 때부터 3세기 말까지, 순도는 좌축)

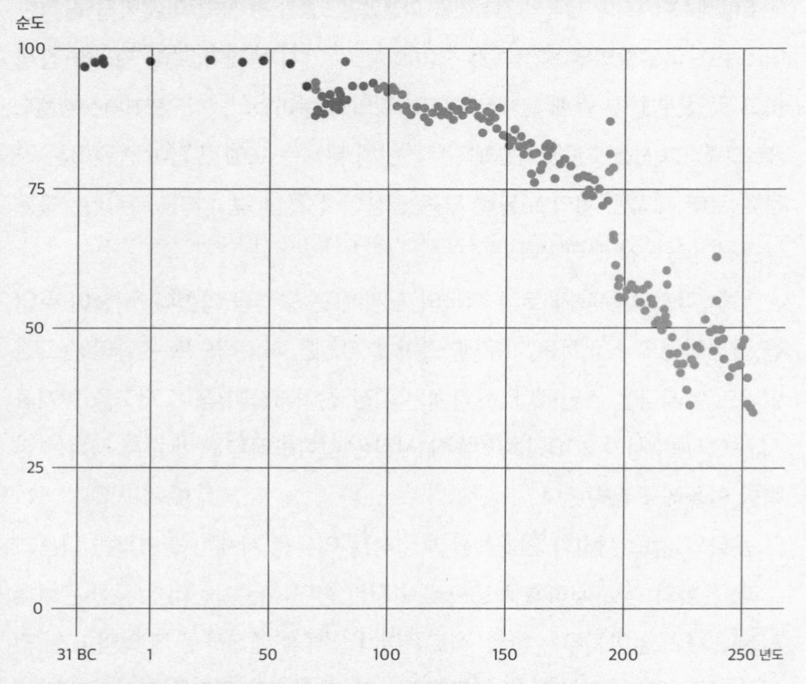

● **출처:** 위키. https://en.wikipedia.org/wiki/Denarius

장(退藏)을 유발하게 될 것이다. 그리고 이 두 행동 모두 경제 전반의 인플레 압력을 높이는 것은 똑같지만, 경제 전체 입장에서 보면 B의 행동이 훨씬 해롭다. 귀금속이 부자들의 금고 혹은 구들장 속에 숨겨지면 안 그래도 부족한 유통 귀금속이 더욱 줄어들기 때문이다.

갑작스러운 은화 순도 저하로 인플레가 촉발되었을 때, 로마 제국이 마냥 손을 놓고 있었던 것은 아니다. 디오클레티아누스Diocletian 황제는 301년 칙령을 통해 물가·임금 통제를 선포하고 관료제와 재정 제도를 개편하였다. 그와 그의 후계자 콘스탄티누스Constantine의 개혁이 한때 제국에 활력을 주기도 했지만, 이 개혁들은 근본적인 문제를 해결할 수 없었다. 서기 476년 서로마 제국의 멸망은 게르만족의 침입이 직접적인 원인이었지만, 그 배경에는 금융 혼란도 자리잡고 있었음을 기억해야 할 것이다.

역대 로마 황제가 발행한 주화들이다. 상단 왼쪽부터 기원전 157년 공화국 시절의 주화, 기원후 73년 베스파시아누스 황제(Vespasian) 시절의 주화, 161년 아우렐리우스 황제(Aurelius) 때 만들어진 주화, 194년 셉티미우스 세베루스 황제(Septimius Severus) 때 주화이다. 두 번째 줄 왼쪽부터 199년 세베루스 왕조의 두 번째 황제 카라칼라(Caracalla) 때의 주화, 200년 세베루스 왕조의 율리아 돔나 공주(Julia Domna) 때의 주화, 219년 엘레가발루스 황제(Elagabalus) 때의 주화, 236년 막시미누스 트락스 황제(Maximinus Thrax) 때 주화이다.

THE HISTORY OF MONEY

중국 사람들이 금과 은을 좋아하는 이유는?

$

2000년대 후반, 모 증권사의 리서치팀 팀장으로 일할 때 거의 매달 홍콩을 방문했다. 홍콩을 그렇게 자주 갔던 건 중국과 홍콩 주식시장이 유례없는 호황을 누리고 있던 터라, 어떻게든 투자의 기회를 모색하고 제휴처를 찾기 위해서였다. 그런데 당시 바쁘게 홍콩 시내를 오갈 때마다 한 가지 의문이 들었다.

"홍콩에 왜 이렇게 금은방이 많을까? 세계에서 제일 잘사는 나라 중 하나인데, 명품 가게보다 금은방이 더 많은 것 같네."

이 책을 쓰다 보니 문득 이때의 의문이 떠올랐다. 당시에는 의문을 풀지 못했는데, 이제는 답을 할 수 있다. 남송 때의 회자 그리고 원나라 때의 교초交鈔 등 일체의 신용화폐에 대한 신뢰가 무너졌었기 때문이다.

물론 처음부터 그랬던 것은 아니다. 남송 초기, 회자는 상품을 사고팔거나 사람을 고용하기에 적합한 최적의 상거래 수단이었다. 회자에 인쇄되어 있는 29개의 문자는 '공적이든 사적이든 동전 770개짜리 1관貫에 해당하는 금액이다'라는 뜻을 담고 있는데, 이는 상당 기간 잘 지켜졌다. 남송의 2대 황제인 효종孝宗(재위 기간 1162~1189년)은 1166년에 회자를 처음 발행한 이후, "10년 동안 잠을 이루지 못했다"라고 술회할 정도로 온 신경을 기울였다. 그는 1166년 유통 중인 회자를 은 200만 냥 가치만큼 사들여 소각하는 한편, 세금과 수수료 납부에도 회자를 사용해야 한다는 칙령을 내리기도 했다. 그러한 노력 덕분에 1170년대 이후 회자는 시장의 신뢰를 얻을 수 있었다.

당시 회자가 얼마나 신뢰를 얻었는지는 1215년 이후의 토지 거래 장부를 통해 확인할 수 있다. 남송 때의 토지 거래 현황을 연구한 학자들은 토지 매매 대금이 대부분 '회자'를 기준으로 기록되어 있음을 발견했다. 즉 당시 가장 중요한 자산인 토지 거래에서도 회자를 사용할 정도로 지폐가 주된 거래 수단이 되었고, 은은 보조적인 역할을 맡았음을 알 수 있다. 심지어 상거래에 사용할 회자의 양이 부족하다면서 발행을 더 늘려 달라는 청원이 빗발치기도 했다. 이에 부응해 남송 정부는 유통기간도 6년짜리에서 30년짜

리까지 다양하게 발행했다. 유통기한을 두었던 것은 회자가 민간의 신뢰를 얻을 것이라는 자신이 없었기 때문이었다. 그래서 화폐에 교환 '만기'를 제시해 만기된 회자를 정부에 들고 오면 은이나 비단으로 교환해준다는 사실을 실제로 보여주려 했던 것이다.

하지만 회자의 전성기는 그리 길지 않았다. 가장 큰 문제는 걷잡을 수 없는 군사비 지출이었다. 1206년 남송은 금나라를 공격했다가 궤멸적인 패배를 맛보았고, 사천의 군벌이 중앙 정부로부터 독립을 선언했다가 실패하는 일까지 겪었다. 이 과정에서 남송의 군비 지출은 크게 증가했다. 이때 남송 정부는 전쟁 비용을 대기 위해 회자를 약 2억 3천만 관까지 발행했다. 기존에 발행한 회자의 총액이 6천만 관이었으니 거의 4배에 달하는 화폐 공급 증가가 나타난 셈이다. 이로 인해 회자의 시장 가치는 곧바로 액면가의 60퍼센트까지 떨어졌고, 1240년에는 1/4 수준까지 떨어지고 말았다. 결국 1276년 남송이 몽골에게 멸망한 것은 전쟁 비용을 감당하기 위해 마지막 수단, 즉 화폐 증발增發에 의지하는 과정에서 금융시스템이 붕괴되었기 때문이라고 볼 수 있다.

이렇게 이야기하니, 남송 정부가 아주 나쁜 의도를 가진 집단처럼 여겨지는데 회자의 발행 증가는 최후의 수단이었다. 남송 정부는 회자 발행량을 늘리기 이전에 세금을 걷기 위해 노력했다. 일단 1070년 왕안석이 도입했던 농전수리법農田水利法이라는 농지 개간 진흥 정책으로 농사 지을 토지가 늘어난 터라 세수 확대의 기반이 마련되어 있었다. 예전에는 골짜기에 있는 평야 지역만 개간이 이뤄졌다면, 농전수리법 시행 이후 양쯔강 하류의 삼각주 부분까지 개간이 이뤄져 쌀 생산량이 급격히 늘어났다. 물론 북송 시절이기는 하지만 단 6년 만에 새로 개간된 토지가 30퍼센트 가까이 증가했다고 하니 경제력이 얼마나 확충되었는지 짐작할 수 있다.

또 국제 무역을 적극적으로 육성해 세수 확보에 나섰다. 전 근대사회에서 세금을 걷는 일은 매우 힘들었다. 토지세나 인두세가 주된 세금일 때에는 문제가 없지만, 남송처럼 상업이 발달하는 나라에서는 '소득이 있는 곳에 세금을 걷는다'는 원칙을 적용하기가 어려웠다. 이때, 가장 손쉽게 상거래에서 세금을 걷는 방법이 바로 관세關稅다. 해외에서 남송으로 들어온 배의 안전과 상거래를 보장해주는 대신 세금을 걷음으로써 상거래를 활성화시키고 세수도 확충할 수 있었기에, 남송의 황제들은 교역의 안전을 보장하는 데 매우 적극적이었다. 1137년 남송의 고종高宗(재위 기간 1127~1187년)은 "해상 무역의 이윤은 매우 크므로 적절히 관리하기만 한다면 엄청난 부를 가져다줄 것이다. 이러한 무역을 촉진하는 것이 백성에게 세금을 부과하는 것보다 낫지 않겠는가?"라고 말하기도 했다. 참고로 송의 관세율은 매우 낮은 편이었다. 이를테면 '정교한' 상품에는 1/10, '조야한' 상품에는 1/15의 세금을 부과했을 뿐이다.

이렇게 세수를 확보하기 위해 노력하면서 남송 정부는 강력한 해군을 육성하기 위해 애썼다. 실크로드를 통한 말의 수입이 불가능해져 기병에서 해군 양성으로 방향을 돌린 것이다. 남송이 멸망하기 직전 5년 동안, 세계 최강의 몽골군을 상대로 양쯔강 중류의 요충지인 양양성襄陽城과 번성樊城에서 결사 항전할 수 있었던 건 바로 해군 전력이 우위에 있었기 때문이다.

많은 서양 사학자가 남송이 몽골에 정복된 것을 두고 '자본주의의 위기'라 부르기도 했다. 몽골의 침략으로 송나라가 무너진 뒤 중국은 과거의 역동성을 회복하지 못했고, 이것이 곧 세계사의 전환점이 되었다는 주장이다.

남송 이야기는 여기서 마무리하고, 화제를 원元나라로 돌려보자. 남송이 개발한 '신용화폐' 시스템은 몽골 제국에서 더 번창했다. 원나라의 세조, 쿠빌라이(재위 기간 1260~1294년)는 전국적으로 지폐를 보급하고 국가의 공식 화폐로 지정했다. 경제가 어떻게 움직이는지, 국가를 어떻게 다스려야 할지 알지 못한 유목민 입장에서, '종이를 금으로 만드는 마술'인 종이 화폐는 그야말로 마법의 램프처럼 느껴졌을 것이다. 원나라에서 신용화폐 시스템이 번창할 수 있었던 건 야율초재耶律楚材의 역할이 컸다. 멸망한 요遼나라의 지배계급 출신으로 쿠빌라이에게 중용되었던 야율초재는 지폐의 발행량을 통제하고 비단이나 은을 지폐 발행의 보증금으로 삼아 대중의 신뢰를 얻어야 한다고 조언했다.

물론 쿠빌라이가 지폐 시스템을 전면적으로 도입하기 전부터 국민들이 지폐에 익숙해져 있었다는 것도 잊어서는 안 된다. 1260

신용화폐 시스템을 도입한 몽골 제국의 쿠빌라이 칸

년 쿠빌라이가 지폐를 나라의 공식 화폐로 정하기 이전부터 지폐는 이미 여러 지역에서 통용되고 있었다. 일례로 1227년 지금의 산둥성 지역의 지방관 하실何實이 경제 회복을 위해 비단으로 만든 회자를 발행하여 통용한 적도 있었다.

1260년 쿠빌라이가 만든 종이 화폐, '중통교초中統交鈔'는 새로운 혁신이라기보다는 경제 발전에 따른 화폐 수요 증가에 대한 대응이었다고 볼 수 있다. 중통교초 1천 냥을 은 50냥과 교환하도록 규정했으나 중통교초의 액면 가치가 너무 커 상거래에 사용하기 어렵다는 불만이 있자, 원나라 조정은 같은 해 '중통원보교초中統元寶交鈔'를 새로 발행했고, 액면가는 동전 1관貫 그리고 은 반 냥의 값어치를 가지는 것으로 정했다.

그러나 남송의 황제들과 달리, 원나라는 지폐의 가치를 유지하는 데는 관심이 없었다. 1283년 민간에서 금과 은의 매매가 금지되고, 1285년에는 동전으로 세금을 낼 수 없게 하는 등의 조치가 취해지며 교초의 지위가 올라갔던 것은 분명한 사실이나, 원나라의 지배자들은 서역의 다른 나라와 교역할 때 필요하거나 몽골의 귀족들에게 선물하기에 좋은 은괴를 확보하는 데 더 많은 관심을 기울였다. 결국 쿠빌라이가 사망한 이후, 원나라 황제들은 은을 확보하기 위해 교초의 발행량을 지속적으로 늘렸고, 교초의 가치는 액면 가격에 비해 떨어지게 되었다.

이어 교초를 휴지조각으로 만들어버린 사건이 발생했다. 1344~1345년을 전후해 새로운 전염병이 유행한 것이다. 많은 역사학자는 14세기 중반 중국에서 유행한 새로운 전염병이 페스트(흑사병)일 것이라 추정한다. 페스트를 처음으로 유럽에 전염시키고, 1347년 콘스탄티노플과 이탈리아에 퍼트린 장본인이 몽골군이었기 때문이다. 몽골인들이 유럽에 가져온 흑사병의 근원지는 중국 내륙 고산지대로 추정되는데, 사상 초유의 대제국을 건설하는 과정에서 예전에는 사람들이 접근하지 않았던 곳에 존재했던 지역적 풍토병에 접촉해 확산을 유발한 것으로 보인다.

이로 인해 원나라 경제는 치명적인 타격을 입었다. 북방 유목민이 북중국을 점령하기 직전이었던 12세기 초반, 송나라 인구는 1억 명을 돌파했는데, 1371년 명明나라 건국 후 처음으로 시행한 인구조사에서 인구수가 5,987만에 불과한 것으로 드러났다. 흑사병의 대유행과 홍건적의 난 등으로 약 25년에 걸친 혼란의 시대가 이어지면서 인구가 거의 절반 수준으로 줄어든 것이다. 인구감소는 상거래를 위축시킬 뿐만 아니라, 국가의 재정을 망가뜨린다. 가혹한 통치로 유발된 농민 반란과 전염병의 대유행 그리고 재정의 파탄이 결국 원나라의 멸망을 재촉했다.

이와 같은 사건은 중국인들에게 지폐 혹은 신용화폐에 대한 불신을 가져다주었다. 사람들은 종이 화폐로 재산을 축적해도, 정부가 대규모로 화폐를 발행할 경우 가치가 떨어지는 데다, 심지어 나라가 멸망하면 돈을 한 푼도 건지지 못한다는 사실을 뼈저리게 느끼게 되었다. 특히 몽골 귀족들이 오히려 지폐를 발행해 시중에서 거둬들인 은 덩어리를 선호하고, 선물이나 거래 수단으로 은을 중시했던 것도 귀금속에 대한 선호를 높인 요인으로 작용했다.

중국 상인들이 태풍의 위험을 무릅쓰고 일본 하카타를 향해 모험적인 항해에 나선 이유가 밝혀진 셈이다. 교초의 사용이 일반화되고, 나아가 교초의 가치가 나날이 떨어지는 가운데 중국 남부의 상인들은 일본과의 교역으로 일종의 차익거래를 했던 것이다. 일본의 학자 가토우 시게루加藤繁는 13세기 후반 일본의 황금 1냥의 값이 630문이었는데, 당시 중국의 황금 가격은 40,000문 정도로 차이가 벌어져 있었다고 밝혔다. 즉 중국 상인은 금을 싸게 구입할 수 있고, 일본은 경제에 필요한 화폐를 충당할 수 있는 '윈-윈'

거래였던 셈이다.

참고한 글과 책

- 리처드 폰 글란(2019), 『케임브리지 중국경제사』, 467~468, 469~470쪽.
- 김이한 등(2013), 『화폐 이야기』, 87쪽.
- 오카모토 다카시 편(2016), 『중국경제사』, 218쪽.
- 디터 쿤(2015), 『하버드 중국사 송: 유교 원칙의 시대』, 434, 441, 443쪽.
- 티모시 브룩(2014), 『하버드 중국사 원·명 - 곤경에 빠진 제국』, 91~93, 131쪽.
- 에릭 밀란츠(2012), 『자본주의의 기원과 서양의 발흥』, 61, 64쪽.
- 국립중앙박물관(2016), 『신안해저선에서 찾아낸 것들』, 323~325, 327쪽.
- 로널드 핀들레이, 케빈 H. 오루크(2015), 『권력과 부』, 118~119쪽

더 깊게 읽기 5

최초의 종이 화폐는 어떤 모습일까?

원나라 쿠빌라이 칸이 만들어 유통한 지폐, 교초는 상피지桑皮紙(뽕나무 껍질을 원료로 한 질긴 종이)에 인쇄한 것으로, 유통 과정에서 쉽게 마모되어 낡은 지폐인 '혼초昏鈔'로 변하였다. 백성들은 혼초를 정부에 가져가 새 지폐로 바꿀 수 있었고, 정부는 1관마다 30퍼센트의 생산 원가 비용을 수취하였다고 전해진다.

아래 사진은 지원보초至元寶鈔인데, 다음과 같은 내용이 하단부에 적혀 있다.

"(이 지폐는) 만기일 전까지 제국의 다양한 영토에서 유통이 가능하다. 보초를 위조하는 자는 사형에 처해질 것이다."

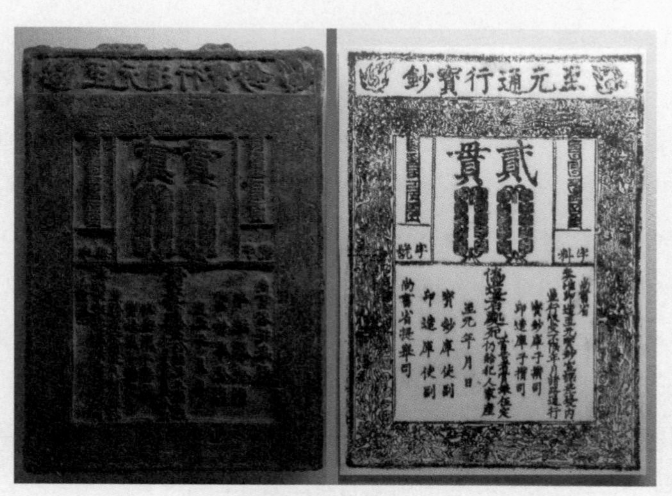

원나라 때 발행된 교초와 인쇄용 원판

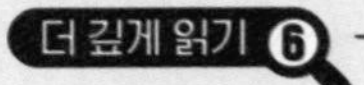

일본에서 송나라로 이어진 유황의 길

송나라에서 일본으로의 주된 수출품은 송전宋錢과 생사生絲, 도자기였다. 그렇다면 일본에서는 송나라로 어떤 제품을 수출했을까? 일본에서 송나라로 수출한 주력 제품 중의 하나가 규슈 남단의 화산섬에서 채취한 유황硫黃이었다. (일본의 광업 기술이 비약적으로 발전한 것은 1500년대 중반의 일이니, 송나라 시절에 금이 주된 수출 품목이 되기는 어려웠다.)

당시 중국에서는 다음 세 가지 용도로 일본산 유황에 대한 수요가 높아지고 있었다.

(1) 횃불

(2) 약품

(3) 화약 원료

횃불은 유황의 발화 작용을 이용한 것이었으며(오늘날에도 유황은 성냥의 주원료이다), 한방약 내지 농약의 원료에도 유황이 쓰였다. 유황은 인체 필수 원소의 하나로, 살균에 유용하기 때문이다.

하지만 당시 (1)과 (2)보다는 (3)의 수요가 월등히 많았다. 즉, 유황의 주된 사용처는 바로 화약이었다. 남송 때 만들어진 닝보寧波의 지방지 『보경사명지』 6권과 『개경사명속지』 8권에는 일본으로부터의 주요 수입품으로 유황이 기록되어 있다. 또한 남송의 관료 포회包恢의 문집 『폐소고략』에는 일본으로부터 수입되는 유황이 '군수'에 공급되고 있다고 적혀 있다. 이러한 13세기의 상황을 고려하면 일본산 유황이 중국에 유입되게 된 최대 요인은 화약 병기의 발전이었다고 해도 좋을 것이다.

송나라 상인들이 일본에서 유황을 수입했던 가장 직접적인 이유는 중국 본토에서 유황의 생산이 적었기 때문이다. 예전부터 사람들이 이용하던 유황은 주로 화산활동에 의해 생성된, 결정화된 자연산 유황이었다. 중국에서 자연산 유황의 생산 지역은 동베이東北, 티베트, 윈난雲南 등인데 이 지역 대부분이 송나라와 거리가 멀었다.

반면, 화약의 또 다른 필수 연료인 초석은 중국에서 풍족하게 생산되었다. 주된 산지는 명 말기의 산업기술서 『천공개물』 하권 「초석」조에 기록되어 있는 것처럼 쓰촨四川, 산시山西, 산둥山東 등이다. 그래서 16세기 일본이 화약 제조 기술을 습득한 다음에는 중국산 초석이 일본의 주된 수입품으로 자리하게 된다.

여기서 한 가지 덧붙여둘 것은 일본산 유황에 대한 수요처가 중국만은 아니었다는 점이다. 『조선왕조실록』 성종 권75 8년(1477년) 1월 정묘丁卯조에 다음과 같은 글이 실려 있다.

> 지사知事 강희맹姜希孟이 아뢰기를, "화약고火藥庫에 석류황石硫黃 23만 7천여 근斤과 염초焰硝 4만 근이 있으나, 이제는 가져와서 바치는 왜인倭人이 없으니, 반드시 다 없어질 때가 있게 될 것입니다."

이 유황 비축량은 필시 중앙정부의 것이라고 생각되는데, 조선 왕조는 평시에도 화약 원료로서의 유황을 약 23만 7천여 근(약 142톤)이나 비축해 두었던 것이다.

적어도 16세기까지 동아시아의 바다는 송전과 함께 유황 무역이 활발하게 이뤄졌음을 알 수 있다. 야마우치 신지山内 晋次의 책『日宋貿易と「硫黄の道」(일송 무역과 '유황의 길')』(2009)는 적절한 제목이었다고 생각한다.

〈그림 1〉 일본 유황의 주된 산지, 야쿠시마의 위치

● **출처:** 구글 어스. https://goo.gl/maps/sA2QtAMbnqfYuj1e7

더 깊게 읽기 7

한무제가 서역 원정에 나선 이유는 디플레 때문?

한나라 7대 황제인 무제武帝(재위 기간 기원전 141~기원전 87년)는 행운아인 동시에 '위기'의 시대를 살았던 사람이다. 그는 훌륭한 선대 황제 덕분에 보물과 식량으로 가득 찬 창고를 물려받았지만, 동시에 경제에 심각한 디플레가 발생한 시대를 살았다.

무제 때 디플레가 발생한 건 '생산력' 회복 때문이었다. 한나라의 5대 황제인 문제文帝(재위 기간 기원전 180~기원전 157년) 때에는 한나라 초기에 비해 곡물 가격이 1/500 정도로 내려갔다고 한다. 다시 말해 돈의 상대적 가치가 500배 상승한 것이다. 곡물 가격이 내려간 이유는 장기간 이어진 안정기에 버려졌던 땅이 다시 일궈지며 식량 생산이 급격히 늘어난 반면, 동전 생산량이 이에 비례해 늘지 않았기 때문이다(흑사병 유행 당시 유럽에서도 이와 비슷한 일이 벌어진다. 이에 대해서는 2부에서 살펴볼 것이다).

물론 "곡물 가격이 내려간 게 뭐가 문제냐"라고 반문하는 독자들도 있겠지만, 곡물 값의 폭락은 인구의 대다수를 차지하는 농민의 삶을 곤궁하게 한다. 게다가 곡물 가격이 떨어진 상황에서 역병이나 천재지변이 벌어지면, 농민들의 삶은 일거에 붕괴될 위험이 높아진다. 빚을 지고 갚지 못한 농민들은 어쩔 수 없이 자신의 땅을 버리고 대지주의 소작농이나 상인의 하인이 되는 수밖에 없다. 이는 기원후 2세기 로마에서 벌어진 일과 정확하게 일치한다.

이 문제를 일거에 해결한 사람이 바로 무제였다. 그는 동아시아의 강국 고조선古朝鮮부터 시작해 북방의 영토를 위협하던 흉노匈奴를 대상으로 대규모 전쟁을 벌여 경제 내의 디플레 위험을 일거에 털어버렸다. 벌써 눈치를 챈 독자들이 있겠지만, 전근대 사회에 전쟁이 빈발했던 이유는 상대가 가진 것을 약탈하기 위한 욕망뿐만 아니라 경제 내에 존재하는 만성적인 디플레 위험을 해소시킬 목적도 컸다. 당시의 통치자들은 뚜렷한 실체가 없는 디플레 문제를 직접 다루는 대신, 통제할 수 있고 분명한 목적이 있는 '전쟁'을 치르는 게 정치적으로 오히려 괜찮은 선택이라고 느꼈던 것 같다. 국고가 바닥날 때까지 치열한 전쟁을 치를 경우, 승리한다면 당연히 당면한 문제를 해결할 수 있고, 패배하면 수隋나라처럼 멸망하거나 영토를 잃어버리는 대가를 치러야 하지만, 그래도 '농민 반란'의 확실한 위험에 비해서는 나은 선택지라 여겼던 것이다.

〈그림 2〉 한 무제의 주요 원정

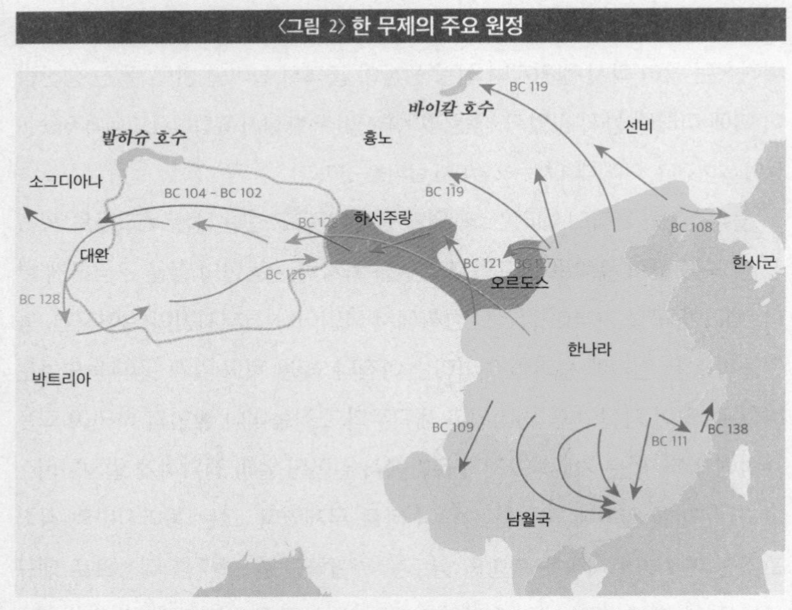

● **출처:** 아틀라스뉴스(2020.3.27), 『흉노⑦…漢과 43년 전쟁, 하서주랑-오르도스 잃다』.

이 대목에서 '전쟁을 치르는 게 어떻게 디플레 문제를 해결할까?' 하고 의문을 품는 독자들이 많을 것이다. 이 의문을 해소하기 위해 수나라 양제煬帝(재위 기간 기원후 604~618년)가 고구려를 침공할 때 100만 대군을 이끌고 왔던 것을 예로 들어보자. 물론 100만 명이나 되는 대군이 고구려에 직접 오기는 힘들었을 것이다. 다만 이 숫자가 내포하고 있는 진실을 감안할 필요가 있는데, 인구가 희박한 변경 지역으로 수십만의 부대를 보내기 위해 많은 수송 병력이 필요하고, 또 대운하를 비롯한 다양한 사회간접자본의 정비에 많은 인력이 동원되었음을 알 수 있다.

따라서 전쟁으로 수많은 젊은이가 고향을 떠나면 농사지을 인력이 부족해지는 것은 물론, 군량미 지출이 늘어나 곡물 비축량이 순식간에 줄어들거나 고갈되어 곡물 등 생필품 가격이 다시 상승한다. 물론 무제가 이러한 경제 원리를 알고 전쟁을 일으킨 것은 아니었지만, 어쨌든 곡물 가격은 다시 올라갔고 한나라는 다시 부흥기를 누릴 수 있었다.

화폐의 공급이 경기 사이클을 일으킨다!

1부에서는 신안 보물선에 얽힌 옛 사람들의 삶을 살펴보았다. 예나 지금이나 사람들은 돈에 얽매이는데, 돈은 너무 풍족해도 문제이고 너무 부족해도 문제라는 것을 알 수 있었다. 이 대목에서 잠깐 디플레와 인플레에 대해 정리해보면, 디플레는 쌀이나 비단 같은 물건의 값이 떨어지는 현상으로 정의할 수 있는 반면, 인플레는 돈의 값어치가 계속 떨어지는 현상이라 볼 수 있다.

예를 들어 남송 초반, 효종이 새로운 지폐[會子]를 만들기 전 상황이 디플레였다. 화폐 대부분을 보유한 수도 개봉이 적[金]의 수중에 들어가고, 그나마 있던 구리 광산도 고갈되어버린 상황에서 금이나 은 같은 귀금속마저 동나버렸다고 가정해보자. 은이나 동전으로 계산되던 쌀이나 비단 등 핵심적인 상품의 값이 지속적으로 떨어지고 있고, 앞으로도 계속 값이 떨어진다고 생각될 때 어떤 일이 벌어질까?

그렇다. 경제는 현물화폐 시스템으로 후퇴하게 된다. 값이 계속 상승할 것이라고 기대되는 금이나 은, 동전은 모두 부잣집 금고로 들어가버릴 테니 비단이나 쌀이 어쩔 수 없이 화폐의 대용수단이 될 게 뻔하다. 물론 상거래가 아예 불가능한 것은 아니다. 다만 앞에서 지적했듯 현물화폐의 세 가지 약점, 즉 금속화폐에 비해 상대적으로 무거울 뿐만 아니라, 계절이 바뀔 때마다 가격이 춤을 추며, 조악한 품질의 상품화폐를 수령할 위험에 대비해 매번 가격을 새로 매겨야 한다는 문제로 인해 예전에 비해 상거래가 원활해지지 않게 된다.

상거래가 어려워지는 게 뭐가 문제냐고 생각할 수도 있지만, 사람들 사이에서 거래가 어려워지면 어려워질수록 어떤 일을 전업으로 하려는 사람들이 줄어들기 마련이다. 왜 그럴까? '시장의 규모가 분업을 결정'하는 특성 때문이다.

이 문제를 이해하기 위해, 쌀 농사를 짓는 중국 남부의 고립된 마을을 상상해보자. 각 가계가 고립되어 있어 식량과 옷 그리고 경작에 필요한 농업 도구를 모두 손수 만들고 수리한다고 가정해보자는 것이다. 만일 어떤 집은 옷 제조를, 옆집은 식량 생산을, 또 건너편 집은 주택 건축을 전문으로 하면, 이 전문가들이 온 마을에 옷과 식량과 주택을 공급할 수 있지 않겠는가? 나아가 생산자들이 전문화되면서 예전보다 더 적은 시간을 들이고도 더 많은 물건을 만들어낼 수 있게 되어 점점 생활 수준이 향상될 것이다.

그러나 남송 초기처럼, 상거래가 위축되고 디플레가 발생하는 상황에서는 분업이 어렵다. 화폐 공급이 감소하는 가운데 사람들은 쌀이나 옷 같은 생필품 가격이 계속 떨어질 거라 기대할 것이며, 나아가 상거래의 어려움까지 겹쳐 '소비'를 최소화하려 들 것이기 때문이다. 자연스레 옷이나 농기구 등을 전문적으로 생산하는 가구는 자칫 과잉 재고를 끌어안고 도산할 위험에 놓이게 된다. 결국 새로운 사업을 시작하려는 사람은 사라지고, 특히 다른 이에게서 돈을 빌리는 것도 어려워져 경제 전반의 침체가 장기화된다.

중앙은행이 없던 전근대 사회에서는 일단 디플레의 함정에 빠지면, 이를 해결할 방법이 마땅하지 않았다. 가장 먼저 떠오르는 대안이 바로 화폐를 더 많이 주조하는 것인데, 구리나 은을 쉽게 구할 수 없는 환경에서는 이 역시 불가능했다. 결국 전쟁을 일으켜 내부의 불만을 외부로 돌리거나 남송의 회자처럼 획기적인 '신용화폐'를 만들어내는 것이 유일한 대안이었다고 할 수 있다.

물론 지폐 시스템에 아무런 문제가 없는 건 아니다. 원 말기처럼, 정책 당국이 부족한 재원을 충당할 목적으로 지폐를 마구 찍어낼 경우 강력한 인플레가 발생할 수 있다. 예전에는 중통원보교초 1관의 가치가 은 반 냥이었는데, 갑작스럽게 은 1/10냥 혹은 그 이하로 떨어지면 당연히 경제가 혼란해질 수밖에 없다. 사람들은 일제히 비단이나 은, 쌀 같은 실물자산을 보유하기 위해 혈안이 될 것이며, 이는 다시 지폐의 가치를 떨어뜨리는 악순환으로 이어질 것이다.

이상의 이야기에서 보듯, 경제의 흐름을 판단할 때 가장 중요한 것은 물가가 오르는지 내리는지를 판단하는 것이다. 디플레가 발생하면 생활 수준 자체가 어려워지는 등 경제가 장기 침체의 늪으로 빠져들 수 있으며, 반대로 인플레가 발생하면 가격 변동이 심해지고 경제 전반에 강력한 투기가 발생할 가능성이 높다.

이제 물가와 화폐의 관계에 대한 이야기는 이 정도에서 마무리하고, 2부에서는 전염병이 경제에 어떤 영향을 미쳤는지 자세히 살펴보도록 하자. 최근 '코로나19' 사태를 겪고 있는 입장에서, 많은 교훈을 얻을 수 있으리라 기대해본다.

참고한 글과 책

- Karl Gunnar Persson, Paul Sharp(2016), 『유럽경제사』, 45~46, 49쪽.
- St. Louis Fed(2019), 『Finance and Development: Evidence from Firm-Level Data』.

PART

2

전염병이 번질 때, 경제는 어떤 변화를 겪을까?

THE HISTORY OF MONEY

THE HISTORY OF MONEY

유럽인들이 엘도라도를 찾아간 까닭은?

$

프란시스코 피사로Francisco Pizarro에 대해 들어본 적이 있는가? 그는 1532년 11월 16일, 잉카 제국의 8만 대군을 처부수고, 황제 아타우알파Atahualpa를 사로잡은 스페인 군인이다. 당시 피사로는 단 168명의 군사를 이끌고 역사적인 승리를 거두었는데, 보통 사람이라면 상상도 못할 일이다. 생각해보라. 자신들보다 약 500배 이상 많은 적을 향해 돌격하는 게 제정신으로 가능하겠는가?

피사로는 왜 무모한 전투를 벌였을까? '황금'에 대한 욕망 때문이었다. 그는 잉카의 황제 아타우알파를 사로잡자마자 제일 먼저 몸값으로 황금을 요구했고, 가로 6.7미터, 세로 5.2미터, 높이 2.4미터를 가득 채울 만큼의 황금을 받아낸 후, 약속을 저버리고 그를 처형했다.

아마존에 있다는 황금향黃金鄕, 엘도라도El Dorado를 찾기 위한 탐험은 20세기까지도 이어졌다. 엘도라도 전설은 콜롬비아의 과타비타 호수 지역에 살던 무이스카 부족이 족장 즉위식 때 온몸에 금가루를 바른 채 뗏목을 타고 호수 중앙에 도착해 황금과 보물을 바쳤던 데에서 유래한다. 실제로 1969년 무이스카의 황금 뗏목이 발견되어, 엘도라도의 전설이 일부 사실임이 입증되기도 했다.

그런데 대항해 시대에 유럽 사람들은 왜 이런 모험에 나섰을까? '화폐'로 사용되는 금이나 은 같은 귀금속 수요가 폭발적으로 늘어났기 때문이다. 당시 유럽은 흑사병으로 인구의 약 33~50퍼센트가 줄어 경제에 큰 변화가 일었는데, 이는 귀금속 가격의 상승을 유발했다. 여기서 다음과 같은 의문을 품는 독자들이 적지 않으리라 생각한다.

"어떻게 전염병으로 인구의 절반이 죽을 수 있나? 그리고 사람들이 줄어든 게 귀금속 가격 상승과 무슨 상관인가?"

일단 첫 번째 의문부터 풀어보자. 어떤 집단에 처음 들어온 세균(이나 바이러스)은 아직 면역력이 생기기 전이라 모든 연령에 급성 질환을 일으킨다. 최근 '코로나19' 바이러스가 사회 전 연령층으로 빠르게 확산된 것처럼 말이다. 하지만 '코로나19' 사태가 일어난 오늘날과 흑사병 전염을 겪은 14세기 유럽 사이에는 결정적 차이점

14세기 벨기에 필사본에 그려진 그림으로 흑사병으로 죽은 사람들의 시신을 옮겨 매장하는 모습이 담겨 있다.

이 존재하는데, 바로 생활 수준과 공공 방역 시스템의 유무다.

14세기 유럽의 흑사병은 1346년 러시아 남부 돈강 하류에 자리 잡은 무역도시 타나Tana에서 번지기 시작해, 1347년 초에는 콘스탄티노플을 덮쳤고, 1348년 봄에는 프랑스와 북아프리카에 상륙했다. 전염병이 급격하게 확산될 때, 처음으로 해야 할 일은 무엇일까? 가장 먼저 해외에서 들어오는 배를 검역해야 한다. 검역할 마땅한 수단이 없다면 배를 바다 위에 2~3주 머무르게 하는 것이 최선이다. 전염병이 번지기 시작했다면, 사람들 간의 접촉을 줄이고 환자를 격리하는 등의 조치를 취해야 한다. 그러나 1348년 중순, 영국 에드워드 3세는 캔터베리 대주교에게 기도회를 주관해 달라고 부탁한 후 다음과 같은 서한을 신도들 앞에서 낭독했다.

동부에서 비롯된 흑사병의 재앙이 인근 왕국에 당도했다 하니, 성심을 다해 쉴 새 없이 기도하지 않는다면 병마의 손이 이곳까지 뻗쳐 재난을 부르고 주민의 생명을 앗아갈 것임을 두려워할지어다.

무서운 전염병 앞에서 신에게 의지하고 싶은 마음은 누구나 있을 것이다. 그러나 이런 대규모 기도회는 오히려 병원균의 전파를 부추길 뿐이다. 코로나19 사태 때, 일부 교회를 중심으로 바이러스가 급격히 확산되었듯, 사람들이 많이 모일수록 전염병은 쉽게 퍼지기 마련이다. 당시 유럽 사람들은 전염 과정을 이해하지 못했고, 심지어 고양이가 마녀의 사주를 받아 전염병을 퍼트렸다고 판단해 고양이를 대량으로 학살하는 일까지 벌였기에, 전염병을 막을 방도가 없었다. 유럽에서 인구조사가 가장 정확한 편인 영국을 기준으로 보면, 흑사병 창궐 이후 100년 만에 인구는 577만 명에서 227만 명으로 줄어들었다.

인구가 급격히 감소하면 경제도 큰 충격을 받을 것 같지만, 전근대 유럽은 지금과 전혀 다른 사회라는 점을 이해할 필요가 있다. 당시 유럽은 인구의 90퍼센트 이상이 농업에 종사했는데, 밀과 호밀 등 생산성이 낮은 작물을 주로 재배하는 후진적인 사회였다. 씨를 뿌린 후 기대할 수 있는 수확량의 비율(파종량 대 수확량)을 살펴보면, 서유럽 대부분의 지역에서 1:4~1:6에 그칠 정도로 낮았다. 흉년이 들어 이 비율이 1:3 이하로 떨어지면 기근이 시작된다.

여러 역사학자들은 13세기 말엽이 되자 그전까지 이뤄졌던 삼림 벌채가 중단되었다고 지적하는데, 이는 인구 밀집 지역에 자리 잡은 산이 이미 모두 민둥산이 되었음을 의미한다. 더는 삼림 벌채를 통해 새로운 토지를 확보할 수 없게 되자, 유럽 사람들은 목초지, 황무지, 초원을 경지로 전환하기에 이르렀다. 이는 곧 사육하는 가축 수의 감소를 초래했고, 고기 및 우유의 섭취량 감소로 이어졌다. 가축 배설물을 비료로 활용할 방법 또한 사라져 토지의 양분이 줄어드는 악순환이 나타났다. 흑사병이 유럽을 덮치기 직전, 이미 유럽은 위기 상황에 빠져들고 있었다.

아이러니하게도 흑사병이 이 문제를 일거에 해결했다. 인구가 감소하면서 1인당 경작 가능한 토지가 크게 늘어났으며, 후계자를 남기지 못한 채 사망한 사람들의 토지나 재산을 친척들이 상속받는 경우가 늘면서 서유럽 봉건제가 빠르게 해체되었다. 봉건제란 귀족과 교회를 비롯한 지배계급이 농노의 기본적 안전을 보장하는 대신 주 3회의 노동부역 등 강력한 구속력을 행사하는 제도로 독립적인 농민 세력이 약화될 때 출현하는 일종의 폐쇄 경제 시스템인데, 흑사병이 봉건제의 성립 조건을 흔들어 놓은 것이다. 상당수 귀족계급이 흑사병으로 몰락했고, 주인 잃은 토지가 늘며 농노들이 손쉽게 독자적으로 경작할 토지를 구할 수 있게 되었다. 교회의 권력이 약화된 것도 큰 영향을 미쳤다. 보카치오의 소설 『데카메론』에 적나라하게 묘사된 것처럼, “신부와 농노가 모두 공평하게 쓰러지는 세상"이었기에 교회의 장악력도 예전 같을 수 없었다.

흑사병 충격이후 서유럽의 생활 수준은 가파르게 개선되기 시작했다. 영국을 기준으로 보면, 1인당 소득 수준(1860년을 100으로 환산)은 1310년 43에서 1450년에 87로 2배 이상 늘어났다. 지력이 떨어지는 토지에서는 가축을 키우고, 비옥한 토지에서만 농사를 지어 농가 소득이 가파르게 늘어났기 때문이다.

삶의 질이 개선되는데도 인구 증가의 속도는 매우 더뎠다. 페스트가 1360년대와 1370년대에도 유행하며 지속적인 인구 감소 압력을 가했기 때문이었다. 상대적으로 페스트에 대한 저항력이 높은 사람들이 생존하고 생활 수준도 개선되면서 유럽 인구가 점차 증가하기 시작했지만, 예전의 수준을 회복하는 데는 약 4~5세대, 즉 100~130년이라는 긴 시간이 걸렸다.

인구 감소 및 1인당 식량 생산 증가로 인해 곡물 가격 하락 경향이 뚜렷했는데, 이를 더욱 촉진한 것이 바로 귀금속의 해외 유출이다. 1인당 소득이 늘어나면 제일 먼저 '식료품 소비 비중 감소' 현상이 나타난다.(경제학계에서 엥겔 계수라 불리는 지표가 이를 의미한다.) 예전보다 잘살게 되었다고 해서 하루에 빵 세 덩어리를 먹던 사람이 열 덩어리를 먹을 수는 없으니, 전체 소비에서 차지하는 식료품 비중이 줄어드는 것은 당연하다. 다시 말해, 엥겔 계수가 떨어졌다는 것은 그 사회가 부유해졌다는 뜻이다. 그리고 사회가 부유해지면, '사치성 소비재'에 대한 수요가 늘어나기 마련이다.

지금의 사치성 소비재는 고급 자동차나 명품 백 등이지만, 15세기 유럽에서 가장 귀하게 여겨진 것은 후추와 설탕이었다. 둘 다 유럽에서 나지 않을 뿐만 아니라, 아시아에서 이슬람 상인을 거쳐 수입되는 과정에서 비싼 유통 비용이 붙었다. 이슬람 상인들이 유럽에서 생산되는 시계나 모직물을 후추나 설탕과 교환했다면 좋았겠지만, 이들이 원한 건 금이나 은 같은 귀금속이다 보니 귀금속 해외 유출이 가속화되었고, 이는 곧 경제 전반의 디플레 압력을 높이고 말았다. 금이나 은 같은 금속화폐의 값이 상승한 대신, 농산물이나 모직물 같은 소비재 가격은 떨어졌던 것이다. 학자들의 연구에 따르면, 서부 유럽 전체에서 소비재 가격은 1400년부터 1500년 사이에 20~50퍼센트까지 내려갔다.

디플레가 장기간 지속됨에 따라, 유럽에서도 물물교환 시스템으로의 후퇴가 나타났다. 사람들이 다들 금이나 은 같은 귀금속 가격이 상승할 것이라고 예상하는 순간, 시장에서 귀금속은 자취를 감추기 마련이다. 당시 유럽에서도 귀금속은 귀족이나 부유한 상인의 금고로 사라졌고, 시장에는 품질이 낮거나 위조된 화폐만 간혹 거래되어, 상거래가 더욱 위축되는 악순환이 나타났다.

서양 사람들은 금에 대해, 정확하게는 서양에서 비싸게 거래되는 동양의 귀한 상품을 거래할 수단에 목말랐다. 그러나 지중해 동쪽을 이용하는 통로는 1453년 오스만 튀르크 제국의 술탄, 메메드 2세가 동로마 제국의 수도 콘스탄티노플을 점령함으로써 막혀 버렸다. 당시 제노바와 베네치아의 상인들 중 상당수가 콘스탄티노플 함락의 마지막 순간까지 싸웠는데, 그들이 수백 년간 일궈온 중계 무역의 거점을 잃을 수 없다는 절박감 때문이었다. 물론 콘스탄티노플 남쪽의 '이집트-홍해' 루트를 통해 아시아의 물품을 획득할 수 있었지만, 예전에 비해 교역량도 줄고 제품 가격도 급등한 상황이었다.

그런데 금이 해외로 유출되고 부유한 이들이 금을 축적하려는 수요가 많아 국내에서 유통되는 금의 양이 줄어들었다는 이야기

로마 제국에서 가장 큰 노천광이었던 라스 메둘라스. 면적은 무려 1천 헥타르에 달한다.

를 듣자니 다음과 같은 의문이 생긴다.

"그렇게 금이 부족하다면, 금광을 개발하는 데 투자하면 될 일이 아닌가?"

그러나 이 선택도 쉽지 않았다. 로마 제국 시절, 수백 년에 걸쳐 귀금속 광산을 개발해왔기에, 새로운 금광을 개발할 수 있는 가능성은 높지 않았다. 로마가 개발한 가장 유명한 광산은 이베리아 반도 서북부에 위치한 라스 메둘라스Las Médulas인데, 이 광산은 로마의 발달된 토목 기술이 가져온 문명의 전리품이었다. 라스 메둘라스는 금광석이 풍부했으나, 산속 깊은 곳에 매장되어 있어서 채굴이 쉽지 않았다. 로마인들은 이 금맥을 노출시키기 위해 혁신적인 수압 채굴 방식을 개발했다. 최근 미국 셰일 오일 생산 기업들이 강력한 물 대포를 이용해 기름을 뽑아내는 것과 비슷한데, 금이 매장되어 있는 산 정상에 거대한 인공 저수지를 만든 다음, 산 내부에 일정 간격으로 층층이 터널을 뚫어 지반 압력을 분산시킨 뒤, 저수지의 물을 일거에 흘려보내 산을 무너뜨리는 식이었다. 산 곳곳에 터널을 만들어놓았기에, 물이 산 깊은 곳까지 파고들어 금광석을 지표면으로 나오게 했던 것이다. 로마인들은 이런 방식으로 250년 동안 무려 500톤의 금을 채취했다고 한다.

이상의 사례에서 보듯, 지표에 금맥이나 은맥이 드러난 곳은 이

미 다 개발이 이뤄져, 금을 추가적으로 생산하기 위해서는 장기간에 걸친 대규모 투자가 필요한 상황이었다. 따라서 유럽 사람들은 새로운 금광 개발에 투자하기보다 해외로 눈을 돌리기 시작했다. 즉, 예전 같으면 모험적인 투자에 나서지 않았을 사람조차 적극적으로 해외 진출에 나설 '인센티브'를 가지게 된 셈이다.

물론 아무나 이 게임에 뛰어들 수는 없었고, 이 경쟁에서 앞서 나간 것은 이베리아 반도의 두 나라, 포르투갈과 스페인이었다. 프란시스코 피사로의 사례에서 보듯, 포르투갈과 스페인은 오랜 전쟁으로 잘 단련된 부대를 보유한 데다, 대서양에 면해 있어 상대적으로 원양 항해 기술을 습득하는 데 유리했다.

다음 장에서는 유럽인의 아메리카 대륙 발견이 '전염병'과 연관하여 어떤 변화를 가져왔는지 살펴보자. 생각지 못한 곳에 수많은 연관성이 존재한다는 사실에 깜짝 놀라게 될 것이다.

참고한 글과 책

- 재레드 다이아몬드(1998), 『총, 균, 쇠』, 93쪽.
- 국립중앙박물관 공식 블로그, "황금문명 엘도라도".
- 피터 L.번스타인(2001), 『황금의 지배』, 171~173쪽.
- 아노 카렌(2001) 『전염병의 문화사』, 36, 120쪽.
- 대런 애쓰모글루, 제임스 A. 로빈슨(2012), 『국가는 왜 실패하는가』, 150쪽.
- Massimo Livi-Bacci(2009), 『세계인구의 역사』, 63쪽.
- 이영림, 주경철, 최갑수(2011), 『근대 유럽의 형성 - 16~18세기』, 50~51쪽.
- 론도 캐머런 외(2009), 『간략한 세계경제사』 87쪽.
- 윌리엄 맥닐(2005), 『전염병의 세계사』, 189쪽.
- 윌리엄 번스타인(2005), 『부의 탄생』, 199쪽.
- 신상목(2019), 『학교에서 가르쳐주지 않는 세계사』, 50~52쪽.

더 깊게 읽기 ❶

지난 1,000년 동안의 영국 물가 추이

〈표 2-1〉은 1201년 이후 영국의 소비재 가격 흐름을 나타낸 것으로, 1300년대 후반 소비재 가격이 정점에 도달한 후, 1500년까지 완만하게 떨어지는 것을 발견할 수 있다. 이를 역사학계에서는 '르네상스 균형Renaissance Equilibrium'이라고 이야기하는데, 이 장기적인 흐름에 흑사병 출현이 큰 영향을 미쳤다. 1500년을 전후해 스페인과 포르투갈이 해외에서 어마어마한 귀금속을 가져오며, 장기적인 디플레가 끝나고 이른바 '물가혁명Price Revolution' 시대가 시작된다.

〈표 2-1〉 1201~1993년 영국의 소비재 가격 추이

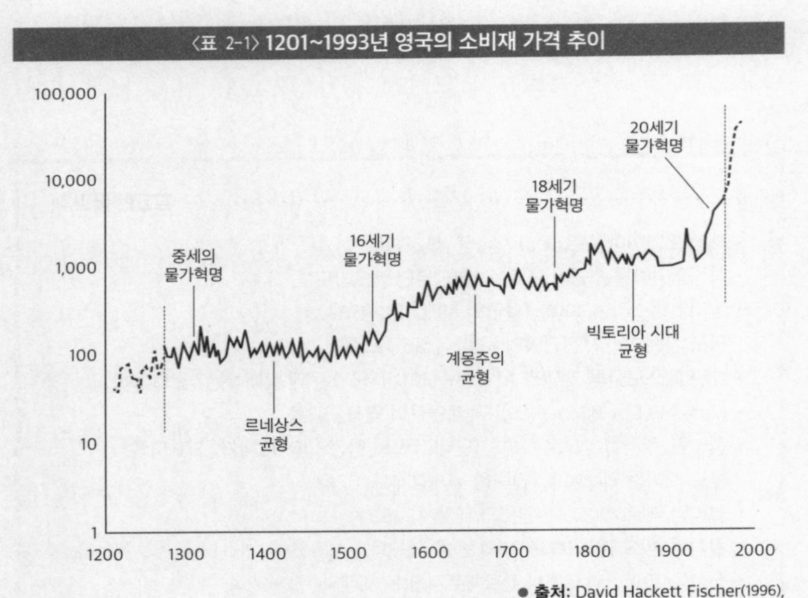

● 출처: David Hackett Fischer(1996), 『The Great Wave: Price Revolutions and the Rhythm of History』, 4쪽.

바람과 함께 사라진 것은 무엇일까?

최근 흥미로운 뉴스 한 편이 전해졌다. 미국의 온라인 동영상 서비스OTT HBO맥스가 2020년 6월 20일자로 1939년에 개봉한 영화 〈바람과 함께 사라지다〉를 콘텐츠 목록에서 제외하기로 결정했다는 것이다. 1939년 아카데미 시상식에서 작품상과 감독상 등 무려 9개 부문에서 상을 휩쓸었던 '명화'였음을 감안하면 놀라운 일이 아닐 수 없다.

그러나 마거릿 미첼이 1936년에 쓴 동명의 소설 『바람과 함께 사라지다』를 읽은 사람들은 "이제야 올 게 왔다"는 생각을 가질 것이다. 영화에는 상당 부분 생략되어 있지만, 소설 곳곳에는 노예제를 옹호하고, 노예제를 지키기 위해 전쟁을 일으킨 남부 연합을 지지하는 표현이 노골적으로 드러난다. 게다가 자유를 얻은 흑인

남북전쟁 당시 노예제를 유지하던 남부 조지아주를 배경으로 농장주의 딸, 스칼릿 오하라(비비언 리)의 삶을 다룬 영화 〈바람과 함께 사라지다〉의 한 장면이다.

들이 남부의 백인에게 주인처럼 행동하거나 지주의 땅을 빼앗는 등 역사적 사실을 왜곡하는 묘사도 다수 있다.

최근 경찰의 과잉 진압으로 조지 플로이드가 사망한 사건에서 보듯, 미국 사회에서 흑인의 사회 경제적 지위는 남북전쟁 이후에도 크게 나아지지 않았다. 원래 계획대로라면, 남북전쟁 이후 노예제가 폐지되고 흑인에게도 참정권이 주어졌어야 했다. 특히 해방 노예는 40에이커(1에이커는 4,047제곱 미터로, 1,226평에 해당됨)라는 넓은 땅과 노새 한 마리를 받기로 되어 있었다. 하지만 1865년, 암살당한 링컨 대통령의 잔여 임기를 물려받은 남부 출신의 앤드루 존슨Andrew Johnson(재임 기간 1865~1868년) 대통령은 이 계획을 번복했고 토지 재분배는 이뤄지지 않았다.

흑인 노예들이 제대로 된 교육을 받지 못하고, 남부 백인 지주들의 사회·경제적 기반이 그대로 유지되는 상황에서 형식적으로 노예 해방이 이뤄진다고 한들 노예들이 과연 자유로운 삶을 살 수 있었을까? 남북전쟁 이후 남부의 각 주에서 시행된 '흑인차별법령'은 1960년대 시민권 운동이 일어날 때까지 무려 100년이나 지속되었고, 1962년 대법원 판결로 '1인 1표' 기준이 도입되기 전까지 흑인들의 투표권은 제약되었는데 말이다.

이를 감안할 때, 미국의 흑인들이 진정한 자유를 찾은 건 겨우 50여 년 남짓하다는 것을 알 수 있다. 따라서 필자는 영화 〈바람과 함께 사라지다〉가 콘텐츠 목록에서 제외된 것이 전혀 아쉽지 않다. 오히려 여기서 다음과 같이 질문하며 흑인의 지위 향상에 대한 지지를 표명하는 게 옳을 것이다.

"대체 흑인들은 왜 머나먼 아메리카 대륙으로 끌려와, 그 고난의 세월을 보내게 되었을까?"

바로 전염병과 설탕 때문이었다.

15세기 말부터 16세기까지, 유럽 사람들이 귀금속을 찾아 아메리카 대륙으로 이동한 일은 인류 역사상 다시 보기 힘든 끔찍한 결과를 초래했다. 학자에 따라 다르지만, 16세기 멕시코와 페루에서 원주민의 약 90퍼센트가 목숨을 잃은 것으로 추정된다.

정복 전쟁에 승리한 유럽인들은 새 땅, 새 광산을 획득했지만, 막상 광산에서 일할 사람이 없었다. 유럽에서 아메리카 대륙으로 건너온 사람의 상당수가 용병이었고, 원주민은 거의 말살되다시피 했으니 말이다. 결국 유일한 대안은 광산에서 부릴 노예를 수입하는 것이었다.

최근 아쉴드 J. 바긴 등의 연구자들은 16세기 중반 멕시코에서 발생한 전염병 코코리츨리가 유럽에서 전래된 치명적인 살모넬라균에 의해 초래되었다는 증거를 멕시코에서 발굴한 시신 위장에서 찾아내는 데 성공했다. 멕시코 원주민 수가 1540년 2,500만 명에서 1세기 후 단 100만 명으로 줄어든 데에는 스페인 및 포르투갈 정복자들이 대량 학살을 저지르고 가정을 파괴한 것이 직접적 원인으로 작용했지만, 침입자들이 가져온 병원균이 아메리카 대륙 원주민들에게 치명적인 결과를 초래했음을 의심할 여지가 없다.

광산과 플랜테이션의 가혹한 노동 조건 역시 원주민의 사망률을 높이는 원인이었다. 여기서 플랜테이션이란, 말 그대로 공장처럼 단일 품목을 집중적으로 생산하는 대농장을 의미한다. 당시 아메리카에 몰려든 서양인들은 두 가지 상품에 혈안이 되어 있었다.

하나는 금, 다른 하나는 설탕이었다. 금에 대해서는 『50대 사건으로 보는 돈의 역사』에서 자세히 다뤘으니, 이번에는 설탕에 집중하자.

동남아시아 뉴기니 섬에 자생하던 풀, 사탕수수가 우리가 알고 있는 '설탕'의 형태로 전환된 것은 인도 사람들 덕분이다. 인도를 통해 전해진 설탕은 곧 이슬람을 거쳐 유럽인에게 최고의 인기 품목으로 부각되었다. 설탕 맛에 중독된 유럽 사람들은 어떻게든 설탕을 만들어내고 싶었지만, 사탕수수는 열대지방에서 자생하던 식물이었기에 유럽에서는 잘 자라지 않았다. 따라서 유럽인들은 사탕수수를 재배할 최적의 장소를 찾아 쿠바나 자메이카 등 카리브해의 여러 섬(이하 '서인도 제도')으로 몰려들었다.

설탕은 사탕수수를 자른 후 사탕수수 안의 달콤한 부분이 굳기 전에 신속하게 끓인 뒤 정제하여 얻는다. 제조 과정에 대한 간략한 설명만 들어도 얼마나 힘든 일인지 짐작할 수 있을 것이다. 설탕 생산 주기가 9개월 남짓이었으니, 농한기가 길지 않았던 것도 노동의 강도를 높이는 요인이 되었다. 서인도 제도의 사탕수수 플랜테이션에 끌려간 아메리카 원주민들은 가혹한 노동으로 쓰러졌고, 특히 16세기 말을 전후해 유럽(혹은 아프리카)에서 말라리아가 유입되면서 원주민 사망률은 더욱 높아졌다. 아메리카 원주민들은 말라리아 내성에 관련된 유전적 특질을 전혀 지니고 있지 않아 새 질병에 유독 무력했다.

사탕수수 농장에서 일하던 흑인 노예의 모습

말라리아에 대해 첨언하자면, 1950년대부터 시작된 '말라리아 근절' 캠페인에도 불구하고 고통은 거의 줄어들지 않고 있다. 매년 75만 명 이상이 이 병으로 생명을 잃고 있는데, 이중 압도적인 다수가 5세 미만의 아이들이라고 한다. 해마다 2억 2,500만 명이 말라리아에 감염되며, 한 번 걸리면 현대 의료 기술로도 몇 달 동안 고통에 시달린다. 아프리카의 경우, 특히 말라리아로 인한 고통이 만성화되어 있는데, 경제 발전의 걸림돌로 이 병을 지적하는 학자가 많다. 일부 학자들은 지난 20만 년 동안 약 520억 명의 목숨을 말라리아의 매개체인 모기가 앗아간 것으로 추정할 정도이니, 모기가 얼마나 큰 위협이 되었는지 짐작할 수 있다.

결국 설탕 플랜테이션을 경영하려는 유럽인들에게 남은 선택은 하나뿐, 말라리아에 면역력을 가진 서아프리카 출신의 흑인 노예를 수입해 노동시키는 것이었다. 물론 서아프리카 사람들만이 말라리아에 선천적 면역력을 가진 것은 아니었지만, 서아프리카 사람들만큼 이 질병에 우세한 이들도 없었다.

물론 유럽에서 값싼 노동력을 데려오는 대안도 있었지만, 이 경우에는 두 가지 문제가 있었다. 하나는 계약 기간이 끝나는 즉시 노동자가 농장을 떠나거나 새로운 경쟁자로 변신할 가능성이 있었다. 다른 문제는 말라리아가 날이 갈수록 창궐하여 유럽 노동자들의 건강 역시 급속도로 나빠졌다는 것이다.

결국 서인도 제도부터 아메리카 대륙 전체로 어마어마한 흑인 노예가 수입되기 시작했다. 학자들마다 추산이 다르기는 하지만, 폴 러브조이의 역사적인 연구에 따르면, 1451~1867년 사이에 약 977만 8천 명 전후의 아프리카인이 아메리카 대륙으로 건너왔다고 한다. 같은 기간 유럽인 이민 규모가 340만 명에 불과하니, 아메리카에 온 아프리카인과 유럽인의 비율은 3대 1 수준이었던 셈이다. 참고로 지금 미국의 흑인 인구는 전체의 9퍼센트 정도에 불과한데, 이는 '노예 노동'의 가혹함이 초래한 결과이다. 노예 농장주들은 비싸게 구입한 흑인 노예를 쉴 새 없이 부렸고, 그 바람에 흑인 노예 부부는 건강한 자녀를 낳아 키우기가 어려웠다.

영화 〈바람과 함께 사라지다〉에 등장하는 타라Tara의 아름다운 농장주 저택은 '말라리아'의 위험을 회피하기 위한 용도로 지어진 전형이라 할 수 있다. 모기들이 번성하는 물 웅덩이로부터 멀리 떨어진 서늘한 고지대에 위치한, 창이 크고 넓은 집. 영화를 통해 영원히 우리 기억에 남은 이 집은 말라리아의 위험에 노출된 흑인 노예의 거주지와 최대한 떨어진 곳에서 쾌적한 삶을 추구했던 농장주들의 모습을 고스란히 보여주는 듯하다.

19세기 중반, 남북전쟁에서 북군이 승리를 거두고, 영국을 중심으로 한 유럽 대다수 국가에서 노예 매매를 불법화하면서 〈바람과 함께 사라지다〉의 모습은 사라지게 된다. 이후 아프리카 흑인 노예의 자리는 아일랜드 사람들이 대체하게 되었다.

왜 아일랜드 사람들이 북아메리카에서 'White Nigger' 즉, 하얀 검둥이라는 모욕적인 이름으로 불리게 되었는지 2부 3장에서 알아보자.

참고한 글과 책

- 동아일보(2020.6.11), "흑인노예 고정관념 심고 KKK 미화한 영화, '바람과 함께 사라지다' HBO서 퇴출".
- 대런 애쓰모글루, 제임스 A. 로빈슨(2012), 『국가는 왜 실패하는가』, 501~503쪽.
- 윌리엄 맥닐(2005), 『전염병의 세계사』, 225, 232쪽.
- BRIC 동향(2017.2.17), "아즈텍 사회의 붕괴를 초래한 유럽의 살모넬라균".
- 티모시 C. 와인가드(2019), 『모기』, 5, 232쪽.
- 마크 애론슨, 마리나 부드호스(2013), 『설탕, 세계를 바꾸다』, 23, 40쪽.
- 찰스 만(2020), 『1493: 콜럼버스가 문을 연 호모제노센 세상』, 158~159, 178~179, 198, 503쪽.
- Paul E. Lovejoy(1982), 『The Volume of the Atlantic Slave Trade: A Synthesis』, The Journal of African History Vol. 23, No. 4, pp. 473-501.
- Massimo Livi-Bacci(2009), 『세계인구의 역사』, 82~84쪽.

더 깊게 읽기 2

'총, 균, 쇠'가 바꾼 영국 식민지의 운명

많은 사람이 북아메리카와 라틴아메리카가 너무 다른 경로로 가게 된 것에 대해 의문을 품는다. 어떤 이는 지배자의 차이 때문이라고 이야기한다. 북미는 영국의 식민지였던 반면, 라틴아메리카는 스페인과 포르투갈의 식민지였다는 것이다. 그러나 이 주장엔 흠집이 있는데, 다름 아니라 서인도 제도의 바베이도스나 자메이카 등은 영국의 식민지였기 때문이다. 같은 영국의 식민지였음에도 북미는 세계를 주름잡는 선진국으로, 자메이카와 바베이도스는 가난한 나라로 살고 있는 이유는 무엇일까?

그 이유를 둘러싸고 많은 논쟁이 있었는데, 최근 미국 MIT 교수인 아세모글루 등이 발간한 흥미로운 책 『국가는 왜 실패하는가』 덕분에 그 힌트를 찾을 수 있었다. 저자들은 북아메리카의 영국 식민지에서는 흑인 노예 비중이 10~20퍼센트에 불과한 반면, 서인도 제도에서는 흑인 인구 비중이 무려 90퍼센트에 이르렀던 것에 주목했다. 즉, 영국 사람들 대부분이 이주한 북미는 자영농 위주의 나라가 된 반면, 서인도 제도에서는 자신들의 입맛에 맞는 시스템만 이식해 놓아 경제 성장 경로가 달라졌다는 주장이었다.

그럼 왜 북미에는 흑인 노예 인구가 10~20퍼센트에 불과했을까? 말라리아와 사탕수수 때문이었다. 흑인 노예는 가혹한 노동이 필요한, 그러면서도 말라리아 등 열대성 질병 위험이 높은 곳에서 부리는 것이 유리했다. 그러나 북아메리카의 대부분 지역은 겨울철 기온이 매우 낮아 사탕수수 재배에 적합하지 않을 뿐만 아니라, 말라리아 모기도 번식하기 적합하지 않았다. 따라서 북아메리카에는 유럽에서 싼값에 계약 이민 하인contract migrant worker(대서양 횡단에 드는 비용을 갚을 때까지 하인으로 일하기로 계약한 노동자)을 고용해 오는 게 더 유리했다.

물론 이들은 계약 기간이 끝나면 농장을 떠나 서쪽으로 이동해 새로운 농장을 가진 자영농으로 변신했으며, 누군가가 자신의 권익을 침해한다 싶을 때에는 화승총을 들고 언제든지 일어설 자세를 가진 '민주적인 시민'으로 행동했다. 1776년 북미 식민지 사람들이 영국으로부터 독립을 쟁취한 것은 이런 배경에서 이해되어야 할 것이다.

〈표 2-2〉 1650~1770년 동안의 아메리카 영국 식민지의 흑인 인구 비중 변화

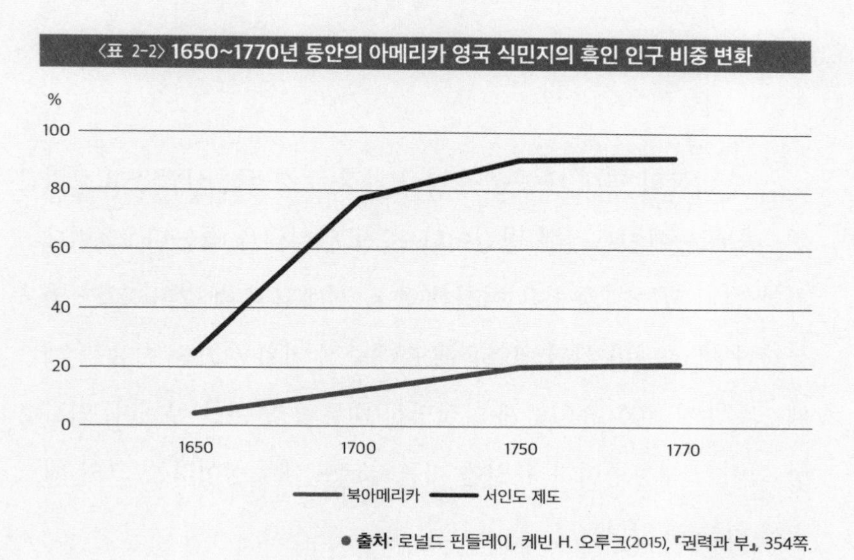

● **출처:** 로널드 핀들레이, 케빈 H. 오루크(2015), 『권력과 부』, 354쪽.

THE HISTORY OF MONEY

아일랜드 사람들은 왜 그렇게 케네디 대통령을 좋아했을까?

미국의 역대 대통령 중에서 가장 존경받는 사람을 고르라면, 대부분 에이브러햄 링컨이나 조지 워싱턴을 꼽는다. 그런데 가장 인기 있는 대통령은 여전히 존 F. 케네디인 것 같다. 그가 암살당한 지 60년이 훨씬 넘었음에도 대중적 인기를 끄는 이유는 '세계 2차 대전 이후 유일하게 암살당한 대통령'일 뿐만 아니라, 역사상 최연소 대통령이자 유일한 가톨릭교도 대통령이라는 그의 배경에 있는 것 같다.

사설이 긴 이유는 그가 바로 'White Nigger' 즉, 아일랜드 이민자의 후손이기 때문이다. 케네디 대통령의 할아버지는 19세기 후반 발생한 '아일랜드 대기근'을 피해 미국으로 이주했는데, 그의 아들 조지프 케네디가 밀주와 주식 투자 등으로 큰돈을 벌어 벼락

아일랜드 이민자의 후손이자 역대 가장 인기 있는 미국 대통령, 존 F. 케네디.

부자가 된다. 즉, 미국 역대 대통령들이 전쟁 영웅이거나 영국계 출신 명문가 후손이었던 데 반해, 케네디는 모든 면에서 새로운 미국을 상징하는 존재였던 셈이다.

미국의 아일랜드계 이민자 이야기를 더 이어 나가기에 앞서, 19세기 중반 아일랜드가 어떤 상황에 처해 있었는지 살펴보자. 아일랜드는 서유럽에서 가장 못사는 나라 중 하나였는데, 그 이유는 오랜 기간 영국의 지배를 받으면서 국민 대부분이 자기 땅을 갖지 못한 채 지주들에게 수확물의 대부분을 바쳐야 하는 신세였기 때문이다. 그런데 이런 빈곤 속에서도 아일랜드 인구는 급속도로 늘어나, 17세기 말 200만 명을 조금 넘던 것이 18세기 중엽에 이르러서는 800만 명 이상이 되었다.

경제적 빈곤 속에서도 아일랜드의 출산율이 높았던 건 아메리카 대륙에서 건너온 새로운 작물, 감자 덕분이었다. 감자는 생산성이 아주 높아, 예전 같으면 겨우 한 가족의 생계만을 유지할 정도의 토지로 분가한 아들들까지 부양할 수 있었다. 1760년대 영국 동부 지역을 순회하던 농업학자 아서 영의 조사에 따르면, 1에이커당 밀 생산량은 연 588~680킬로그램인 반면, 같은 면적당 감자의 생산량은 무려 1만 1,605킬로그램인 것으로 나타났다. 빈곤했던 살림에 감자는 그야말로 고마운 식량이었다.

게다가 감자는 영양가도 높았다. 매일 10파운드(약 4.5 킬로그램)의 감자를 먹는다면 1일 권장 칼로리의 132퍼센트를, 단백질은 167퍼센트를 섭취하게 된다고 한다. 감자로는 채워지지 않는 유일한 영양분이 칼슘인데, 이는 우유를 함께 먹으면 해결된다.

그러나 비극은 갑작스럽게 찾아왔다. 1845년 9월 13일, 남아메리카 대륙에서 구아노(새의 분변으로 만들어진 천연비료)를 수입하는 선박을 통해 감자마름병Phytophthora infestans이 상륙한 것이다. 10월 중순에는 영국 총리조차 이 전염병을 국가적 재난으로 인식할 정도로 확산되었고, 1846년에는 감자 수확량이 1/4에서 1/10 수준으로 떨어졌다. 감자마름병은 10℃ 이상의 기온과 90퍼센트 이상의 습도가 오래 유지될 때 급속히 증식하는 특성을 보이는데, 당시 아일랜드는 유례를 찾기 힘들 정도로 비가 많이 오는, 이른바 '이상 기후'였다.

더욱 문제를 키운 것은 당시 아일랜드를 지배하던 영국인 지주들이 '곡물 수출'을 계속한 데 있다. 최악의 기근이 닥쳤던 1846~1847년 사이에 아일랜드의 곡식 43만 톤이 수출되었다. 아일랜드 민족주의 운동의 수장이었던 존 미첼John Michell은 "영국이 대기근을 창조했다"라고 선언했다. 물론 영국은 이에 반박했다. 교통이 발달하지 않은, 특히 철도망이 제대로 부설되어 있지 않은 지역으로 신속하게 곡물을 수송하기 어려웠을 뿐이라 변명한 것이다.

누구의 말이 맞는지 지금 판단하기는 어렵지만, 아일랜드의 곡물이 영국으로 흘러들어간 것은 '경제적 시각'에서 볼 때 지극히 당연한 일이었다. 영국이 당시 유럽에서 곡물 값이 가장 비쌌기 때문이다. 영국은 산업혁명이 본격적으로 시작되어 유례없는 호황을 누리고 있었지만, 의회는 여전히 대농장을 보유한 지주 세력이 장악하고 있었다. 곡물 가격의 상승에 대응해 아메리카 식민지나 동유럽 등에서 값싼 식량을 사오면 될 일이었지만, 영국 의회는 '곡물법'을 통해 해외에서의 식량 수입을 엄격하게 금지했다. 그 결과, 밀 1톤당 가격은 1700년 400파운드 전후에서 1850년에는 800파운드 이상으로 상승했다(1996년 불변 가격 기준, 즉 예전의 물가가 아닌 1996년의 물가로 환산한 가격이다). 1846년 감자기근이 걷잡을 수 없이 확산되자 영국정부도 부랴부랴 곡물법을 폐지했지만, 비극을 막을 수는 없었다.

1846~1847년 겨울, 아일랜드에서만 약 200만 명의 사람이 목

숨을 잃었다. 물론 모두가 굶어 죽은 것은 아니다. 역사학자 마거릿 크로퍼드는 1845~1849년 사이에 결핵으로 인한 사망자 수가 이전 5년 동안에 비해 65퍼센트 늘어났다고 지적했다. 홍역으로 인한 사망자 수는 대기근 이전에 비해 1847~1849년 사이에 2배 늘었다고 한다. 이 모든 것은 기아가 만들어낸 참혹한 결과였다.

상황이 이렇게 되자 굶어 죽는 것을 피하기 위해 할 수 있는 건 이민뿐이었다. 19세기 약 200만 명 이상의 아일랜드 사람이 미국 등 신대륙으로 이민을 떠났는데, 당시 미국은 토지가 넓은 반면 인구는 적었기에, 이민을 적극 유치하는 중이었다. 1790년 첫 번째 인구조사 때 미국의 총 인구수는 420만 명에 불과했을 뿐만 아니라, 이중 1/6인 70만 명이 흑인 노예였다. 이런 상황에서 미국이 발전하기 위해서는 대규모 노동력을 적극적으로 유치하는 것이 경제성장의 핵심 과제였다. 하지만 대서양 횡단 항해가 비쌌을 뿐만 아니라 위험했기에, 19세기 초까지 미국 인구는 크게 늘지 않았고, 인력 부족으로 광대한 토지는 제대로 경작되지 못한 채 버려져 있었다.

그러다가 1850년을 전후해 두 가지 변화가 나타났는데, 이는 영국에서 미국으로 세계 경제 패권이 이동하는 결정적 계기가 됐다. 하나는 감자 기근으로 유럽에서 강력한 이민 압력이 발생한 것이고, 다른 하나는 운임비의 급격한 하락이다. 증기선이 발명된 1820년대를 고비로 대서양 운임비가 가파르게 떨어지기 시작한 것이다. 1820년에 비해 1860년경의 운임비는 거의 1/3~1/4 수준으로 떨어졌다. 이 결과, 1850년대에만 약 18만 명의 아일랜드 사람들이 미국으로 이주했으며, 이후 20세기 초반까지도 그 흐름은 이어졌다.

이로 인해 미국은 19세기 후반에 놀라운 경제 성장을 이룰 수 있었다. 근면 성실한 아일랜드 사람들의 유입으로 토지가 차례대로 경작되었고, 증기선을 이용해 남아도는 곡물을 유럽으로 수출해 산업화의 발판이 마련되었다.

미국의 성장을 보여주는 가장 대표적인 예가 바로 1인당 국내총생산GDP의 변화다. 참고로 국내총생산이란, 한 해 동안 한 나라 안에서 생산된 최종 생산물의 가치를 합한 것인데, 미국의 1인당 국내총생산은 1820년 1,257달러에 불과했지만, 1860년에는 2,178달러, 1890년에는 3,392달러를 기록하는 등 영국(4,009달러)을 바짝 추격하기에 이르렀다.

물론 미국으로 이주한 아일랜드인들이 갑자기 잘살게 된 것은 아니다. 'White Nigger'라는 별칭이 시사하듯, 가진 것 없고 제대로 배우지도 못했던 아일랜드계 사람들은 미국에서도 천대받았다. 또한 이민자의 증가로 기존 주민의 소득이 낮아진 데다, 아일랜드 사람들이 억척스러운 생활력으로 저소득층의 주거지를 파고들었기에 이들에 대한 반감은 커져갔다. 아일랜드 사람들이 대거 유입된 바람에 미국의 실질임금은 1872년 이후 1912년까지 42퍼센트 오르는 데 그쳤다. 45년간 42퍼센트 상승이니, 연간으로 보면 1퍼센트 미만의 상승률을 기록한 셈이다. 반면 같은 기간 토지 가격은 175퍼센트 급등했다. 당시 미국 경제가 가파르게 성장한 데다, 토지에 대한 집착이 강한 아일랜드 사람들이 돈을 벌기만 하면 토지를 사들였기 때문인데, 결국 임금 수준이 주택이나 농장의 가격 상승을 따라가지 못하게 되어 미국 근로자들은 사실상 예전보다 더 가난해진 셈이다. 이런 상황에서 아일랜드계 이민자들에 대한 시각이 우호적일 리 없었다.

존 F. 케네디가 미국 역사상 첫 번째 아일랜드계 대통령이 되었을 때, 왜 그렇게 많은 이가 열광했는지 이제 충분히 이해가 되리라 생각한다. 아일랜드 사람들이 미국의 전성기를 열어젖힌 일꾼임에 분명하지만, 그 공을 인정받는 데는 거의 100년이라는 세월이 걸린 셈이다.

다음 4장은 아일랜드 사람들을 'White Nigger'라고 부른 사람들이 스페인 독감이라는 역사적 사건을 맞아 어떤 식으로 반응했는지를 다룬다. 세상은 전혀 상관없는 것처럼 보이는 일이 실은 매우 밀접하게 연관된, 복잡한 곳이라는 사실을 새삼 깨닫게 될 것이다.

참고한 글과 책

- 연합뉴스(2010.12.7), "가장 인기 높은 미국 대통령은?".
- Massimo Livi-Bacci(2009), 『세계인구의 역사』, 93, 95~97쪽.
- 라이지엔칭(2010), 『경제사 미스터리 21』, 197쪽.
- 제이누리(2018.5.8), "아일랜드 역사를 바꾼 '비'와 '감자잎마름병'".
- 윌리엄 번스타인(2019), 『무역의 세계사』 406~407, 461~464, 477쪽.
- 로널드 핀들레이, 케빈 H. 오루크(2015), 『권력과 부』, 565~566쪽.
- Kevin H. O'rourke & Jeffrey G. Williamson(2005), 『From Malthus to Ohlin: Trade, Industrialization and Distribution Since 1500』, Journal of Economic Growth volume 10, pp 5-34.
- 찰스 만(2020), 『1493: 콜럼버스가 문을 연 호모제노센 세상』, 374, 399, 403쪽.
- 래리 주커먼(2000), 『감자 이야기』, 256쪽.
- C. Knick Harley(1988), 『Ocean Freight Rates and Productivity, 1740-1913: The Primacy of Mechanical Invention Reaffirmed』, The Journal of Economic History Vol. 48, No. 4.
- Kevin H. O'Rourke(1997), 『The European Grain Invasion, 1870-1913』, The Journal of Economic History Vol. 57, No. 4, pp. 775-801.

더 깊게 읽기 ❸

대서양 너머로 물건을 수송하는 비용은 얼마나 줄었을까?

여러 학자가 증기선이나 기관차의 발명이 경제 발전에 어떤 영향을 미쳤는지 연구했는데, 특히 노벨 경제학상 수상자인 로버트 포겔Robert Fogel이 19세기 미국 경제 성장에 철도가 기여한 바가 채 2퍼센트도 되지 않는다고 지적하는 흥미로운 논문을 발표해 주목을 끈 바 있다. 그는 철도 대신 해운(및

〈표 2-3〉 석탄의 대서양 횡단 운임 지수(1913년 불변 가격으로 표시)

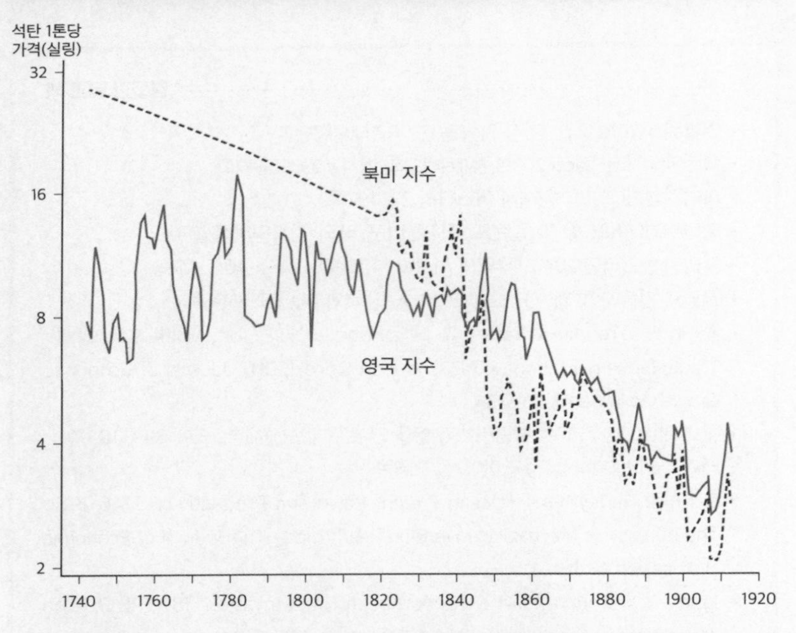

● **출처:** C. Knick Harley(1988), 『Ocean Freight Rates and Productivity, 1740-1913: The Primacy of Mechanical Invention Reaffirmed』, The Journal of Economic History Vol. 48, No. 4.

하운)이 경제 성장에 결정적 기여를 했다고 주장하면서, 미국 전 국토의 76퍼센트에 이르는 지역이 물길로 도달할 수 있을 정도로 적극적인 운하 건설 사업이 진행되었음을 주장의 근거로 삼았다.

운하는 바람이 불지 않을 때에는 하류에서 상류로 물건을 수송하기 힘든 데다, 여러 개의 갑문閘門을 만드는 등 투자비가 상당히 많이 든다는 문제점이 있었는데, 이 문제를 일거에 해결한 것이 바로 증기선이다. 증기선이 일반화되면서 1800년에 비해 1900년 석탄 운임 비용은 거의 1/8 수준으로 떨어졌고, 가난한 아일랜드 사람들조차 대서양을 건너 새 삶을 개척할 수 있었다.

더 깊게 읽기 4

잉카 사람들은 '감자마름병'에 어떻게 대응했을까?

페루 지역에서 수입된 구아노(남아메리카 서안의 섬에서 채취된 새의 분변으로, 인이 다량 함유되어 있어 비료용으로 많이 수입되었다)를 통해 감자마름병이 유럽 전역으로 퍼져나갔다는 대목에서 의문을 품은 독자들이 적지 않을 것이다.

"지금도 안데스 산맥에 사는 사람들은 감자를 주식으로 하는데, 어떻게 감자마름병을 피할 수 있었을까?"

안데스 산맥에서 재배되는 다양한 종류의 감자

● **출처:** 국제감자센터(International Potato Center)

그건 다양한 품종을 재배한 덕분이라고 한다. 안데스 산맥에서 재배되는 감자를 조사한 학자들은 이 지역이 "세계에서 가장 다양한 감자 품종이 재배되는 곳"이라고 입을 모은다. 안데스 산맥의 감자들은 3,400미터부터 4,900미터에 이르는 고도차에 적응하는 과정에서 수많은 변종을 만들어 냈다.

안데스의 농민도 단일 품종을 대량으로 경작하면 수확량을 높이는 데 도움이 된다는 것을 잘 알고 있었지만, 유행병이 도는 순간 흉년을 겪을 수 있음을 알고 다양한 종류의 감자를 재배함으로써 그 위험을 낮추기 위해 노력했다. 그 덕분에 감자 기근 이후, 유럽을 비롯한 세계의 농부들은 안데스 산맥에서 감자마름병에 내성을 가진 새로운 품종의 감자를 수입해 식량난을 해결할 수 있었다.

전쟁보다 무서운 '스페인 독감'의 나비효과, 미국 이민법 개정

인류는 정착 생활을 시작한 후 많은 재난에 시달려왔다. 몽골의 유라시아 정복 등 수차례의 전쟁으로 수많은 도시와 생명이 사라졌고, 14세기 흑사병, 16세기 살모넬라균과 천연두 유행으로 수천만이 목숨을 잃었다. 전쟁과 전염병 모두 인류에게 대재앙이었음에 분명한데, 여러 학자들이 전쟁보다 전염병이 인류 역사에 미친 영향이 더 크다는 분석 결과를 내놓았다.

한 무리의 학자들은 베트남 전쟁의 사례를 통해 전쟁과 폭격이 사회 발전에 미친 영향을 실증적으로 분석했다. 이들은 미군 자료를 이용하여 전쟁 기간 중 지역별 폭격량을 파악한 뒤, 40년이 지난 2000년대에 각 지역의 경제 성과를 비교했다. 결과는 대단히 놀라웠다. 폭격의 규모와 이후의 경제 성장에는 아무런 연관성이 없었다.

베트남 전쟁만의 현상은 아닐까? 그렇지 않다. 또 다른 학자들은 일본의 사례를 조사했는데, 역시 마찬가지였다. 2차 세계 대전에서 일본이 약 300만 명의 사망자를 내고 국가 재산의 1/4을 잃어버렸음에도 크게 번성했으며, 불바다가 되었던 도쿄와 원자폭탄이 투하되었던 히로시마, 나가사키현 역시 다른 도시와의 차이점을 발견할 수 없었다.

전쟁이 끔찍한 참상을 일으키긴 하지만, 그에 따른 경제적 영향은 생각보다 크지 않다는 이야기다. 그런데 전염병의 여파를 추적한 연구자들의 결론은 이와 정반대였다. 세계적으로 약 5천만 명

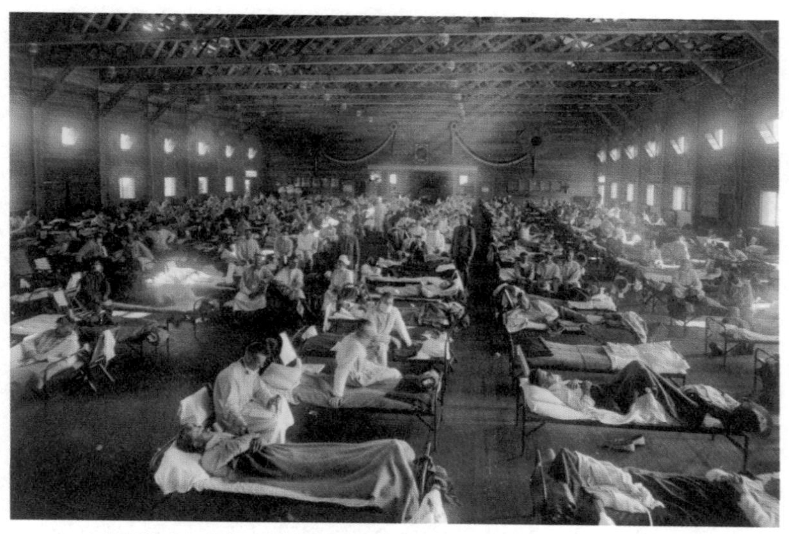

스페인 독감으로 수많은 희생자가 발생했던 1918년 당시, 미국 캔자스주의 한 병원의 모습

베트남 전쟁으로 희생된 사람들이 묻힌 쯔엉선 국립묘지

이상의 생명을 앗아간 20세기 최대 비극 중 하나인 스페인 독감의 사례를 연구한 이들은 대부분 이 독감이 사회 전체는 물론 각 개인의 인생에 크나큰 상처를 남겼다는 사실을 발견했다.

스페인 독감은 1918년 10월부터 1919년 1월까지 유행한 후 약화되었지만, 당시 임산부의 약 1/3이 감염되었을 정도로 전염성이 높아 1919년 6월을 전후해 태어난 아이들의 상당수가 태아 때 어머니를 통해 바이러스에 감염되었던 것으로 짐작된다. 학자들은 이 가정을 바탕으로 1960~1980년의 인구 통계를 연구한 끝에 1919년 상반기에 출생한 사람의 교육 수준이 상대적으로 낮고, 신체 장애를 가진 사람의 비율이 높으며, 평균 소득이 낮다는 사실을 밝혀냈다. 참으로 무서운 일이다.

그런데 전염병은 각 개인의 인생뿐만 아니라 사회 전체의 문화도 바꾸어놓는다. 많은 사회학자가 기아와 전염병이 장기간 지속된 뒤 혐오 민감성disgust sensitivity이 높아진다고 주장한다. 혐오 민감성은 질병과 직접 싸우는 신체적 면역체계와 함께 우리를 감염의 위협으로부터 지켜준다고 해서 '행동적 면역체계'라고 불리는 시스템이다. 이를 통해 낯설고 위험해 보이는 것을 배척함으로써 실제 감염을 피할 수는 있지만, 부작용도 만만찮다. 외집단을 배척하고 내집단을 옹호하는 이른바 '내집단 편향'과, 익숙하거나 보고 싶은 것만 보고 듣는 '확증 편향'이 강화되기 때문이다. 이런 까닭에 유럽에서 흑사병이 돌 때마다, 유태인 및 마녀에 대한 박해가 반복되었다. 지배자들은 자신의 무능함에 대한 대중의 분노를 돌리기 위해, 사회 내에서 가장 약한 계층에게 그 책임을 떠넘겼다.

1918년 스페인 독감의 대유행으로 미국에서만 약 67만 명의 사람들이 희생된 후, 서서히 '외집단'에 대한 거부감이 높아지기 시작했는데, 그 첫 번째 결과물이 1921년 이민법이다. 미국은 이민으로 만들어진 나라였기에, 해외에서 들어오는 사람들을 막으려는 생각이 처음에는 없었다. 그러나 앞서 아일랜드계 사람들의 대량 이주에서 보듯, 유럽에서 아메리카 대륙으로 이민 오는 사람들이 폭발적으로 늘면서 '외집단'에 대한 거부감이 점점 높아지기 시작했다. 특히 이민자의 급격한 유입이 실질임금 인상을 억제하고 땅값 상승을 유발하자, 이민을 억제해야 한다는 목소리가 점점 커지게 되었다. 또한 유럽에서 벌어진 세계 대전에 참전했다가 36만 명의 젊은이들이 죽거나 다친 것도 '고립'주의에 대한 선호를 높이는 요인이 되었다.

결국 1921년 이민법Emergency Quota Act of 1921이 통과되기에 이르렀는데, 영어 이름에서 보듯 1910년 인구 조사에 근거하여 출생 국적별 인구의 3퍼센트까지만 이민을 받는 것을 골자로 하고 있다. 특히 1924년에는 이 법이 더욱 강화되어, 1890년 인구 조사를 기준으로 2퍼센트까지만 이민을 허용했다. 사실상 이민의 문이 닫힌 것이다.

1921년 이민법이 일으킨 변화는 대단히 컸다. 먼저 1913년만 해도 119만 7천 명이 미국 영주권을 얻었는데, 그 수가 1922년에는 30만 9천 명으로, 1931년에는 9만 7천 명으로 줄어들고 말았다. 연 100만 명 이상이 계속 이주하던 나라에, 갑자기 인구 유입이 줄어든다면 어떤 일이 벌어질까? 특히 스페인 독감과 1차 대전으로 수많은 인명 피해가 발생한 다음이라면?

경제에 커다란 변화가 나타날 수밖에 없는데, 첫 번째 변화는 경제 성장률 둔화였다. 1900년 미국 전체 인구의 14.7퍼센트인 1,350만 명이 해외에서 이민을 온 사람들이었다. 다시 말해 이민자가 없었다면 미국의 노동력 공급이 이보다 훨씬 적었다는 이야기다. 특히 이민 온 사람들 대부분이 20~30대의 젊은 계층이었기에, 결혼하여 정착하고 아이를 낳아 키우는 과정에서 소비를 부양하는 효과도 컸는데 더는 이를 기대하기 어려워지게 되었다.

이민 감소가 경제에 미친 두 번째 영향은 실질임금 상승 및 기업 수익 약화였다. 1870~1940년 시간당 실질임금은 2.48퍼센트 상승한 반면, 같은 기간 시간당 노동생산성은 단 1.51퍼센트 개선되는 데 그쳤다. 노동생산성이란, 정해진 시간에 얼마나 많은 제품을 생산하는지 측정한 것이다. 예를 들어 시간당 1대의 자동차를 생산하는 회사가 근로자들의 의욕 증진 혹은 기술 혁신 덕분에 시간당 2대의 자동차를 생산할 수 있다면, 근로자들의 임금을 2배 올려주더라도 전혀 문제가 되지 않을 것이다. 그러나 생산성의 변화는 미미한데 임금만 상승하면 기업 입장에서 고용을 그대로 유지할지 고민에 빠지게 된다. 특히 1910~1940년의 기간만 따로 살펴보면, 연평균 실질임금 증가율은 3.08퍼센트로 1870~1910년의 2.08퍼센트를 크게 추월하는 것으로 나타난다. 1929년 미국의 대공황이 벌어진 원인을 둘러싸고 수많은 논쟁이 있지만, '과잉생산' 및 '주가 버블'에 주목하는 사람들이 많은 이유가 여기에 있다. 이를 가장 잘 보여주는 것이 미국 제조업 파산 건수가 될 텐데, 1920년만 해도 2,635건에 불과하던 것이 1928년에는 5,924건으로 급증한 것을 발견할 수 있다.

이민법 개정이 가져온 마지막 변화는 경제 불평등 완화였다. 새로운 노동력 공급이 차단되며 평균적인 임금 수준이 상승한 데다,

특히 이민자 유입으로 가장 큰 피해를 보았던 저학력·저숙련 근로자들의 임금이 가파르게 상승한 것이다. 최근 트럼프 대통령의 반反이민 정책에 저소득 백인 남성의 지지가 압도적으로 높은 이유가 여기에 있다. 아시아계 혹은 히스패닉계 이민자들의 유입으로 경제 성장이 촉진된다 하더라도, 그들과 일자리를 놓고 직접적으로 경쟁해야 하는 저학력 백인들의 입장에서는 경제적으로 곤궁해지기만 하니 말이다.

'불평등 완화'가 이민 감소에서 기인했는지에 대해서는 미국 학계에서도 논란이 많다. 가장 대표적인 반론은 프랭클린 루스벨트 대통령 집권 이후 시작된 '뉴딜 정책'의 효과에 주목한 것이다. 루스벨트 대통령은 1933년 취임하자마자 산업부흥법을 제정하여, 주당 노동 시간을 35~40시간으로 제한하는 한편, 시간당 40센트의 최저 임금을 보장하기에 이르렀다. 이는 분명 근로자들 사이의 불평등을 완화하고, 특히 노동조합의 가입률을 높이는 결과를 가져왔다. 그러나 반대로 보면, 대공황으로 기업의 실적이 악화된 상황에서 임금이 인상된 것은 오히려 부정적 영향을 더 크게 일으킨 면이 있다. 파산하는 기업이 늘어나는 한편, 신규 고용을 기피하는 현상을 심화시켰으니 말이다. 그래서 이민 감소가 오히려 대기업 노조에 속한 근로자들과 그렇지 못한 사람들 사이의 불평등을 더욱 심화시켰다는 비판이 설득력을 지니는 것 같다.

이쯤에서 '코로나19' 사태 이후 사회에 어떤 변화가 나타날 것인지 궁금한 독자들이 많을 텐데, 이에 대해서는 다음 〈2부의 핵심 포인트〉에서 자세히 알아보자.

참고한 글과 책

- 김두얼(2020), 『사라지는 것은 아쉬움을 남긴다』, 98쪽.
- 라이지엔칭(2010), 『경제사 미스터리 21』, 112, 148~150, 160~161쪽.
- 동아 사이언스(2020.3.21), "감염병 사태는 표심을 바꾼다".
- Massimo Livi-Bacci(2009), 『세계인구의 역사』, 185~186쪽.
- 송병건(2019), 『경제사 제3판』, 528~529쪽.
- U.S. Department of Homeland Security, "Yearbook of Immigration Statistics: 2010".
- George J. Borjas(2003), 『The Labor Demand Curve is Downward Sloping: Reexamining the Impact of Immigration on the Labor Market』, NBER Working Paper No. 9755 Issued in June 2003.
- 폴 크루그먼(2009), 『국제 경제학(8판)』, 187쪽.
- 로버트 J. 고든(2017), 『미국의 성장은 끝났는가』, 406~407쪽
- 연합뉴스(2016.11.13), "누가, 트럼프에게 표를 던졌나".
- 양동휴(2009), 『20세기 경제사』, 62쪽.
- 한국경제신문(2009.7.27), "대공황과 뉴딜정책".

더 깊게 읽기 5

유럽에서 신대륙으로 이민을 간 사람은 얼마나 될까?

1846~1932년 사이에 얼마나 많은 인구가 유럽의 주요국에서 대양 횡단 이주를 하였는지 정확하게 파악할 방법은 없다. 학자들마다 편차가 크긴 하지만, 최근 읽은 책 『세계 인구의 역사』에 따르면, 영국과 아일랜드에서 1,800만 명, 이탈리아에서 1,110만 명, 스페인과 포르투갈에서 650만 명, 오스트리아 헝가리에서 520만 명, 독일에서 490만 명, 폴란드와 러시아에서 290만 명, 스웨덴과 노르웨이에서 210만 명이 신대륙으로 이주했다고 한다. 이들의 주요 목적지는 아메리카 대륙으로 미국(3,420만 명), 아르헨티나

〈표 2-4〉 년도별 영주권 획득 인구 변화

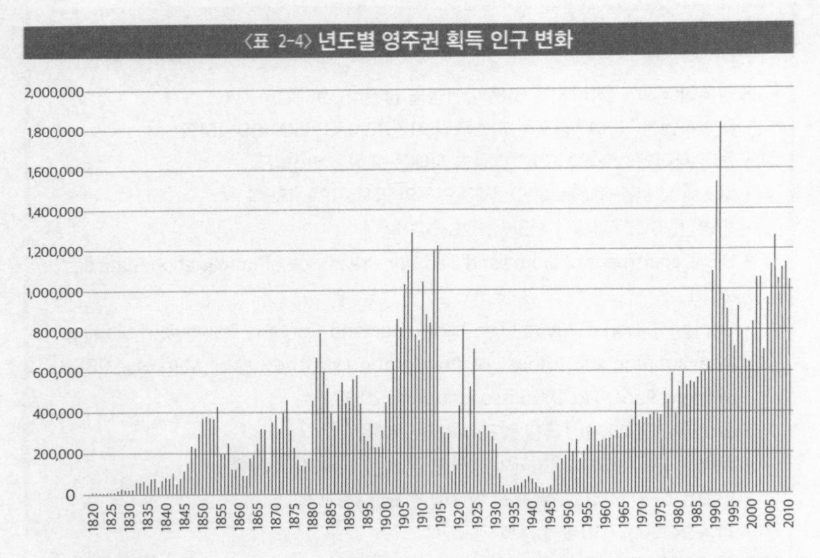

● **출처:** U.S. Department of Homeland Security, 『Yearbook of Immigration Statistics: 2010』

와 우루과이(710만 명), 캐나다(520만 명), 브라질(440만 명) 순이었다. 참고로 호주와 뉴질랜드로 간 유럽 사람도 350만 명에 이른다.

그런데 미국의 이민 관련 통계를 살펴보면 두 번의 큰 흐름을 발견할 수 있다. 첫 번째는 1840년대부터 시작해 1920년에 끝나는 흐름으로, 4장에서 언급했던 아일랜드 사람들의 대거 이주가 이뤄졌던 시기다. 이 거대한 이민 붐은 1921년 이민법 제정으로 끝이 나는데, 1965년 새로운 이민법Immigration and Nationality Act of 1965이 통과되며 다시 이민자가 늘어나기 시작했고, 1991년에는 역사상 최대인 182만 7천 명이 미국 영주권을 얻게 되었다. 1차 이민 붐과 달라진 점은, 예전에는 유럽 사람들이 압도적인 다수였다면, 2차 이민 붐을 이끈 이들이 주로 아시아인과 히스패닉계 사람들이라는 사실이다. 특히 2019년 통계에 따르면, 이민 온 사람 중 대졸자의 비중이 47.4퍼센트에 이를 정도로 고학력자 비중이 크게 높아지는 등 이민의 성격도 크게 달라졌다.

더 깊게 읽기 6

인구 이동과 무역이 어려워질 때, 어떤 세상이 펼쳐질까?

최근 흥미롭게 읽은 책 『유럽경제사』의 저자들은 지난 110년 동안 후진국이 선진국에 비해 더 높은 성장률을 기록한 이유를 다음과 같이 설명한다.

> 후진적인 경제는 더 적은 자본을 가지고 있으므로 더 높은 (자본투자의) 수익률을 기록할 가능성이 있다. 높은 투자율은 경제 성장을 자극하는 경향이 있다. 실제로 투자와 생산성의 향상 사이에는 매우 강력한 양(+)의 상관관계가 존재한다.
>
> 후진적인 나라들은 서비스와 농업 부문의 비중이 크다. 따라서 낮은 생산성을 가진 전통적인 부문에서 높은 생산성을 가진 근대 부문(여기서는 제조업)으로 노동력을 재배치하면 많은 이득을 볼 수 있다. 이 모든 요소는 초기 소득이 낮을수록 경제성장률이 높아질 것임을 시사한다.
>
> \- 219~220쪽

이 문장은 경제 성장의 핵심 요소를 잘 설명한다. 그러나 1919년부터 1938년 사이의 이른바 전간기戰間期에는 이 이론이 전혀 먹혀들지 않았다. 다음의 〈표 2-6〉은 전간기 동안의 경제성장률과 1인당 소득의 관계를 보여주는데, 1인당 소득이 높은 나라일수록 경제성장률이 높았음을 확인할 수 있다. 반대로 1인당 소득이 낮은 '못사는' 나라일수록 성장률이 낮았다. 즉, 부유한 나라는 더 부유해지고 가난한 나라는 더 가난해졌던 셈이다.

왜 이런 일이 벌어졌을까? 여러 이유가 있겠지만, 전간기 동안 이민이 중단되고 무역이 감소한 것이 결정적이었다. 『유럽경제사』의 저자들은 다음과 같이 당시를 회고한다.

> 1차 대전과 2차 대전 사이의 전간기戰間期에는 전혀 다른 현상이 나타났다. 1919년의 1인당 소득이 더 높으면 경제성장률도 높았다. 왜 이런 현상이 나타났을까?
>
> 1914~1950년 사이에 선진국의 기술이 후진적인 나라로 파급되어가는 가장 결정적인 기제인 무역, 자본, 사람에 대한 개방성이 결여되었다는 사실은 전간기의 소득 격차 확대를 설명한다. 두 번의 세계 대전은 국경을 효과적으로 봉쇄했다. 각국은 예전보다 무역 규모가 줄어들었고, 민족주의에 사로잡힌 사람들은 타자에 대한 의심을 키웠다. 무역 분쟁과 민족주의의 재생, 그리고 1929년 이후 높아진 편협한 태도에 길을 내주었다. 세계 무역은 급격히 감소했고, 지적 교환도 감소했다.
>
> - 221쪽

다행히 2차 세계 대전 이후 이러한 경향은 종료되었다. 미국이 마셜 플랜 등의 정책을 통해 폐허가 된 유럽의 복구를 지원하고, 무역에 관한 일반 협정GATT 등을 체결하여 미국 등 선진국 대부분이 무역 장벽을 없애는 방향으로 나아갔다. 특히 1964년 이민법 개정을 계기로 출현한 거대한 이민의 파도는 세계를 보다 평등하게 만드는 요인이 되었다.

〈표 2-5〉 1870년의 1인당 소득(가로축)과 1871~1980년 동안의 성장률(세로축) 관계

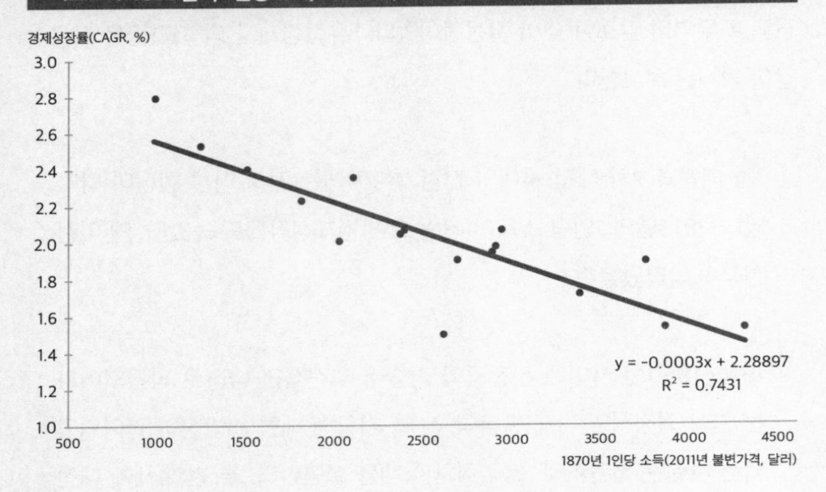

〈표 2-6〉 1918년의 1인당 소득(가로축)과 1919~1938년 동안의 성장률(세로축) 관계

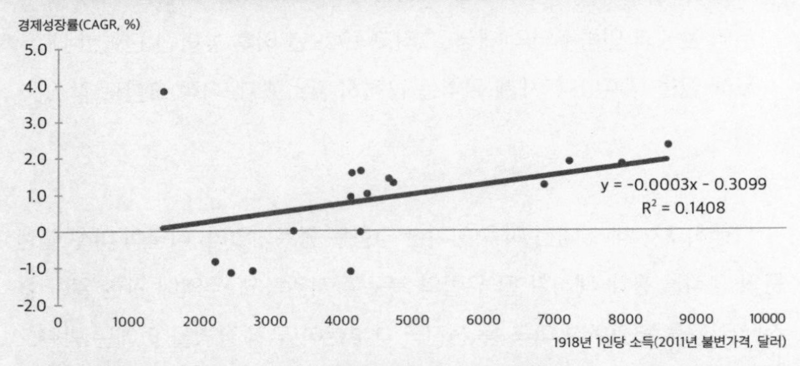

각국의 소득을 2011년 기준, 미국 달러 불변가격으로 환산한 이유는 최대한 공정하게 각국의 소득과 성장률을 평가하기 위함이다.

● **출처:** Maddison Project Database (MPD) 2018.

전염병의 시대,
우리는 어떻게 될까?

전염병이 크게 확산될 때 어떤 일이 벌어졌는지 살펴본 결과, 다음의 세 가지 시사점을 얻을 수 있다.

첫째, 1인당 소득이 올라가는 경향이 뚜렷해진다. 사람이 부족해지고 토지가 풍부해지니, 상대적으로 살기 좋은 세상이 출현하는 셈이다. 물론 경제의 전체 규모는 줄어들 수 있지만, 한 사람 한 사람에게 돌아가는 몫은 오히려 늘어나는 면이 있다.

전염병이 돌고 난 다음 발생하는 두 번째 현상은 '내집단'과 '외집단' 사이의 경계가 나뉘는 것이다. 수많은 사람이 죽어가는 가운데, 소수의 사람에게 책임을 묻는 것이 손쉬운 해결책이 되는 탓도 있을 것이고, 본능적인 자기 방어기제가 작동하는 영향도 있을 것이다. 1921년 미국 이민법 제정이 보여주듯, 이민으로 만들어진 나라조차 문을 닫아 거는 모습이 출현한 것이 가장 극적인 예가 될 것 같다.

마지막 현상은 보호무역주의 흐름의 대두다. 경제의 외형이 줄어들고 국가 간 인적 교류가 감소할 때, '우리끼리 잘살자'는 생각이 높아지는 것은 지극히 당연한 일일 것이다. 특히 1930년대 제정된 이른바 '스무트 할리 관세법Smoot-Hawley Tariff Act'*이 그 대표적인 예라 할 수 있다. 물론 전염병의 대유행 이전에도 보호무역주의 흐름이 없었던 것은 아니다. 다만 자유무역의 이점이 워낙 크기에 저항이 크지 않았던 것인데, 심리적 거부감이 부각되고 외부자에게 책임을 묻는 분위기가 형성될 때는 보호무역에 대한 선호가 높아지게 된다.

이상과 같은 현상이 역사적으로 가장 두드러졌던 시기는 이른바 1차 세계 대전과 2차 세계 대전 사이의 '전간기戰間期'였다. 당시 세계 주요국의 경제성장률을 조사해보면, 잘사는 나라일수록 오히려 경제성장률이 높았음을 발견할 수 있다. 미국의 경우 1929년 대공황으로 경제가 큰 어려움을 겪기는 했지만, 이민자를 막으면서 근로자들의 실질임금이 상승한 데다 내수시장이 워낙 커 수출

---

* 미국이 자국 산업 보호를 위해 1930년에 제정한 보호무역 관세법. 리드 스무트 상원의원과 윌리스 C. 할리 하원의원이 발의하였으며 1930년 6월 17일 허버트 후버 대통령이 최종 서명하였다. 프랭클린 루스벨트 대통령이 1934년 6월 12일 호혜 관세법을 통해 스무트-할리 관세법을 폐지하기 전까지 전 세계 무역량의 66%가 감소하게 만들었다.

감소로 인한 타격이 상대적으로 적었다.

반면 전간기 때 1인당 소득이 낮은 나라들은 더 못살게 되었는데, 이민의 길이 막히면서 선진국의 기술을 습득하고 돈을 벌어올 방법이 사라진 데다, 힘들게 투자해 공장을 짓더라도 수출길이 막혀버렸기 때문이었다. 예전 우리나라도 그랬지만, 못사는 나라에게는 수출이 유일한 타개책이 되는 경우가 많다. 내수 시장은 질 좋은 물건을 내놓더라도 이를 구매할 능력이 없기 때문이다.

전간기 때 이야기는 남의 일처럼 보이지 않는다. 2016년 미국 트럼프 대통령 당선과 2018년 미·중 무역분쟁을 겪으며, 반이민·반자유무역을 지지하는 사람들이 선진국에 얼마나 많은지 절감했다. 부디 세계의 지도자들이 전간기의 경험을 다시 한 번 되새기기를 바라는 마음이다.

참고한 글과 책

- Maddison Project Database (MPD) 2018.
- Karl Gunnar Persson, Paul Sharp(2016), 『유럽경제사』, 219~221쪽.
- 송병건(2019), 『경제사(3판)』, 476~477쪽.

PART

3

기후변화가 바꾼 역사의 분기점

THE HISTORY OF MONEY

THE HISTORY OF MONEY

아이슬란드와 그린란드, 그 이름에 얽힌 웃지 못할 사연

$

세계 최대의 섬, 그린란드Greenland는 이름만 들으면 푸르른 초원에서 한가롭게 풀을 뜯고 있는 양 떼의 모습을 떠올리게 된다. 바이킹들도 처음에는 그런 기대를 가지고 이주했겠지만, 섬의 대부분은 빙하로 덮여 있고 남쪽 바닷가에만 이끼와 풀이 자라는 불모지라는 사실을 알고 경악했을 것 같다. 아이러니하게도 그 옆에 위치한 섬, 아이슬란드Iceland는 얼음 땅이라는 이름과 달리 그린란드보다 따듯해 지금도 수십만의 인구가 살고 있다. 대체 이 두 섬은 왜 반대되는 이름을 가졌을까?

이 의문을 풀기 위해서는 먼저 5세기 서로마 제국이 멸망한 이후의 유럽 대륙 상황을 살펴봐야 한다. 게르만족이 서로마 제국의 영토를 장악하고 각 지역에 여러 부족 국가를 세웠지만, 대부분 국가는 수명이 짧았고, 6세기 말까지 혼란은 계속됐다. 유일하게 국가로서의 기반을 다진 프랑크 왕국이 세력을 확장하고 혼란에 빠진 서유럽을 통일하려 할 즈음, 다시 유럽은 혼돈으로 빠지게 되는데, 그 이유는 바로 적극적으로 영토 개척에 나선 북유럽의 바이킹 때문이었다.

아래 〈그림 3〉에 나타난 것처럼, 9세기 무렵 바이킹은 척박한 스칸디나비아 반도를 벗어나 유럽 각지, 아니 세계 각지로 뻗어나갔다. 이들은 기본적으로 상인이었지만, 상대가 약하다 생각될 때는 언제든 약탈자로 돌변했고, 또 살기 좋은 곳이라 판단될 때는 정복자로 변신했다.

그들이 정복자로 돌변한 가장 대표적인 곳이 지금의 러시아 서

〈그림 3〉 9~12세기 바이킹의 모험 경로

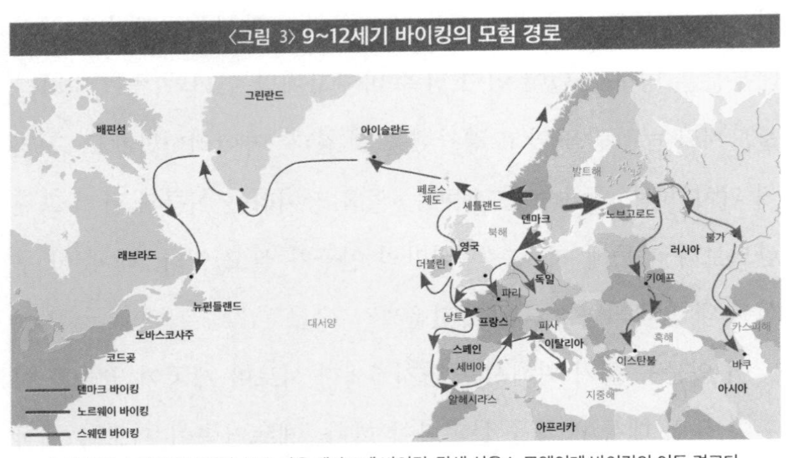

녹색 선은 스웨덴계 바이킹, 붉은 선은 덴마크계 바이킹, 갈색 선은 노르웨이계 바이킹의 이동 경로다.

● **출처:** https://i.pinimg.com/originals/f9/5d/97/f95d97bc3fcd7ed85b3ff66d4fbc0a1e.gif

부 지역이다. 스웨덴계 바이킹들은 9세기부터 모피를 구하기 위해 내륙 지역을 여행하다가 더 남쪽에 있는 볼가강 유역까지 진출해 오늘날 우크라이나의 수도인 키예프를 건설했다. 이곳에서 당시 전성기를 누리던 이슬람 상인과 대규모 무역이 이뤄졌는데, 바이킹은 이슬람 상인에게 슬라브족 노예를 파는 대신 귀중한 동방의 상품과 금화를 획득했다. 최근 스웨덴 스톡홀름 인근 고틀란드 섬의 오래된 무덤에서 약 6만 개가 넘는 옛 이슬람 주화가 발견됐는데, 이는 당시 바이킹이 만든 교역 네트워크가 얼마나 먼 곳까지 뻗어나갔는지 보여주는 중요한 증거라 할 수 있다.

한편 노르웨이계 바이킹 세력은 영국을 약탈하다가 865년에 아이슬란드를 발견하게 된다. 하지만 날씨가 너무 추워 정착을 포기했고, 고국으로 돌아간 사람들은 이곳을 얼음 땅Iceland이라고 이름 붙였다고 한다. 그러다가 900년을 전후해 기온이 오르고 바닷길이 안전해지자 탐험이 재개되었다. 이들은 아이슬란드를 60년 만에 재발견했고, 980년을 전후해서는 그린란드에 도착했다. 이때의 개척자 중 '빨간 털 에릭Erik the Red'이 유명한데, 정착촌 이주자를 모으기 위해 애쓴 사람들 중 하나였을 것이라고 보는 역사학자들이 많다. 그는 '그린란드Greenland'라는 이름을 붙인 장본인으로, 아마도 많은 사람이 이곳으로 이주하기를 바라는 마음에서 이런 이름을 지었겠지만, 비옥한 농토를 가질 수 있으리라는 희망을 가지고 도착한 사람들은 오히려 커다란 절망감만 느꼈을 것이다. 이곳

그린란드라는 이름을 붙인 노르웨이계 바이킹, 빨간 털 에릭

에 이주한 이들은 이후 300년 동안 치열하게 노력했지만, 결국 가혹한 기후 앞에 무릎을 꿇고 만다.

바이킹이 진출한 곳은 러시아와 북아메리카에 그치지 않았다. 덴마크계 바이킹은 프랑스 서북쪽 노르망디 지역을 빼앗아 눌러앉았고, 1066년에는 오랜 기간 지속된 바이킹의 약탈과 내전으로 혼란에 빠진 영국을 정복하는 데 성공했다. 영국을 침략한 바이킹 세력의 우두머리 윌리엄 1세William the Conqueror는 세계에서 잘 정리된 인구 센서스로 유명한 '둠스데이 북Domesday Book'을 작성하기도 했는데, 여기에는 영국 전역의 경작 면적과 토지 가격 그리고 소유자의 이름 등이 상세하게 적혀 있다. 윌리엄 1세가 이런 수고로운 일을 한 이유는 소수의 노르만인들이 다수의 영국 사람들을 효율적으로 다스리기 위함이었다. 이 책은 오늘날 과거부터 현재까지의 임금이나 소득, 토지 소유 현황 등을 연구하려는 사람들에게 귀중한 정보를 제공하고 있다.

앞서 말했듯, 당시 서유럽 국가들은 세력이 약했다. 5세기 중반 서로마 제국이 멸망한 이후 게르만족이 세운 나라들은 재정적 기반을 제대로 마련하지 못했다. 그 와중에 이슬람 세력이 떠오르며 지중해가 '이슬람의 바다'가 되었고, 게르만족 국가들은 자급자족 경제로 후퇴하여 경제력이 급격히 약해졌다. 정부가 상비군, 즉 항상 소집할 수 있는 군대를 유지할 능력조차 없다 보니 외적의 침입에 해당 지방의 영주나 기사들만 대응이 가능한 상황이었다. 바이킹이 얼마든지 약탈자로든 정복자로든 돌변할 수 있는 상황이 마련되었던 셈이다.

그렇다면 바이킹은 왜 북미부터 러시아 남부까지 왕성한 탐험을 지속했을까? 인구 증가 때문이었다. 스칸디나비아 지방은 워낙 환경이 척박해 예전부터 인구가 많지 않았는데, 기후 온난화 덕분에 인구가 크게 늘어나게 됐다. 로마 제국의 멸망을 불러왔던 이상 한파가 사라지고 기온이 이전에 비해 1~2℃ 정도 상승한, 이른바 '중세 온난기Medieval Warm Period'가 900년대 후반부터 1300년대 초반까지 이어졌다.

'평균 기온 1~2℃ 오른 게 무슨 변동을 유발할까?'라고 생각하는 독자들도 있겠지만, 농업 기술 수준이 낮아 기상 여건에 절대적으로 의존할 수밖에 없었던 농경 사회에서 기온 상승은 일종의 '횡재'나 다름없었다. 작물이 잘 자랄뿐더러 재배할 수 있는 작물의 수도 늘게 되었으니 말이다. 1100~1300년 사이에 영국에서 포도밭이 많이 만들어진 것이 대표적인 사례라 할 수 있다. 추운 기온에서 잘 자라지 않는 포도를 영국에서 재배하게 된 것은 중세 온난기의 상징인 셈이다.

기온 상승으로 식량 생산이 늘어남에 따라, 바이킹뿐만 아니라 유럽 전역의 인구가 급증했다. 유럽 인구는 1000년경 3,000만 명에 불과했지만, 1200년에는 4,900만 명으로 늘어났고 1340년에는 7,400만 명에 이른 것으로 추정된다.

하지만 11세기를 고비로 평야지대는 이미 대부분 경작되어 식량을 재배할 토지가 부족했다. 선택지는 숲을 개간하는 것뿐이었다. 이로 인해 700년경에는 서유럽 영토의 약 4/5를 차지했던 삼림 면적이 1200년이 되면 반 이하로 줄어든다. 그런데 삼림 감소는 생태계에 두 가지 문제를 야기한다. 하나는 난방이나 취사를 위한 연료 부족 문제다. 당시에는 아직 석탄 등 화석연료를 사용하지 않았기에 숲이 줄어든 만큼 땔감 가격이 상승할 수밖에 없었다. 숲이 줄어든 데 따른 또 다른 문제는 자연 재해에 취약해진다는 것이다. 숲은 표토를 보존할 뿐만 아니라, 나무 뿌리와 작은 풀들이 수분을 흡수했다가 배출해 가뭄이나 홍수 등 자연 재해의 충격을 완화하는 기능을 수행하니 말이다.

따라서 인구는 늘어났지만, 삶의 질은 점점 떨어지기 시작했다. 1200년부터 1300년까지 식량 가격 통계를 살펴보면, 100년 남짓한 기간 동안 식량 가격이 2~3배 이상 뛴 것을 발견할 수 있다.

생활 수준이 하락하는 가운데 인구만 늘어나니, 갈등이 증폭되었다. 이 시기에 십자군 원정이 일어난 건 어찌 보면 당연한 수순처럼 보인다. 전통적으로 사회 내 갈등을 해결하는 방법은 크게 두 가지가 있는데, 하나는 남아도는 인구를 해외로 이주시켜 인구를 분산하는 것이고, 다른 하나는 대대적인 전쟁을 통해 영토를 늘리는 것이다. 실제 상당수 학자들은 1095년 교황 우르바누스 2세에 의해 주창된 십자군 원정의 배경에 '인구 과잉'이 자리 잡고 있

십자군을 모아놓고 설교하고 있는 교황 우르바누스 2세

다고 주장한다. 겉으로는 동로마 제국을 지원하고 예루살렘을 이슬람교도의 수중에서 탈환하기 위한 '종교적' 목적을 내세웠지만, 토지를 원하는 농민 그리고 귀족의 아들로 태어났지만 상속받을 장원을 마련하지 못한 상류 계급의 이해관계가 맞아떨어졌다는 이야기다. 물론 당시 중동 지역이 서유럽보다 훨씬 부유했다는 점도 십자군 원정을 부추긴 요인 중 하나임을 부인할 수 없다.

그러다가 1300년대 초반, 전환의 시기가 찾아왔다. 날씨가 급변해 겨울이 혹독하게 추워졌고 봄에는 폭우가 쏟아져 밭과 목초지가 물에 잠겨 농작물이 썩어갔다. 이 와중에 1337년부터 1453년까지 영국과 프랑스의 백년전쟁이 이어져 농민들의 상황은 더욱 악화되었다. 군대는 농민들의 식량을 약탈했고, 지배층은 소작농에게 무거운 세금을 매겨 굶주림이 일상화되었다. 프랑스만 해도 1321, 1322, 1332, 1334, 1341, 1342년 반복적으로 흉년이 들었다.

급격한 인구 증가로 예전에는 경작하지 않던 토지까지 모조리 활용하던 상황에서 발생한 기후변화는 수많은 이에게 재앙이 되었다. 땔감은 부족했고, 새로 개척한 땅은 그다지 비옥하지 않아 기온 하강과 더불어 수확량이 급감했다. 즉, 1347년 유럽에 들어온 흑사병이 방아쇠를 당긴 것일 뿐, 이미 유럽은 '위기'에 접어들고 있었다.

그린란드와 북아메리카까지 진출한 바이킹도 기후변화의 충격을 피해갈 수는 없었다. 고고학자들의 연구에 따르면, 1000년경부터 대대적인 이주가 이뤄져 한때 5,000명에 이르는 사람들이 그린란드에만 250개의 목장을 만들었다. 중세 온난기 동안에는 그곳에서도 염소와 양을 키우고, 바다표범도 손쉽게 사냥할 수 있었기 때문이다. 그러나 중세 온난기가 끝나고 육지가 얼어붙자 양이나 염소를 먹일 풀은 자라지 않았고, 결국 이들은 사냥에만 의존해야 했다. (실제로 바이킹의 인골을 조사한 연구자들에 따르면, 1300년 전후 바이킹의 식단은 해산물이 80퍼센트 이상이었다고 한다.)

게다가 흑사병으로 본국이 타격을 받으며, 왕성하던 바이킹의 해상 교역도 중단되었다. 그린란드의 마지막 바이킹 유적을 발굴한 고고학자들은 평소였다면 너무 작아서 사냥할 가치도 없었을 작은 새, 갓 태어난 양, 큰 칼자국이 남아 있는 사냥개들의 뼈를 다수 발견했는데, 당시 사람들이 너무 굶주려 미래는 안중에도 없을 정도로 절박했음을 알 수 있다. 흑사병의 출현과 기후변화로 치명적인 피해를 입은 지역은 유럽이 아니라 그린란드였던 셈이다.

그린란드 북서부에 있는 한 묘지의 모습

그런데 상당수 역사학자들은 중동을 비롯한 이슬람 통치 지역이 기후변화의 가장 큰 피해지였다는 분석을 제기한다. 대체 중동 지역은 어떤 일을 겪었던 것일까? 다음 장에서 그 의문을 풀어보자.

참고한 글과 책

- 재레드 다이아몬드(2005), 『문명의 붕괴』, 260~261, 321~322, 377쪽.
- 로널드 핀들레이, 케빈 H. 오루크(2015), 『권력과 부』, 133~136쪽.
- 노의근(2019), 『기후와 문명』, 116~117, 121쪽.
- 벤저민 리버만, 엘리자베스 고든(2018), 『시그널 - 기후의 역사와 인류의 생존』, 152~153, 157~158, 160, 166, 170~172쪽.
- H.H. Lamb(1995), 『Climate, History and The Modern World 3rd Edition』, 83쪽.
- Massimo Livi-Bacci(2009), 『세계인구의 역사』, 41, 143~144쪽.
- 브라이언 페이건(2007), 『기후, 문명의 지도를 바꾸다』, 357~358쪽.

더 깊게 읽기 ①

지난 1,000년 동안의 유럽 기후는?

지난 1,000년 동안 세계 기후를 조사하면 크게 두 번의 파도를 발견할 수 있다. 첫 번째 파도는 중세 온난기의 시작으로 1000년부터 1300년 초반까지 지속적으로 상승하다가 1300년 중반부터 급격히 하락하여 소멸된다. 이는 IPCC Intergovernmental Panel on Climate Change(기후변화에 대응하기 위한 국제 패널) 추정치로, 유럽 기온 관측 데이터와는 대체로 일치하는 것 같다.

〈표 3-1〉 지난 1,000년간의 기온 변화

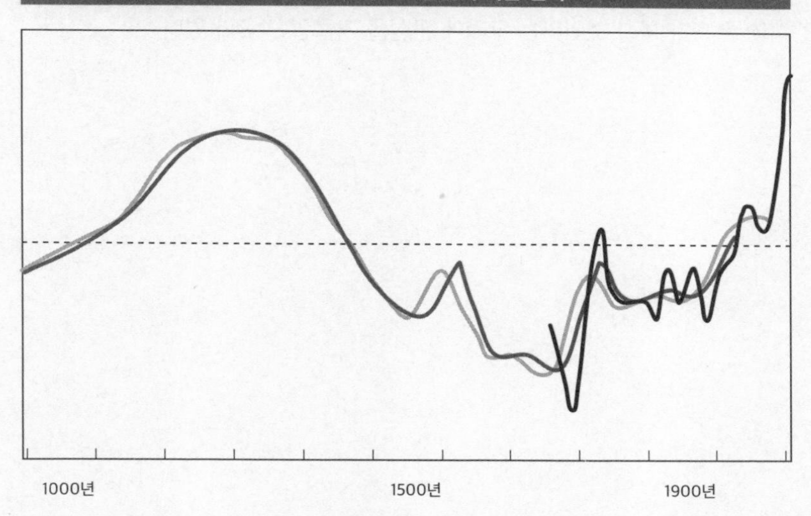

회색 선은 IPCC의 추정치, 녹색 선은 Lamb(1982)의 추정치다. 세로축의 한 단위는 1℃에 해당되며, 갈색 선은 Manley(1974)가 발표한 영국 중앙 기후센터의 측정치를 2007년에 업데이트한 것이다.

● **출처:** IPCC(https://www.skepticalscience.com/IPCC-Medieval-Warm-Period.htm)

1300년대 중반부터 본격화된 기온의 하강은 1700년대에 절정에 달하는데, 학자들은 이때를 '소빙하기Little Ice Age'라 부른다. 중세 온난기에 비해 기온이 2℃ 가까이 내려갔으니 빙하기라는 표현이 과하지는 않아 보인다. 기후학자들은 이때 기온 하강의 영향으로 전쟁과 혁명이 빈발했다는 견해를 내놓는데, 대표적인 사례로 1789년의 프랑스 혁명과 17세기 중반의 명나라 멸망을 꼽는다.

혹독했던 추위는 18세기 말을 고비로 진정되고, 19세기부터 완만한 기온 상승이 나타나 20세기 후반부터는 '지구 온난화'를 걱정해야 할 정도가 되었다. 과거에 비해 기술력이 크게 나아져 기후변화의 피해는 적을 것이라는 견해도 있지만, 최근 기온 상승 속도가 너무 가팔라 이대로 기온이 상승한다면 여러 문제가 생길 것이라는 우려에 관심을 기울일 필요가 있다.

더 깊게 읽기 2

지구온난화가 그린란드의 독립으로 이어질까?

역사에 기록된 시기 내내 그린란드는 '얼음' 말고 특별히 설명할 것이 없다. 그린란드는 약 80퍼센트 이상이 얼음으로 덮여 있었던 데다, 남은 땅 역시 경제적으로 아무런 쓸모가 없었기 때문이다. 현재 그린란드에는 약 5만 6천 명이 살고 있는데, 그린란드의 국내총생산GDP은 이들이 높은 생활수준을 유지하기 어려운 정도다. 그래서 매년 덴마크 정부가 그린란드 GDP의 1/4에 해당하는 돈(6억 달러 상당)을 그린란드 거주민들에게 제공해왔다.

그런데 전 세계적인 지구온난화의 영향이 그린란드에도 미치면서, 그린란드에 살고 있는 사람들의 주거 환경이 극적으로 개선되고 있다고 한다. 다음의 〈표 3-2〉에 나타난 바와 같이, 그린란드 기온이 가파르게 상승함에 따라 석유를 비롯한 각종 희귀광물을 채취하려는 기업들이 그린란드에 관심을 보이기 시작했기 때문이다.

그 덕에 그린란드의 전망이 밝아졌고, 이는 일부 거주자들의 독립 운동 강화로 이어지고 있다. 독립을 원하는 사람들은 덴마크의 지배에서 벗어나 그린란드가 신속한 그리고 독립적인 의사결정을 내림으로써 더욱 발전할 수 있으리라 판단하는 것 같다. 오랜 기간 그린란드에 보조금을 지급했던 덴마크 정부로서는 기가 찰 노릇이지만, 지구온난화가 세계 경제에 얼마나 큰 영향을 미치는지 보여주는 사례로는 충분할 것 같다.

〈표 3-2〉 지난 172년 동안 그린란드 여름철 기온 변화(1840~2007년 평균 대비)

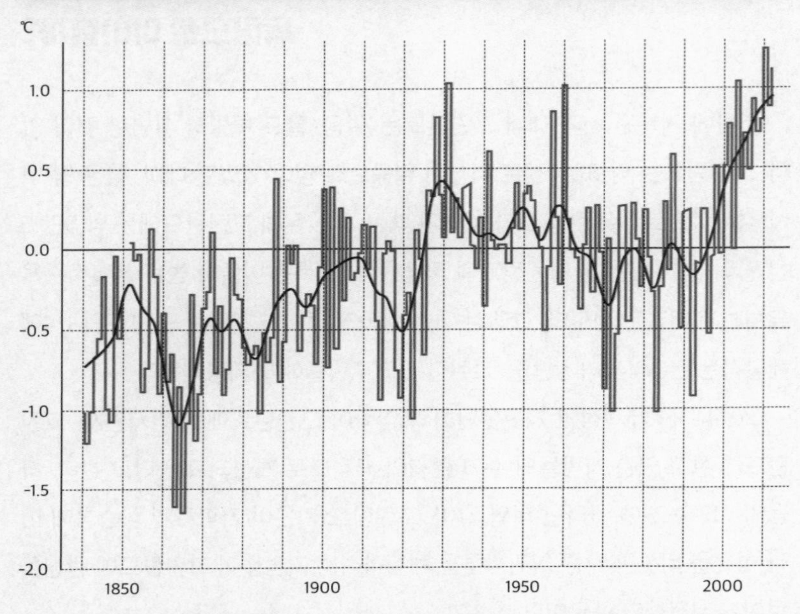

● **출처:** By Matt Michel(2017.11.15), 『Will Climate Change Lead to an Independent Greenland?』, Technology and Operation Management.

문명의 요람, 메소포타미아가 황무지로 변한 이유는?

$

이집트나 이라크 등 이른바 '비옥한 초승달 지대'를 여행한 사람들은 한목소리로 "사막밖에 없던데, 왜 비옥한 초승달이라고 하는지 모르겠다"는 이야기를 하곤 한다. 참고로 비옥한 초승달 지대란, 다음 〈그림 4〉에 나타난 것처럼 이집트에서 유프라테스강과 티그리스강 유역으로 이어지는 초승달 모양의 땅을 말한다.

인류 문명의 발상지 중 하나인 이곳은 언제 황무지로 변한 걸까? 적어도 최근의 일이 아닌 건 분명하다. 11세기에 십자군 원정이 일어났을 때만 해도 이슬람이 압도적 우위에 있었으니 말이다. 이슬람이 유럽보다 얼마나 더 부유했는지 측정하기는 어렵지만, 11세기를 전후한 교역 품목을 통해 어느 쪽이 경제적 우위에 있었는지는 판단할 수 있다. 당시 유럽은 이슬람에 노예와 귀금속을

〈그림 4〉 비옥한 초승달 지대

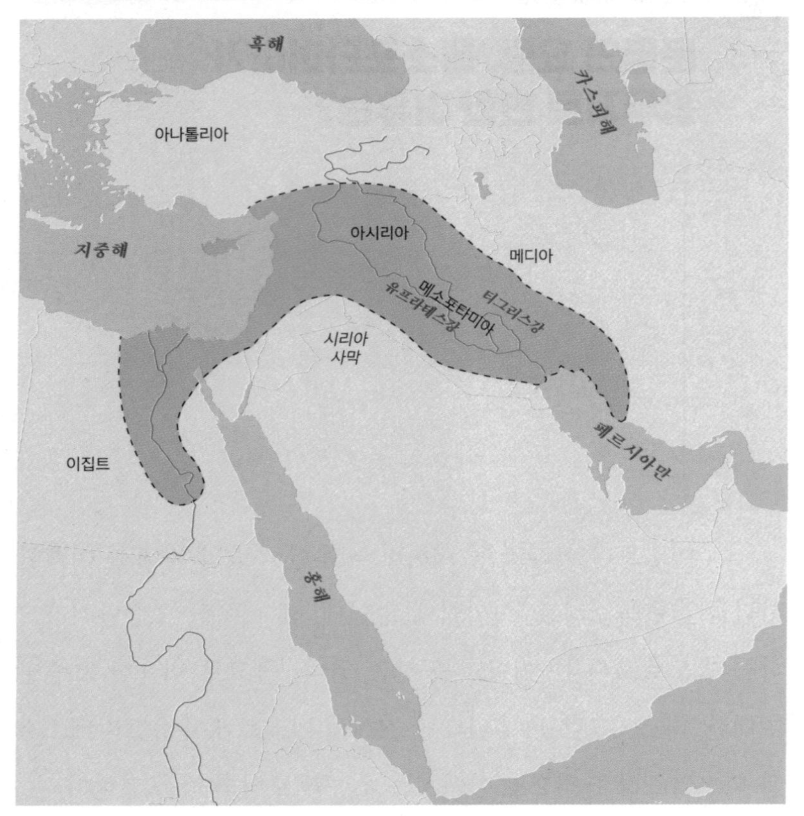

붉은색으로 표시된 영역이 '비옥한 초승달 지대'이다.

팔았던 반면, 이슬람은 유럽에 고급 가공품, 특히 설탕과 비단, 향신료를 팔았다. 이는 오늘날 선진국과 신흥국 사이에 이뤄지는 교역 패턴과 비슷하다. 유럽은 원자재와 노동 집약적인 상품, 즉 노예를 주로 수출한 반면, 이슬람은 유럽에 기술 집약적인 품목을 팔면서 큰 이익을 올렸던 셈이다.

그렇다면 이러한 경제적 역학관계는 어쩌다 바뀌었을까? 오랫동안 이 의문을 풀지 못했는데, 최근 이뤄진 해외 연구 덕분에 실마리를 잡을 수 있었다. 메소포타미아 문명을 몰락시킨 결정적 요인이 기후변화였다는 주장이 제기되었다. 900년대 후반부터 1300년대 초반까지, 유럽이 이른바 '중세 온난기'를 보내는 동안 이집트와 메소포타미아 등 중동의 기후는 꽤 다른 모습을 보였다는 것이다. 나일강의 수위 변화와 나무의 나이테 등을 분석한 학자들은 11세기부터 중동지방에 가뭄이 빈발했다고 보고한다. 중동에서 가장 문명이 발달한 곡창 지대인 이집트의 나일강이 범람하지 않으면서, 이집트뿐만 아니라 그곳에서 생산된 잉여 농작물에 의존하던 인근 지역까지 큰 타격을 받았다. 결국 지구의 평균 기온이 상승했다고는 하나, 중동 등 일부 지역은 유럽보다 빨리 '중세 온난기'가 종식되었던 셈이다.

역사학의 아버지라고 불리는 그리스의 역사가 헤로도토스가 "이집트는 나일강의 선물"이라는 명언을 남긴 바 있는데, 이는 주기적인 나일강의 홍수를 지칭한 것이었다. 즉, 하지夏至 이후 100일 동안 나일강이 범람했다가 물이 서서히 빠져, 다음 해 하지가 올 때까지 낮은 수위가 유지되기에 이집트가 풍요로움을 즐길 수 있음을 지적한 것이다. 홍수가 나는 동안에는 농사를 지을 수 없었지만, 상류에서 내려온 비옥한 흙이 영양분을 공급해주었기에 문제되지 않았다. 사람들이 오랫동안 농사를 지은 땅은 병충해가 생기고, 표토의 영양분이 고갈되어 수확량이 감소하는데, 나일강이 주기적으로 범람하며 오히려 이러한 위험에서 벗어날 수 있었던 것이다.

그러나 11세기부터 기후변화가 나타나, 풍족했던 이집트마저 쇠퇴하기 시작했다. 특히 지금의 이란 지역은 목화 재배로 큰 번영을 이루었는데, 날씨가 추워지면서 농민들이 토지를 버리고 떠나는 일마저 생겨났다. 농민이 전체 인구의 90퍼센트를 차지하는 전근대 사회에서 농업 생산량의 하락은 인구 감소로 이어지고, 인구 감소는 다시 전쟁을 수행하는 데 필요한 인적 및 재원 부족을 유발한다. 십자군 전쟁 초기, 예루살렘을 지배하던 이슬람이 약세를 보인 건 자명한 결과였다.

하지만 십자군이 예루살렘을 지배한 기간은 11세기 말부터 12세기까지에 불과하다. 유럽에서 무한정 군대를 보낼 수 없었던 데다, 이슬람 세력이 오랫동안 축적된 부를 바탕으로 강력한 군사 집단(맘루크)을 육성하는 데 성공했기 때문이다. 맘루크Mamluk는 중세 무슬림 세계에 끌려온 백인 남성 노예로 이뤄진 전문적인 군사 집단에서 비롯되었다. 여성 노예는 지배 계급의 후궁(하렘)으로, 남성 노예는 훈련소와 군대로 보내져 '이교도에서 무슬림으로, 소년에서 성인 남성으로, 신병에서 준비된 병사로, 노예에서 자유인으로' 거듭났다. 군대의 유대감을 강화하는 오랜 기술은 병사의 사기를 높였고, 해방 노예 출신의 지휘관들이 자유와 부를 약속하며 충성심마저 고양했다. 십자군을 몰아내고 예루살렘을 탈환하는 데 결정적인 공을 세운 이슬람의 영웅, 살라딘(쿠르드족 출신으로, 이후 이집트의 지배자가 되었다)의 부대도 큰 범주에서 보면 일종의 용병 집단이라 할 수 있다.

맘루크가 십자군 전쟁, 그리고 곧이어 벌어진 몽골과의 전쟁에서 핵심적인 역할을 수행한 것까지는 좋았지만, 권력이 이들 수중에 들어가면서 문제가 시작되었다. 특히 맘루크가 1260년 아인 잘루트Ain Jalut(팔레스타인 남부의 계곡) 전투에서 몽골 제국의 이집트 침공을 좌절시킨 이후, 이들의 권력은 더욱 강화되었다. 물론 기성 세대 맘루크들이 군사 기술을 유지하는 동안에는 평화가 유지되었

3차(1187-1192) 십자군 당시 살라딘과 영국의 사자 왕 '리처드 1세'의 전투를 묘사한 타일 그림으로 영국 박물관에 전시되어 있다.

지만, 새로운 신입 노예들이 훈련소에 들어가 반란을 일으키는 일이 반복되면서 전체 시스템이 부패하기 시작했다.

그런데 맘루크가 통치하던 이집트 등 중동의 핵심 지역은 반半건조지역이라는 특성을 지니고 있어 세심한 관리가 요구됐다. 지리학자들은 반건조지역에서의 생활을 '날카로운 작두 위를 뛰어다니는' 무당의 춤사위에 비유한다. 반건조지역은 나무가 자라기 어려워 풀이 대부분을 차지하는데, 풀이 죽어 토양으로 들어가 양분이 되기 때문에 반건조지역의 까만 흙[黑土]에서는 별도의 비료 없이도 곡물의 대량 생산이 가능하다. 그러나 이는 어디까지나 '강수량이 증발량보다 많을 때'의 얘기다. 11세기 이후의 중동처럼 가뭄이 들면 대규모 관개가 농업의 생명선이 되는데, 멀리 떨어진 곳에서 물을 끌어오기 위해서는 신중한 관리뿐만 아니라 많은 노동력이 필요했다.

기본적으로 군사 집단인 맘루크는 이 부분에서 많은 허점을 드러냈고, 1382년 튀르크족 맘루크 왕조를 계승한 체르케스족 맘루크 왕조는 무자비한 약탈 정책을 펼쳤다. 흑사병으로 인구가 크게 줄어든 상황임에도 소작농을 착취하고, 상업에 무거운 세금을 물렸던 것이다. 이렇게 획득한 수입은 주로 맘루크의 호화 생활과 적대 관계에 있는 나라와의 전쟁 비용으로 쓰였다.

13세기 이후 메소포타미아를 중심으로 한 중동의 농토는 심각한 염류화鹽類化(각종 염분이 토양에 쌓이는 현상) 문제에 직면하게 된다.

염류화 과정을 간단하게 설명하자면 이렇다. 반건조지역에 수로나 우물에서 가져온 물을 뿌리면 물이 표토층 아래로 스며들고, 여기에 있던 염분이 녹아 농도가 높은 소금물이 된다. 이때 다시 새로 물을 뿌리면 삼투압 현상(농도가 높은 곳에서 농도가 낮은 곳으로 이동하는 현상)이 일어나 소금물이 표면으로 올라오게 된다. 이렇게 표토층까지 올라온 소금물 중 물은 증발하고 소금만 쌓이게 되는 것이다.

그럼 어떻게 해야 이 문제를 막을 수 있을까? 지속적으로 새로운 흙을 공급해주어야 한다. 바다였던 땅을 간척한 경우에도, 오랜 시간 석회를 뿌리는 등의 노력을 기울여야만 농사를 지을 수 있는 땅이 되듯이 말이다. 즉, 페르시아만으로 흘러드는 티그리스강과 유프라테스강의 배수로에 쌓인 흙을 농토에 뿌려주면 토양 염류화를 그나마 막을 수 있었을 것이다. 그러나 이 엄청난 일을 해내기 위해서는 체계적이고 효율적인 조직과 막대한 노동력이 필요한데, 당시 맘루크 통치자들은 둘 다 가지고 있지 않았다.

물론 맘루크에게만 비난의 화살을 돌리기는 어려운 면이 있다. 최근 지리학자들의 연구에 따르면, 기원전 2400년부터 기원전 1700년 사이에 지금의 이라크 지역 남부를 중심으로 1차 염류화가 나타났고, 그 강도 또한 매우 컸다. 2차 염류화는 첫 번째보다 약했지만, 기원전 1200년부터 기원전 900년 사이에 이라크 중부 지역을 중심으로 집중되었다. 결과적으로 13세기부터 시작된 염류화를 결정적 타격으로 보아야 할 것이다.

결국 유럽인들이 십자군 전쟁에서 패배하긴 했지만, 결과적으로 보면 이슬람의 정치 구조에 큰 변화를 일으켜 이후 추세를 역전시키는 계기를 만든 셈이다.

다음 장에서는 기후변화가 중국 왕조 교체에 어떤 변화를 일으켰는지를 살펴보자. 전쟁의 승패를 결정하는 것은 지휘관의 능력이나 병사들의 훈련 상태에만 달려 있는 게 아니라는 것을 알게 될 것이다.

참고한 글과 책

- 경향신문(2010.10.14), "고대 문명 발상지 '비옥한 초승달' 황무지화".
- 로널드 핀들레이, 케빈 H. 오루크(2015), 『권력과 부』, 133~136, 153쪽.
- 노의근(2019), 『기후와 문명』, 153쪽.
- 벤저민 리버만, 엘리자베스 고든(2018), 『시그널 - 기후의 역사와 인류의 생존』, 152~153, 157~158, 160, 166, 170~172쪽.
- 서울신문(2019.1.13), "최고의 선물을 가져다 준 나일강".
- 루스 디프리스(2018), 『문명과 식량』, 117~118, 146~147쪽.
- 아부-루고드(2006), 『유럽패권 이전 13세기 세계체제』, 173쪽.
- 윌리엄 번스타인(2019), 『무역의 세계사』, 196~197쪽.
- 블로그: 〈다른 나라 지리 자료들 Geowiki〉.
- 사이언스올(2009.4.1), "삼투압 현상".
- Shabbir A. Shahid and Mohammad Zaman(2018), 『Soil Salinity: Historical Perspectives and a World Overview of the Problem』, Guideline for Salinity Assessment, Mitigation and Adaptation Using Nuclear and Related Techniques pp 43-53.

더 깊게 읽기 3

기근이 들면 마녀 사냥이 시작된다?

중세 온난기가 끝난 14세기부터 근대 초까지, 유럽에서만 약 1백만 명에 이르는 사람이 마녀로 몰려 사형당했는데, 이러한 일은 16~18세기에 집중되었다. 마녀 사냥이라는 말에서 알 수 있듯, 피해자는 대부분 여성으로 주로 가난한 과부였다. 반면 마녀에 대한 사형 집행은 종교 법정과 민간 법정을 가리지 않았고, 가톨릭과 개신교 모두에서 이뤄졌다.

〈표 3-3〉 1520~1770년 기후변화에 따른 마녀 사냥 추이

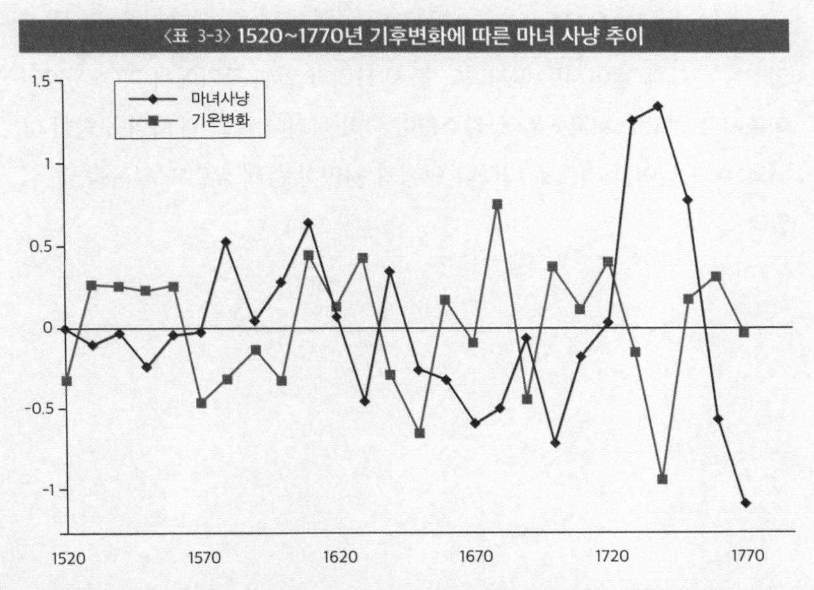

가로축은 년도, 세로축은 '평균' 대비 이탈 수준이다. 기후가 온난할 때(사각형이 평균 이상 수준), 마녀 사냥(마름모)이 급격히 줄어드는 것을 발견할 수 있다.

● **출처:** Emily Oster(2004), 『Witchcraft, Weather and Economic Growth in Renaissance Europe』, Journal of Economic Perspectives, Volume 18, Number 1, Pages 215-228.

대체 왜 유럽 사람들은 이런 만행을 저질렀을까? 최근 미국의 역사학자, 에밀리 오스터Emily Oster는 흥미로운 논문을 발표해 이 의문을 상당 부분 풀어주었다. 그녀는 마녀 사냥과 학살이 자행된 배후에 경제적 요인이 작용했다고 주장한다. 날씨가 추워지고 농작물 수확량이 줄어드는 시기(〈표 3-3〉에서 사각형이 마이너스 국면일 때)에 상대적으로 가난한, 그리고 자신을 보호해 줄 이를 찾기 힘든 여성을 마녀로 몰아 제거했다는 것이다. 참고로 마녀 사냥을 주도했던 이들은 주로 상류 계급의 남성이었다. 이들은 경제 내에서 생산력이 낮은 계층을 제거함으로써 식량난을 완화하고, 공동체 내에서 자신의 권력을 강화할 목적으로 이런 잔인한 짓을 저질렀다.

그런데 안타깝게도 이 비극적인 일은 지금도 일어나고 있다. 2003년 한 연구는 근대에 들어서도 탄자니아 등 아프리카 일부 국가에서 마녀 사냥이 이뤄지고 있다고 보고했는데, 강수량이 극히 적거나 많을 때 죽임을 당한 마녀의 수가 늘어난 것으로 나타나 만행의 원인이 중세 유럽과 같음을 알 수 있다.

THE HISTORY OF MONEY

중국이 12세기 이후 북방 민족의 침략에 시달린 이유는?

중국 역사를 이해하려면 흉노, 5호 16국, 요, 금, 원, 청으로 이어지는 북방 민족이 세운 나라의 이름을 기억해야 한다. 이들이 중국 역사의 흐름을 바꿨을 뿐만 아니라, 12세기 이후 거의 1,000년에 걸친 기나긴 세월 동안 현재 중국 영토의 상당 부분을 지배했으니 말이다.

북방 유목민의 지배가 중국에 어떤 영향을 미쳤는지 정확하게 판단하기는 불가능하지만, 적어도 한 가지는 분명히 말할 수 있다. 그것은 중국에 자라나고 있던 산업혁명의 싹을 꺾었다는 사실이다. 북송北宋은 1127년 금나라에 의해 멸망하기 직전, 1700년대 영국을 제외하고는 산업혁명에 가장 근접한 나라였다. 무엇보다 상공업이 대단히 높은 수준으로 발달했으며, 기술 수준도 가파른 상승 곡선을 그리고 있었다. 북송의 수도, 개봉을 방문한 일본의 승려 조진成尋은 다음과 같이 흥미로운 기록을 남긴 바 있다.

공중 목욕탕 입욕료 = 1인당 10문

삿갓 이용료 = 50문(3명)

쌀 4두 = 400문

인부 고용료(가마꾼 등) = 300문

종교시설 참배료 = 2문

술값 = 150문(13인분)

방값 = 50문

이는 전형적인 시장경제의 모습이 아닌가? 농촌을 중심으로 한 자급자족의 세상이 아닌, 사람들이 자유롭게 거래하고 자기 노동력의 가치를 시장에서 평가받는 '시장경제'의 모습이 당시 중국에서 펼쳐지고 있었다. 또한 앞서 2부에서 살펴본 것처럼, 신용화폐 시스템이 이미 도입되어 경기 변동도 어느 정도 조절이 이뤄지고 있었다. 그런데 북송은 왜 금나라에게 그토록 허망하게 무너지고 말았을까? 경제력이 발달한 나라가 당연히 전쟁 수행 능력도 높지 않았을까?

북송이 금나라에 패한 원인은 유목민이 이른바 '비대칭非對稱' 전력을 가진 데 있다. 『신당서新唐書』라는 역사책을 편찬한 것으로 유명한 역사가 송기宋祁는 다음과 같이 한탄했다.

> 북쪽과 서쪽의 적들이 중국에 저항할 수 있는 건 단언컨대 그들이 말을 많이 가지고 있고 병사들이 기마에 능숙하기 때문이다. 이것이 적들의 힘이다. 중국에는 말이 거의 없고 병사들은 기마에 능숙하지 못하다. 이것이 중국의 약점이다. 이러한 약점을 안고 적들에 맞서 싸우기 위해 끊임없이 노력하나 우리는 전투 때마다 패한다.

이 기록에 나타나듯, 한족의 보병은 북방 민족의 기병에 상대가 되지 않았으며, 특히 송기가 살았던 북송北宋 때에는 소규모 전투에서조차 이긴 적이 거의 없다. 한족과 북방 민족의 전력 차이를 보여주는 대표적인 예가 1100년대 초반 17명의 여진족 전사와 잘 무장된 2,000명의 송나라 보병 사이에 벌어진 전투이다. 이때 여진족 전사들은 전투가 시작되자마자 중앙에 7기, 좌우 날개에 5기씩 세 부대로 나뉘어 말 위에서 활을 쏘며 적을 교란했는데, 결국 2,000여 명이나 되는 송나라 보병은 완전히 농락당한 끝에 궤멸했고, 여진족 기병은 단 1기도 잃지 않았다.

하지만 북방 민족이 강력한 전력을 갖추고 있었음에도 12세기 이전에는 중국 전역을 제패한 적이 별로 없었다. 오히려 기원전 2세기경 한漢나라 무제武帝가 흉노를 쳐부수고 서역까지 교통로를 확보하지 않았던가. 또 당唐나라 때는 중국 역사상 최대의 영토를 장

〈그림 5〉 중국 황허강의 흐름

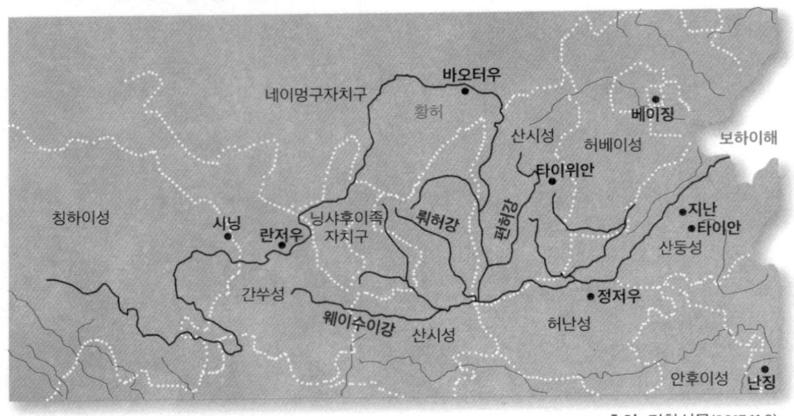

● 출처: 경향신문(2017.11.9)

악할 정도로 한족이 강세를 보이기도 했다.

그럼 어쩌다 전세가 바뀌었을까? 그 이유에 대한 의문은 중국 북부 초원지대의 강수량 변화를 보면 풀린다. 다음 〈그림 5〉를 보면, 중국을 대표하는 거대한 강 황허는 청해고원青海高原에서 발원해 북쪽에 있는 황토고원을 향해 흘러간다. 이 과정에서 황허강은 연간 15억 톤 이상에 이르는 흙을 흡수해 황허黃河라는 이름 그대로 노란색 흙탕으로 변한다. 황토고원에서 다시 동쪽으로 흘러가던 황허강은 태행산에 부딪혀 남쪽으로 흘러가 한족의 모태가 되는 비옥한 평야를 만들었다.

그런데 문제는 이 '비옥한' 토양을 만드는 과정에 있다. 상류에 비가 많이 오면 노란 흙탕이 하류로 내려가 범람했고, 반대로 비가

청나라 강희 때 황허 하류에 위치한 산둥성 지난 지역을 순찰한 뒤 그린 그림

별로 오지 않으면 홍수가 나지 않는 대신 강의 물살이 약해져 황토가 강바닥에 쌓였다. 이 때문에 가뭄이 길어지면 주변 평야보다 강바닥이 더 높아지는 '천정천天井川'이 만들어져 조금만 비가 많이 와도 강둑이 무너지며 물이 범람했다. 결국 황허강은 빈번하게 범람한다는 점에서 나일강과 비슷했지만, 일정한 주기성이 없어 다루기 어려운 상대였다.

그래서 중국의 역대 왕조는 황허강의 흐름에 늘 신경을 기울이며 홍수와 가뭄에 대해 상세한 기록을 남겼는데, 연구자들은 중국 역대 왕조의 문헌을 샅샅이 뒤져 기원전 220년부터 1839년까지 약 2,060년 동안 황허강 유역의 강수량 변화를 파악할 수 있었다. 그리고 황허강에 홍수가 잦을 때 북방 민족의 침입이 줄고, 반대로 황허강이 가물 때 북방 민족이 국경을 침범한다는 사실을 밝혀냈다.

강수량과 국경 침입은 무슨 관계가 있는 것일까? 황허강의 홍수 위험이 낮아진다는 것은 황허강 상류, 즉 북방 민족이 살고 있는 황토고원에 가뭄이 들었음을 시사한다. 풀이 시들고 가축들이 굶어 죽는 상황에서 북방 민족이 남쪽의 풍요로운 땅을 약탈하기 위해 움직이는 것은 당연한 일이라 볼 수 있다. 즉 "어차피 굶어 죽을 것이라면, 부유한 평야 지역 주민들을 약탈해보자"는 생각을 가질 수 있다는 이야기다. 이런 일이 현실화된 가장 대표적인 시기가 2~4세기이다. 조조와 유비, 손권이 세운 세 나라가 치열하게 경쟁하던 삼국 시대에, 북방에는 전쟁의 먹구름이 점점 두터워지고 있었던 셈이다.

그렇다면 2~4세기에 왜 황허강은 가물게 되었을까? 이에 대해서는 크게 두 가지 가설이 존재한다. 첫째 가설은 세계적 기후변화에 주목하는 것이다. 최근 기후학자들의 연구에 따르면, 300~700년 사이에 북반구에서 한랭화와 가뭄이 절정에 달했던 것으로 나타난다. 이때 서로마 제국이 멸망하고 북아프리카의 곡창지대가 무너졌으며, 중앙아시아의 실크로드 도시들이 버려졌다. 중국에서는 309년에 극심한 가뭄이 들어 양쯔강과 황허강을 걸어서 건널 수 있었다는 기록이 있고, 청해고원 숲의 나이테를 연구한 학자들은 수십 년에 걸친 긴 가뭄이 3~5세기에 반복적으로 나타났음을 발견했다.

두 번째 가설은 기원전 2세기부터 본격적으로 황허강 상류 유역의 초원지대를 개발했던 것이 문제를 일으켰다는 것이다. 오랜 정복 전쟁 끝에 흉노의 세력을 꺾는 데 성공한 한나라 무제는 대규모 사민徙民(정책적인 이주자) 정책을 펼쳐, 기원전 119년에만 황허강 하류 지역에 살고 있던 약 70만 명의 사람을 어얼둬쓰(현재의 네이멍구자치구 일대로, 황허강이 북쪽으로 물길을 돌리는 부분이다) 일대로 이주시켰다. 문제는 어얼둬쓰 일대도 메소포타미아처럼 반건조지대라는 데 있다. 토양은 비옥할지 모르나 비가 자주 내리지 않는 곳에 계단밭을 만들어 윤작을 하면 환경 파괴의 악순환이 진행될 가능성이 높다. 게다가 상류 지방의 삼림 및 표토의 상실은 황허강 유역 전체의 가뭄과 홍수 빈도를 높이는 결과로 이어진다.

이 두 가지 가설 모두 설득력이 있지만, 최근에는 두 번째 가설이 더 부각되는 것 같다. 역사학자들이 청淸나라 때의 홍수 기록을 세세하게 조사한 결과, 무려 1만 6,384건의 홍수가 발생했는데, 이 중 대부분이 '도시 빈민의 변경 이주' 정책이 시행된 이후에 일어났음이 밝혀진 것이다.

청나라는 감자와 고구마, 땅콩 등 신대륙에서 건너온 작물을 도입해 인구가 4억 명까지 늘자 어얼둬쓰는 물론 쓰촨성 서부 등 기존에는 한족이 거의 살지 않던 지역으로 대대적인 사민 정책을 펼쳤다. 물론 청나라 정부 입장에서 늘어난 인구를 먹여 살리기 위해 어쩔 수 없는 일이었다고 변명할 수도 있지만, 1780~1850년에 만 황허강의 둑이 12차례나 무너지는 재해로 인해 왕조의 붕괴를 유발하는 대규모 반란이 일어난 것을 생각하면 사민 정책을 합리화하기는 어려울 것 같다.

1840년 아편 전쟁 이후, 청나라가 외세의 침략에 결국 무너졌던 것은 아편 중독으로 만주족 특유의 강대한 군사력이 약화되었던 이유도 있지만, 오랜 기간 지속된 환경 파괴, 특히 황허강 상류 지역의 삼림 황폐화와 식생 파괴 때문임을 잊지 말아야 할 것이다. 청나라 정부의 무능함이 사태를 악화시킨 요인임에 분명하지만, 전통 사회가 기후변화 및 인구 증가의 충격에 대응할 방법이 별로 많지 않았다는 점도 감안할 필요가 있을 것이다.

참고한 글과 책

- 伊原 弘 등(2009), 『宋銭の世界』, 24쪽.
- 피타 켈레크나(2019), 『말의 세계사』, 272쪽.
- 스기야마 마사아키(2013), 『유목민의 눈으로 본 세계사』, 54~55, 124쪽.
- Ying Bai and James Kai-sing Kung(2011), 『Climate Shocks and Sino-nomadic Conflict』, Review of Economics and Statistics, Volume 93 Issue 3, August 2011, pp.970-981.
- 오카모토 다카시 편(2016), 『중국경제사(경북대학교 출판부)』, 26~27쪽.
- 경향신문(2017.11.9), "'백년하청' 황허강이 맑아진다. 성인이 출현할 것인가".
- 노의근(2019), 『기후와 문명』, 104~105쪽.
- Paul R. Sheppard 등(2004), 『Annual precipitation since 515 BC reconstructed from living and fossil juniper growth of northeastern Qinghai Province, China』, Climate Dynamics 23(7), 869-881, December 2004.
- 찰스 만(2020), 『1493: 콜럼버스가 문을 연 호모제노센 세상』, 336~337, 344쪽.

더 깊게 읽기 4

황허강이 마르면 북방에 전쟁의 불길이 타오른다

12세기 이후, 현재 중국 영토(정확하게는 만주족의 청나라가 지배했던 영토)의 상당 부분이 유목민에게 점령되었다. 이렇듯 한족이 약세를 보이게 된 이유를 둘러싸고 많은 논란이 있는데, 잉 바이와 제임스 카싱 쿵의 기념비적인 연구 덕분에 논쟁이 상당 부분 진전되었다.

이들은 황허강에 가뭄이 든 시기(〈표 3-4〉의 사각형)에 대대적으로 북방 유목민의 침입이 있었고, 반대로 황허강에 홍수가 드는 등 비가 자주 내릴

〈표 3-4〉 황허강 가뭄 기록과 유목민의 북방 국경 침입 빈도의 관계

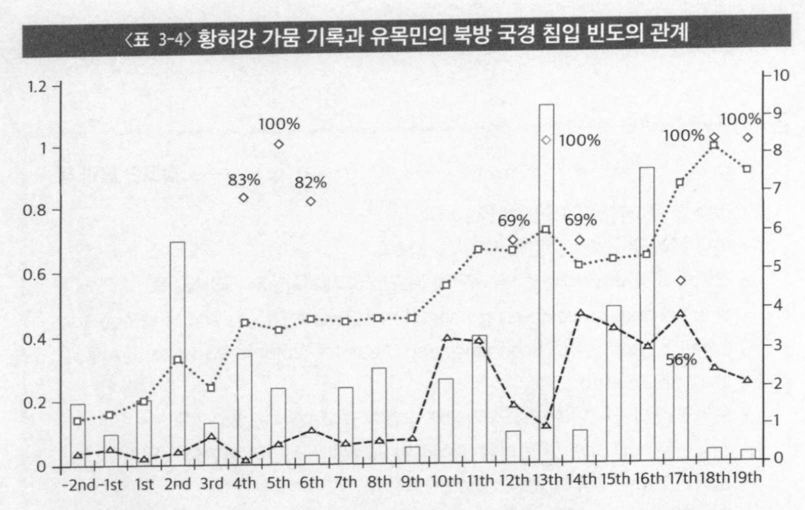

가로축은 시간의 변화로, -2nd는 기원전 2세기를 뜻하며 19th는 기원후 19세기를 뜻한다. 왼쪽 축은 유목민이 중국 본토에서 차지한 영토의 비중(마름모)에 대응하는데, 12세기 이후 북방 민족의 점유율이 50퍼센트 이상을 계속 유지하는 것을 발견할 수 있다. 오른쪽 축은 유목민의 북방 영토 공격 기록 빈도(막대 그래프)와 황허강의 제방 유실 빈도(갈색 점선 삼각형), 그리고 황허강이 말라버린 가뭄의 빈도(초록 점선 사각형)를 나타낸다.

● **출처**: Ying Bai and James Kai-sing Kung(2011), 『Climate Shocks and Sino-nomadic Conflict』, Review of Economics and Statistics Volume 93 Issue 3, August 2011. p.970-981

때에는 유목민의 침입이 줄어들거나 북방 민족이 점유하는 영토가 줄어드는 것을 발견했다.

그런데 한 가지 흥미로운 것은 12세기 이후 지속적으로 황허강에 가뭄이 드는 빈도가 증가한다는 점이다. 소빙하기에 접어들며 기후 여건이 악화된 것, 그리고 인구 증가에 따른 황허강 상류 지역의 환경 파괴 등이 상당한 영향을 미쳤을 것으로 판단된다.

더 깊게 읽기 5

중국의 1인당 소득은 언제 영국에게 추월당했나?

필자가 "중국 역사상 12세기 송나라 때가 가장 부유한 시기였다"라고 이야기할 때, 의문을 느낀 독자들이 많았으리라 짐작된다. 물론 1978년 개방 정책 시행 이후 중국이 부유해진 것은 분명한 사실이지만 동시대 다른 나라들과 비교하면 송나라 시절만큼 부유한 적은 없었다는 이야기다.

〈표 3-5〉는 과거 중국의 1인당 소득을 추정하여 보여준다. 스티븐 브로드베리를 비롯한 일군의 학자들이 인구와 경작 면적 그리고 농업 이외 산업 발달에 대한 데이터를 활용하여 이 어려운 일에 도전했는데,* 이들의 연구에 따르면, 북송과 명나라 초기에 1인당 소득이 가장 높았으며 청나라 때에는 지속적인 감소 흐름이 나타났다. 물론 청나라 때 경제의 절대적인 외형이 줄어든 것은 아니다. 다만 감자와 고구마 등의 작물이 신세계에서 유입되며 인구가 폭발적으로 늘어난 결과, 1인당 소득이 줄어들었다는 이야기다. 즉, 중국의 1인당 소득이 영국에게 확실하게 추월당한 시기는 명나라 중엽으로 볼 수 있다.

특히 〈표 3-6〉은 흥미로운 시사점 두 가지를 제공한다. 먼저 송나라 중엽(1100년 전후) 농업 생산성(검정 점선)이 크게 개선된 것을 발견할 수 있는데, 이는 참파쌀을 비롯한 새로운 종자의 도입, 그리고 왕안석의 신법 추진 과정

---

* Stephen Broadberry, Hanhui Guan, and David Daokui Li(2017), 『CHINA, EUROPE AND THE GREAT DIVERGENCE: A STUDY IN HISTORICAL NATIONAL ACCOUNTING, 980-1850』, UNIVERSITY OF OXFORD Discussion Papers in Economic and Social History Number 155, April 2017.

에서 발생한 대대적인 개간으로 양쯔강 하류의 습지가 옥토沃土로 변한 덕분으로 보인다. 두 번째 시사점은 청나라 때 경작 면적(초록색 실선)이 급격히 늘어난 것을 들 수 있다. 명나라 때의 경작 면적은 송나라 때에 비해 별 차이

〈표 3-5〉 중국과 영국의 1인당 국민소득 추이(1990년 달러 기준)

(년도)	중국	영국	중국/영국(영국=100)
980	853		
1020	1,006		
1060	982		
1090	878	754	116.4
1120	863		
1270		759	
1300		755	
1400	1,032	1,090	94.7
1450	990	1,055	93.8
1500	858	1,114	77.0
1570	885	1,143	77.4
1600	865	1,123	77.0
1650		1,110	
1700	1,103	1,563	70.6
1750	727	1,710	42.5
1800	614	2,080	29.5
1840	599	2,521	23.8
1850	600	2,997	20.0

980~1840년 영국과 중국의 1인당 국내총생산, 그리고 영국 대비 중국의 상대 소득을 보여준다(영국=100). 1인당 소득의 관점에서 볼 때, 중국은 명나라 초기까지는 영국보다 우위에 있거나 비슷했지만 청나라 때에는 지속적으로 영국보다 낮은 수준을 유지한 끝에 1800년을 전후해 그 격차가 급격히 확대되었다.

● **출처:** GB: Broadberry

가 없지만, 청나라 때에는 경작 면적이 크게 확대되었는데 이는 청나라가 몽골과 준가르 등 주변의 유목 국가를 정복하고 이 지역으로 대규모 사민徙民(정책적인 이주자) 정책을 펼쳤기 때문으로 보인다. 그러나 이러한 경작 면적의 확대에도 인구 증가 속도가 매우 빨랐기에, 청나라의 1인당 곡물 수확량이 줄어드는 등 생활 수준의 하락을 피할 수 없었다.

〈표 3-6〉 중국의 경작 면적과 곡물 수확량, 그리고 총생산량

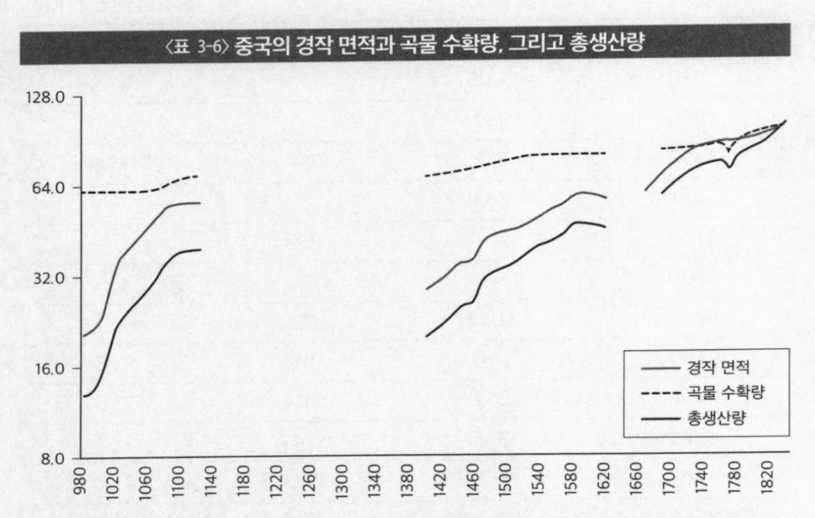

1127년 이후 1400년까지 통계가 없는 이유는 북송 멸망 이후 중국 전역에 대한 통계를 구할 수 없기 때문이다. 1620년부터 1700년 전후까지의 통계도 없는데, 이는 명나라 멸망 이후의 혼란기 동안 제대로 된 국세 조세가 이뤄지지 않았기 때문이다.

● **출처:** See Appendix A1 for a detailed discussion of sources and methods.

ESG열풍의 이유는?

3부에서는 기후변화가 인류의 역사, 특히 경제 흐름을 어떻게 바꿔놓았는지 살펴보았다. 한 나라의 흥망성쇠에 경제력뿐만 아니라 기후변화가 큰 영향을 미친다는 것을 알 수 있었는데, 이런 면에서 최근 지구 온난화가 전 세계에 미칠 영향을 짐작할 수 있다. 특히 최근 대기 중 이산화탄소의 농도가 400ppm에 도달해, 지난 2,300만 년 중 가장 높은 수준에 도달했다는 사실은 위기감을 불러일으킨다.

이런 영향으로, 최근 금융 시장 참가자들 사이에 ESG 투자에 대한 관심이 높아지고 있다. 여기서 ESG 투자란 1) 환경Environment이나 2) 사회Social에 긍정적인 영향력을 행사하거나 3) 지배 구조Governance가 우수한 기업에 투자한다는 원칙의 첫 글자를 딴 것이다. 쉽게 이야기해, 환경에 위해를 끼치거나 사회적으로 잘못된 행동을 하는 기업에 투자하지 않는 소극적 전략부터 친환경 및 친사회적 기업에 투자와 지원을 강화하는 전략까지 포함한다.

물론 이 전략에 반대 입장을 표명하는 투자자도 적지 않다. 일례로 2017년 말에는 ESG와 정반대되는 전략을 취하는 상장지수펀드ETF(주식처럼 자유롭게 사고팔 수 있는 펀드)가 출시되어 관심을 끌었다. 이 상장지수펀드는 술과 담배, 대마초 등에 집중적으로 투자하는데, 성과는 대단히 부진한 편이다. 출시 이후 지속적으로 마이너스를 기록하는 것을 보면 긍정적인 평가를 내리기는 어려울 것 같다.

반면 ESG 전략에 대한 옹호의 목소리는 점점 높아지는 추세다. 최근 700조 자산을 운용하는 국민연금 기금운용본부장이 "ESG 종목은 하방 압력에 대한 회복력이 좋다. 국민연금을 비롯한 기관투자자들은 리스크와 수익률 제고 측면에서 반드시 ESG 투자를 고려해야 한다"라고 밝힌 바 있다. 이뿐만 아니라 약 1조 달러를 운용하는 세계 최대 국부펀드인 노르웨이 석유기금GPFG은 최근 원유나 가스를 탐사 및 개발하는 업체에 대해 투자를 중단하기로 하는 등 점점 ESG의 대상이 되는 종목이나 업종이 확산되는 흐름을 보이고 있다.

그렇다면 ESG 투자의 성과는 어떠할까? 아직은 뚜렷한 성과를 발견하기는 어렵다. 글로벌 ESG 기업에 투자하는 지수가 2020

년 초반의 급락장에서 상대적으로 안정적인 모습을 보였지만, 한국 ESG 기업의 성과는 상대적으로 부진을 면치 못했다. 그러나 최근 ESG 투자 원칙을 따르는 상장지수펀드 설정 규모가 빠르게 증가하는 것을 보면, 장기적으로는 전망이 밝다는 생각이 든다. 특히 하버드 대학 비즈니스 스쿨의 연구에 따르면, ESG 원칙을 따르는 기업들이 투자에 필요한 자금을 조달하기 용이하며 경영 성과도 상대적으로 뛰어나다고 하니, 점차 투자 성과가 개선될 것이라는 희망을 갖게 된다.

참고한 글과 책

- New Atlas(2020.6.3), "Atmospheric CO2 hits 23-million-year peak, plant fossils reveal".
- 메리츠투자증권(2020.5.14), "메가트렌드가 된 ESG투자, 평가 방법론과 성과 및 최근 동향".
- DB투자증권(2018.1.18), "ESG에 반(反)하다".
- 한국금융신문(2020.6.26), "안효준 국민연금 CIO 'ESG에 초점 맞춘 투자 강화'".
- NH투자증권(2018.11.8), "착한 기업 투자법: ESG로 알파 찾기".

PART

4

왜 서양이 세계를 지배하게 되었나?

THE HISTORY OF MONEY

달러는 어떻게 기축통화의 패권을 차지했을까?

2019년 말 중국 우한시에서 신종 코로나 바이러스가 처음으로 퍼지기 시작했을 때, 세계 금융시장은 무감각했다. 특히 우한시가 2020년 1월 22일 폐쇄되는 등 감염 속도가 예상보다 빠르다는 사실이 밝혀졌지만, 미국의 다우존스 산업평균Dow Jones Industrials Index(미국을 대표하는 30개 종목으로 구성된 주가지수)은 상승세를 이어가 2월 12일에는 사상 최고치(2만 9,551포인트)를 돌파하기도 했다. 그러나 3월부터 분위기가 확 바뀌었다. 유럽에 이어 미국에서도 코로나 확진자가 급격히 증가하고 3월 10일 세계보건기구WHO가 세계적인 전염병 대유행, 즉 팬데믹Pandemic을 선언하면서 미국을 비롯한 세계 주식시장이 일제히 하락했다. 3월 23일, 다우존스 산업평균지수는 1만 8,591포인트까지 떨어져 불과 2달 만에 주가가

37퍼센트 이상 폭락했다.

미국 경제 규모의 2/3에 육박하는 경제 대국인 중국에서 대규모 감염 사태가 벌어질 때에는 글로벌 증시가 별 영향을 받지 않다가, 미국까지 전염병이 확산되자 약세로 돌아선 이유는 무엇일까?

이 의문을 풀기 위해서는 기축통화基軸通貨, Key Currency에 대한 지식이 필요하다. 기축통화란, 다른 나라에 수출할 때 결제에 사용하는 통화를 뜻한다. 예를 들어 한국의 자동차 부품 회사가 중국의 자동차 회사에 부품을 수출할 때 일반적으로 달러로 대금을 치르는데, 이때 달러가 결제 통화의 역할을 한다고 볼 수 있다. 참고로 2019년 전 세계 외환거래에서 달러화가 차지하는 비중은 무려 88.3퍼센트에 이를 정도로 압도적이었다. 세계 국내총생산GDP(한 해 동안 생산된 생산물의 가치를 모두 합한 것)에서 미국이 차지하는 비중이 20퍼센트 남짓하다는 것을 감안하면, 미국 달러의 영향력은 자국 경제 규모의 4배 이상에 달하는 셈이다.

상황이 이러하다 보니, 금융시장 참가자들 입장에서는 기축통화 국가인 미국의 동향이 다른 모든 나라에서 벌어진 사건을 합한 것보다 훨씬 더 중요하게 받아들여진다. 예를 들어, 달러의 가치가 어떤 이유로 갑자기 상승한다면 수입상이나 해외에서 달러로 돈을 빌려온 사람들처럼 달러 수요가 있는 사람들은 큰 타격을 입을 수밖에 없다. 외환시장에서 예전보다 훨씬 더 많은 돈을 줘야 달러를 구할 수 있기 때문이다. 1980년대 초반 중남미 외채위기,

1997년 아시아 외환위기 등은 모두 달러 가치가 상승하는 시기에 벌어진 일이다. 미국 달러화의 가치가 오르거나 하락하는 것만으로도 세계 금융시장이 영향을 받고, 또 미 연준(연방준비제도 이사회의 약자로, 미국의 중앙은행)의 통화정책 변화에 촉각을 곤두세우는 건 세계 산업국가 대부분이 달러를 기반으로 경제가 돌아가기 때문이라고 할 수 있다.

국가나 기업은 그렇다 하더라도, 세상 사람들이 달러를 선호하고, 또 그 변화에 일희일비하는 것은 왜일까? 그 이유는 기축통화가 무역 거래 대금 결제에 사용될 뿐만 아니라, 만일을 위해 쌓아두는 '준비 통화準備通貨, Reserve Currency'로 기능하는 데 있다. 가상의 신흥국 A에 살고 있는 자산가 입장에서 한번 생각해보자. A국에 민주적인 제도가 갖춰져 있긴 하지만 선거에서 선출되는 지도자들이 정책을 급격히 바꾸고, 심지어 선거도 정상적으로 치러지지 않아 독재자들이 자기 마음대로 세금을 걷거나 재산을 압류하는 일이 자주 벌어진다면? A국의 자산가는 어떻게 해야 자신의 자산을 안전하게 보존할 수 있을지 고민하게 될 것이다.

이때 A국 자산가에게 브라질 헤알이나 미국 달러로 환전해 그 나라 은행에 예치할 기회가 생긴다면, 그는 자신의 돈을 어떤 통화로 바꿀까? 아마 크게 고민하지 않고 달러를 선택할 것이다. 브라질 헤알도 세계 20위의 거래량을 가지는 꽤 중요한 통화이지만, 달러가 '상대적으로' 브라질 헤알에 비해 안정적인 데다, 세계 어디에서든 공식 환율에 따라 다른 통화로 바꿀 수 있기 때문이다. 또한 세계 대부분의 은행이 미 달러화 예금 계좌에서 다른 곳으로 이체해주는 서비스를 제공할 뿐만 아니라, 이자도 잘 쳐준다. 외환위기 전 한국만 하더라도, 암 달러 상인들이 정부의 공식 환율보다 훨씬 좋은 가격으로 달러를 매입하려 들지 않았던가.

이런 이유로 달러는 전 세계 주요 중앙은행이 보유한 외환보유고의 62퍼센트를 차지한다. 가치가 안정적이면서, 세계 대다수가 가장 먼저 보유하려 드는 통화가 '외환위기나 전쟁 등 만일의 사태를 대비해 준비하는 자금'인 외환보유고의 대부분을 차지하는 것

1919년 5월 27일에 열린 파리 평화회의의 수뇌부.
왼쪽부터 영국의 데이비드 총리, 이탈리아의 비토리오 총리, 프랑스 조르주 총리, 미국 우드로 윌슨 대통령이다.

은 당연한 일이 아니겠는가?

그렇다면 언제부터 미국 달러가 기축통화가 되었을까?

미국이 경제 규모에서 세계 최강의 나라가 된 것은 1차 세계 대전 직후지만, 달러가 기축통화의 자리를 차지하게 된 것은 2차 대전 이후였다. 기축통화가 되기 위해 중요한 '조건'이 하나 더 있는데, 그것은 바로 해당 국가가 '전쟁에서 지지 않아야 한다'는 것이다. 미국도 1차 대전에 참전해 36만 명이라는 많은 사상자를 기록했지만, 연합군의 주역은 300만 명의 인명 손실을 기록한 영국과 560만 명의 희생을 치른 프랑스였다. 실제로 1차 대전 종전 이후 맺어진 베르사유 조약에서 프랑스는 알자스 로렌 지역을 획득하고 영국은 독일의 식민지를 차지한 반면, 미국은 별 이득을 챙기지 못했다.

반면 2차 대전 이후에는 상황이 달라졌다. 미국은 유럽에서 독일 그리고 태평양에서 일본과 맞서 싸워 승리를 거머쥐었고, 전쟁이 끝난 후 전범 재판은 물론 마셜 플랜Marshall Plan(유럽 경제를 전쟁의 폐허에서 회복시키기 위해 미국이 지원한 대규모 원조)을 적극적으로 추진했다. 그 결과, 2차 대전 때까지 영국의 파운드가 차지하고 있던 기축통화의 자리를 미국의 달러가 차지하게 됐다.

그렇다면 왜 '전쟁에서 지지 않는' 나라가 기축통화의 패권을 차지하는 걸까? 이를 알아보기 위해 시계를 잠깐 1807년으로 돌려보자.

당시 미국은 독립한 지 불과 40년밖에 안 되는 약소국으로, 패권 국가인 영국에게 끊임없이 시달렸다. 영국은 나폴레옹이 다스리던 프랑스와 15년 넘게 전쟁(1799~1814년)을 치르며 프랑스 배의 해외 이동을 철저하게 봉쇄했는데, 이 과정에서 미국이 많은 피해를 입었다. 영국 해군이 미국 동부 해안을 돌아다니며 미국 국적의 배를 수색하고 선원을 가두고 화물을 압수하는 등 행패를 벌였기 때문이다.

미국인들은 당장이라도 영국과 전쟁하기를 원했지만, 승리할 자신이 없었던 제퍼슨 대통령은 1807년 12월 수출입 금지 조례를 통과시키기에 이르렀다. 영국에게 괴롭힘을 당하느니 아예 배를 바다에 띄우지 말자는 궁여지책이었던 셈이다. 미국은 매년 11~19만 톤에 이르는 화물을 해외로 수출했는데, 수출입 금지 조례 시행 이후인 1808년, 수출 물량은 단 3만 톤에 불과할 정도로 줄어들었다. 금지 조례에도 불구하고 3만 톤이나 수출이 가능했던 것은 밀수꾼 때문이었지만, 이마저도 정부의 감독 강화로 점점 줄어들어 제조업자와 상인의 피해는 눈덩이처럼 불어났다.

결국 14개월이 지난 1809년 3월 제퍼슨 대통령은 수출입 금지 조례를 폐기했다. 경제학자들은 1807년의 무역 봉쇄 조치로 약 5퍼센트의 국내총생산 손실을 입었을 것이라 추정한다. 참고로 글로벌 금융위기 때 경제성장률이 -2.5퍼센트였던 것을 감안하면, 수출입 금지 조치 하나로 2배 이상의 충격을 받은 셈이다.

영국의 제임스 감비어 제독과 미국의 존 퀸시 애덤스가 헨트 조약을 체결한 후 악수를 나누는 모습을 그린 그림이다.

미국이 1812년 영국과의 전쟁을 선포한 것은 눈덩이처럼 불어나는 경제적 피해, 그리고 영국의 강압적인 행동에 대한 반발 때문이라 할 수 있다. 물론 영국이 프랑스와 전쟁 중이었다는 점도 전쟁을 일으킨 이유로 작용했다.

그러나 1814년 나폴레옹이 영국 동맹군에 패배하면서, 상황이 급격하게 돌아가기 시작했다. 군대를 이동시킬 여력이 생긴 영국은 미국 본토 공격에 적극적으로 나섰고, 미국은 수도 워싱턴이 불타는 등 심각한 피해를 입었다. 하지만 두 나라 모두 전쟁을 지속하려는 의지는 부족했는데, 영국은 오랜 기간 프랑스와 전쟁을 치르면서 이미 인적 자원에 많은 손실을 입은 상태였고, 미국은 영국이 프랑스를 굴복시킨 이후 해상 봉쇄를 풀면서 무역의 어려움이 어느 정도 해소되었기 때문이었다. 1814년 말 헨트 조약을 통해 미·영 전쟁이 종결되고, 예전처럼 우호적인 관계를 맺기로 합의는 했지만, 미국은 영국으로부터 피해에 대한 어떤 보상도 받지 못했다. 이 사례에서 보듯, 영국은 당대 최고의 군사 강국으로 군림하고 있었기에 파운드화의 패권을 확립할 수 있었다.

'전쟁에 지지 않는 나라'의 통화만큼 안전한 것은 없으니, 파운드의 인기는 높아질 수밖에 없었다. 여기서 기축통화의 요건을 하나 추가해야 하는데, 그것은 바로 '민주적 의사결정 과정'이다. 1688년 명예혁명 이후, 영국은 불완전하기는 하지만 민주 정치의 초석을 놓았다. 물론 이는 상대적인 개념이다. 18세기 영국 하원의 의석 수는 558석이었는데, 잉글랜드에서만 무려 489명이 선출되는 등 선거구 획정에 자의적인 면이 컸다. 하지만 어쨌든 영국 국왕이 마음대로 법을 제정하지 못했고, 의회의 동의가 없는 한 세금을 마음대로 걷을 수 없었으니, 다른 유럽 혹은 아시아 국가에 비해 영국이 '상대적'으로 민주적이고 법치주의적인 통치가 이뤄졌음은 분명하다.

따라서 17세기 전제 왕정에 시달리던 유럽의 많은 귀족과 자산가는 영국 파운드를 갖고자 했고, 영국의 은행들은 기꺼이 이 역할을 떠안았다. 물론 영국이라고 크롬웰Oliver Cromwell(청교도 혁명으로 군주제를 폐지한 후 죽을 때까지 독재정치를 펼친 영국의 정치인) 같은 독재자가 출현하지 않으리라 보장할 순 없었지만, 제임스 2세의 자의적인 세금 부과와 폭정에 항거한 1688년 명예혁명 이후에는 이런 일이 재현되지 않았기에 다른 나라에 비해 영국은 꽤 믿을 만한 나라임에 틀림없었다.

이제 선순환이 시작되었다. 기축통화를 보유함으로써, 전쟁에서 패배할 가능성도 떨어졌기 때문이다. 15세기 말 이후 유럽의 전쟁은 점점 '총력전總力戰' 양상을 띠었으니 손쉽게 자금을 조달할 수 있는 나라가 전쟁에서 승리할 가능성이 높은 건 두말할 필요도 없다.

다음 장에서 15세기 말부터 어떻게 경제력이 전쟁의 승패를 좌우하는 요인으로 부상하게 되었는지 자세히 살펴보자.

참고한 글과 책

- BIS, "Triennial Central Bank Survey of Foreign Exchange and Over-the-counter (OTC) Derivatives Markets in 2019".
- IMF(2020.6.30), "Currency Composition of Official Foreign Exchange Reserve".
- 홍춘욱(2016), 『환율의 미래』, 183~191쪽.
- 폴 크루그먼(2009), 『국제경제학 8판』, 62쪽.
- 라이지엔청(2010), 『경제사 미스터리 21』, 139~142쪽.
- 이영림 • 주경철 • 최갑수(2011), 『근대 유럽의 형성 16-18세기』, 447쪽.
- 윌리엄 번스타인(2017), 『부의 탄생』, 228~230쪽.

더 깊게 읽기 ❶

세계에서 거래량이 가장 많은 통화는?

국제결제은행BIS, Bank for International Settlements은 중앙은행 간의 통화 결제, 혹은 예금을 받아들이는 것을 주된 업무로 하는 국제 기구로, 스위스 바젤에 위치하고 있다. 은행의 자본건전성을 측정하는 데 사용되는 이른바 'BIS 기준 자기자본비율' 같은 다양한 규제를 도입하는 곳으로 유명한데, BIS는 3년마다 세계에서 어떤 통화가 외환시장에서 가장 많이 거래되는지 순위를 매겨 발표한다.

〈표 4-1〉 2004년 이후 주요 통화별 외환거래 점유율 추이

	2004		2007	
	점유율	순위	점유율	순위
미 달러	88.0	1	85.6	1
유로	37.4	2	37.0	2
일본 엔	20.8	3	17.2	3
영국 파운드	16.5	4	14.9	4
호주 달러	6.0	6	6.6	6
캐나다 달러	4.2	7	4.3	7
스위스 프랑	6.0	5	6.8	5
중국 위안	0.1	29	0.5	20
홍콩 달러	1.8	9	2.7	8
뉴질랜드 달러	1.1	13	1.9	11
스웨덴 크로나	2.2	8	2.7	9
한국 원	1.1	11	1.2	14
싱가포르 달러	0.9	14	1.2	13
노르웨이 크로네	1.4	10	2.1	10
멕시코 페소	1.1	12	1.3	12

〈표 4-1〉은 세계 주요 통화의 랭킹을 보여주는데, 2004년 이후 1~4위에 변화가 전혀 없는 것을 발견할 수 있다. 미국 달러가 세계에서 가장 많이 거래되는 통화(88.3퍼센트)이며, 그 다음은 유로인데 최근 그 비중이 빠르게 줄어들고 있어 유럽 경제가 얼마나 어려움을 겪는지 알 수 있다. 3위는 일본 엔, 그리고 4위가 영국 파운드이다. 여기까지의 랭킹은 앞으로도 쉽게 바뀌지 않을 듯하다. 왜냐하면 5위권 이하와의 격차가 매우 크기 때문인데, 중국 위안화가 2004년 29위에서 2019년 8위까지 상승하기는 했지만, 4위인 영국 파운드(12.8퍼센트)의 1/3 수준이기에 앞으로 갈 길이 많이 남은 상황이다.

2010		2013		2016		2019	
점유율	순위	점유율	순위	점유율	순위	점유율	순위
84.9	1	87.0	1	87.6	1	88.3	1
39.0	2	33.4	2	31.4	2	32.3	2
19.0	3	23.0	3	21.6	3	16.8	3
12.9	4	11.8	4	12.8	4	12.8	4
7.6	5	8.6	5	6.9	5	6.8	5
5.3	7	4.6	7	5.1	6	5.0	6
6.3	6	5.2	6	4.8	7	5.0	7
0.9	17	2.2	9	4.0	8	4.3	8
2.4	8	1.4	13	1.7	13	3.5	9
1.6	10	2.0	10	2.1	10	2.1	10
2.2	9	1.8	11	2.2	9	2.0	11
1.5	11	1.2	17	1.7	15	2.0	12
1.4	12	1.4	15	1.8	12	1.8	13
1.3	13	1.4	14	1.7	14	1.8	14
1.3	14	2.5	8	1.9	11	1.7	15

● **출처:** 국제결제은행(BIS) https://www.bis.org/statistics/rpfx19.htm

THE HISTORY OF MONEY

서양의 군대가 세계를 제패한 까닭은?

$

3부에서 잠깐 십자군 전쟁 이야기를 했지만, 유럽인들이 다른 대륙과 벌인 전쟁에서 이기기 시작한 건 사실 그리 오래되지 않았다. 1241년 발슈타트 전투에서 폴란드와 독일의 기사단이 몽골의 기병대에게 처참하게 패배당했는데, 만일 몽골 제국의 수장이었던 오고타이(재위 기간 1229~1241년)가 갑작스레 사망하지 않았다면, 유럽 전역이 몽골족의 말발굽에 짓밟혔을 가능성이 크다. 유럽이 다른 대륙의 군대와 벌인 전투에서 약세를 보인 건 이뿐만이 아니다. 1453년 동로마의 수도였던 콘스탄티노플이 오스만 제국에 함락된 데 이어, 1470년에는 베네치아가 지배하던 그리스 남부의 네그로폰테(에비아 섬)마저 오스만 제국의 수중에 들어감으로써 당시 서유럽 사람들은 오스만 제국이 곧 이탈리아와 오스트리아

〈그림 6〉 오스만 제국의 판도

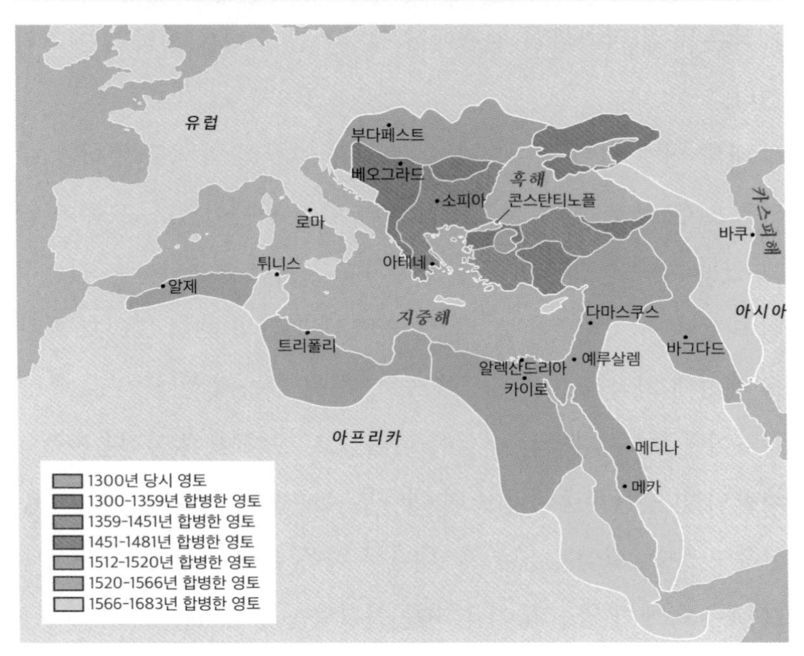

● **출처**: 위키

까지 쳐들어올 것이라는 공포에 떨어야 했다.

그런데 불과 100년이 지나지 않아 전세가 역전되었다. 포르투갈이 1509년 디우 해전에서 인도양을 제패하던 오스만 해군을 쳐부수었고, 1571년에는 신성동맹(교황 비오 5세와 지중해의 거의 모든 주요 가톨릭 해상 세력이 맺은 동맹)이 레판토 해전에서 오스만 제국의 함대를 격파했다. 육상전에서도 마찬가지였다. 1529년 오스만 제국의 술탄, 쉴레이만 1세가 지휘하던 오스만 제국군이 오스트리아의 수도 빈을 점령하기 위해 벌인 빈 공방전에서 패배한 이후, 오스만 제국은 유럽 국가와의 전쟁에서 일방적인 우세를 점하기 어려워졌다.

대체 어떤 일이 벌어졌기에, 유럽은 그간의 약세를 벗어날 수 있었을까? 바로 '화약' 무기의 도입과 발전 덕분이었다. 모두가 알고 있듯 화약을 발명한 곳은 중국이다. 140년을 살았다는 전설적인 의원, 손사막孫思邈이 쓴 책『단경丹經』에 목탄과 초석 그리고 유황을 배합해 화약을 만들 수 있다는 기록이 있는데, 이게 바로 흑색화약이다. 이후 다양한 실험이 이뤄졌고, 송나라 때 돌화총突火銃이 개발되었다. 돌화총이란 소위 대나무 소총인데, 대나무 마디에 총신을 만들고, 화약을 넣은 후 대나무 한쪽 끝에 작은 돌을 밀어넣고 다른 쪽에 구멍을 뚫어 심지를 연결하는 방식이었다. 처음에는 적의 기병이 탄 말을 놀라게 하는 정도의 성과가 있었지만, 워낙 화력이 약해 기병의 돌격을 막아내기에는 턱없이 부족했다. 하지만 300년 뒤 명나라 장수 척계광戚繼光이 다음과 같은 말을 남길 정도로 화약 무기는 기병을 상대하는 데 효율적인 도구로 부상한다.

> "기병은 50보 앞까지 와서 활을 쏘겠지만, 우리가 사용하는 조총鳥銃, 불화살, 블랑기포佛郞機砲 등은 활보다 사정거리도 길고, 정확도도 훨씬 높으니 누가 당해내겠는가? 수만 명의 적이 산을 부수고 강을 메울 것 같은 기세로 달려들더라도 가만히 앉아 화기만 쏘면 충분히 이길 수 있다."

척계광은 16세기 중반 중국 남부를 노략질한 왜구를 상대로 80여 차례의 전투를 모두 승리로 이끌었을 뿐만 아니라, 이후 북방으로 임지를 옮긴 후에는 몽골의 기마군단을 꺾은 불패의 명장이다. 그런 장수의 말이니 허투루 듣기 어렵다. 그런데 그가 언급한 모든 무기, 즉 조총, 불화살, 블랑기포 등이 실은 중국이 만든 것이 아니라 유럽에서 역수입한 것이었다. 화약 무기를 처음 발명한 건 중국이 맞지만, 본격적인 발전은 유럽에서 이뤄졌기 때문이다. 왜 중국이 아니라 유럽에서 화약 무기가 빠르게 개선되었을까?

그 이유를 알기 위해서는 15세기 말 유럽에서 발생한 '군사 혁신'에 주목해야 한다. 1483년 프랑스 국왕이 된 샤를 8세(재위 기간 1483~1498년)는 당시 기독교 세계를 위협하는 오스만 제국을 꺾고 유럽을 제패하겠다는 야망에 불타 있었다. 그러나 이 꿈을 실현하기 위해서는 두 가지 요건이 필요했다. 하나는 강력한 군대를 육성하는 것이었고, 다른 하나는 경쟁자들을 제치고 오스만 제국에 대항할 동맹의 우두머리가 되는 것이었다. 따라서 샤를 8세는 서유럽 세계에서 가장 부유한 이탈리아, 그 가운데에서도 오스만 제국의 위협을 직접적으로 받고 있는 이탈리아 남부를 정복하기로 결심했다.

그러던 중 1494년 초에 샤를 8세에게 매우 큰 행운이 찾아왔다. 이탈리아 남부를 지배하던 나폴리 왕국의 국왕 페르디난도 1세(재위 기간 1458~1494년)가 사망한 것이다. 샤를 8세는 자신이 나폴리 왕위를 계승할 권리를 가지고 있다고 선언하는 한편, 오스만 제국을 정복하겠노라 선언했다. 당시 이탈리아는 베네치아와 피렌체 그리고 제노바를 중심으로 한 도시 국가들이 동방과의 무역을 통해 부를 축적하고, 신흥 상인 계급이 예술가를 후원하는 가운데 인류 역사상 유례를 찾기 힘든 예술의 절정기를 맞고 있었다. 이탈리아가 쌓은 부와 명성은 주변 유럽 국가의 왕들에게 대단히 매력적인 '약탈'의 대상이었다.

그렇다 해도 그 먼 곳으로 원정을 결심하기란 쉽지 않았다. 하지만 이탈리아 내에 동맹 세력이 생긴다면 얘기는 달라진다. 마침 조카의 권력을 찬탈하여 공작의 지위에 오른 밀라노의 루도비코 스포르자는 나폴리 왕국이 밀라노의 권력 투쟁에 개입하려 들자 이를 견제하기 위해 프랑스와 동맹을 자처하고 나섰다.

조건이 다 갖춰지자 샤를 8세는 1494년 가을에 2만 7천 명의 군대를 이끌고 알프스를 넘었다. 당시 이탈리아의 주요 도시 국가는 용병 대장에게 방위를 위탁했는데, 용병 대장들은 고용주에 대한 충성심이 희박할 뿐만 아니라 오늘의 적이 내일의 고용주가 될 수 있다는 사실을 인지하고 있었기에 전투에 치열하게 임하지 않았다.

반면 샤를 8세가 이끄는 군대는 이탈리아 용병 부대에게서 찾아볼 수 없는 무자비함과 용맹함을 가지고 있었다. 병사 대부분이 프랑스 사람인 데다, 고대 로마 이후 처음으로 창설된 상비군常備軍

(전쟁에 대비할 수 있도록 항시 준비되어 있는 정규군)이었기에 국왕에 대한 충성심이 높았다. 샤를 8세의 군대는 전체 병력의 절반 이상이 창과 칼로 무장했으며, 이탈리아로 가는 길에 유럽에서 가장 명성이 높은 용병인 스위스 창병槍兵을 고용하기까지 했다. 스위스 창병은 옛날 그리스의 밀집 방진Phalanx을 부활시킨 것으로 유명했는데, 약 5미터에 이르는 긴 창을 고슴도치 가시처럼 배열하여 중무장한 기사의 돌격을 저지하는 데 제격이었다.

그런데 샤를 8세의 군대가 가진 가장 막강한 힘은 스위스 창병이나 프랑스 상비군이 아니라 포병砲兵이었다. 14세기 유럽에 화약이 전해졌을 때만 해도 화약은 적의 성벽을 뚫는 데 아무런 기여도 하지 못했으나, 이후 백년전쟁을 치르는 과정에서 대대적인 혁신이 이뤄졌다. 프랑스 왕실의 대포 제작자들이 교회 종을 주조하는 데 사용하던 기술로 가볍고 기동성이 향상된 청동 대포를 만드는 데 성공한 것이다. 이 청동 대포는 양 측면에 포이砲耳가 있어 수레 위에 대포를 손쉽게 올려놓을 수 있을 뿐만 아니라, 전투 중에 포를 좌우로 돌려 사격할 수도 있었다. 또한 코닝corning(화약가루를 용액과 섞은 후 다시 건조하는 기법)이라는 화약 처리 과정을 도입해, 불발탄의 위험을 낮추고 대포의 화력을 크게 높였다.

반면 이탈리아 군대는 프랑스에서 시작된 군사 혁신에 깜깜무소식이었기에 상대가 되지 않았다. 1494년 10월, 프랑스군을 막기 위해 이동했던 나폴리 왕국의 군대가 첫 번째 희생양이 되었다.

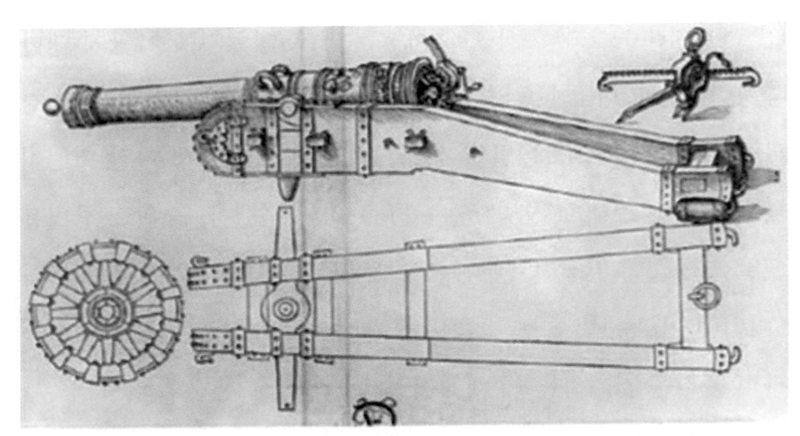

1527년 유럽 대포이다. 포가에 대포를 걸 수 있게 양쪽으로 튀어나온 부분이 포이다.

그들은 밀라노 인근의 모르다노Mordano 성을 점령하고 프랑스군을 막아낼 태세를 갖추었지만, 성벽은 프랑스의 대포가 일제 사격을 시작한 지 세 시간 만에 무너지고 말았다. 나폴리를 방어하기 위해 건설한 거대한 요새 몬테 산 조반니Monte San Gionanni도 같은 운명을 겪었다. 프랑스군은 대포 사격 8시간 만에 성벽을 무너뜨리고 요새를 점령했는데, 이 과정에서 전사자는 단 10명에 불과했다. 그야말로 압도적인 승리였다.

6개월도 채 안 되는 기간 동안, 샤를 8세는 파죽지세로 이탈리아 전역을 제패했다. 프랑스의 행보는 이후 유럽 여러 나라에 강한 인상을 안겨주었다. 성벽에 숨어 적의 공격을 막아내거나 소수의 기사단이 도시 주변의 치안을 유지하는 방식으로 나라를 지켜낼 수 없는 시대가 도래했음을 직접 보여주었으니 말이다.

하지만 이탈리아 남부에서 샤를 8세의 지배력은 곧 한계에 부딪혔다. 이슬람 세력을 이베리아 반도에서 축출해낸 후 막강한 군사력을 보유하게 된 스페인이 프랑스를 견제하고 나선 데다, 베네치아를 중심으로 한 이탈리아 북부의 도시 국가들이 동맹을 결성해 프랑스의 보급선을 차단했기 때문이다. 결국 프랑스군은 본국으로 돌아갈 수밖에 없었다. 나폴리 왕국에 총독을 파견하고, 군대를 주둔하는 등 조치를 취했지만, 프랑스의 이탈리아 지배는 오래가지 못했다.

1499년에 샤를 8세의 후계자인 루이 12세가 밀라노의 계승권을

1494년 11월 17일 피렌체에 입성한 샤를 8세의 군대를 그린 프레스코화.

주장하며 다시 이탈리아 남부를 침략했다. 하지만 승승장구하던 지난번과 달리 격렬한 저항에 밀려 후퇴를 거듭했고, 결정적으로 1503년 스페인과의 전투에서 크게 패하며 완전히 물러나는 수모를 당했다. 참호를 파 프랑스 기병대의 돌격을 저지하고, 화승총병으로 프랑스 기병을 저격하는 등 새로운 전술을 펼쳐 보이는 스페인군 앞에 프랑스는 속수무책이었다. 이로써 프랑스의 '무적 신화'는 채 10년도 가지 못하고 막을 내렸다.

프랑스가 패권을 잃게 된 데엔 몇 가지 요인이 작용하는데, 무엇보다 경쟁자들이 프랑스의 혁신적인 전술을 신속하게 모방한 것이 결정적이었다. 가장 대표적인 사례가 스페인의 테르시오Tercio 방진이다. 테르시오 방진은 1494년 프랑스군이 선보인 것처럼 적 기병대의 돌격을 막아내기 위해 창병을 집중 배치한 진형인데, 화승총병을 창병 주변에 두어 배후를 공격당하는 위험을 피할 수 있게 만들었다는 점에서 프랑스 전술의 '개량판'이라 볼 수 있다. 물론 테르시오 방진의 최종판은 1534년에 만들어진 것으로 평가받지만, 1499년에 있었던 제2차 이탈리아 전쟁 때 이미 실험이 진행되었다고 볼 수 있다.

스페인을 비롯한 경쟁자의 재정 부담 능력이 강화된 것도 원인이 됐다. 화약 무기가 기본적으로 비싼 데다, 수만 명의 상비군을 유지하는 데에도 많은 비용이 들었다. 당시 프랑스가 최초로 군사 혁신을 달성할 수 있었던 건 화약 무기가 전래된 지 100여 년이 지나며 기술을 완전히 습득하게 된 이유도 있지만, 무엇보다 영국과의 백년전쟁 이후 강력한 내부 통합을 이뤄 세금을 마음대로 걷을 수 있었기 때문이다. 따라서 재정 능력이 지속되는 한, 프랑스의 패권은 유지될 수 있었을 것이다. 참고로 약 80년 뒤인 1578년, 프랑스의 1인당 조세액은 은 16.65그램으로, 같은 시기 중국의 3.36그램의 4배 이상이었다.

그런데 막대한 군사 비용을 지출한 국가는 프랑스만이 아니었다. 당시 프랑스 왕실은 세금의 80퍼센트 이상을 전쟁에 쏟아 부었는데, 같은 기간 오스트리아는 세금의 93퍼센트를 전쟁 비용으로 썼으니 당시 유럽 국가들이 군사력을 강화하기 위해 얼마나 총력을 기울였는지 짐작할 수 있을 것이다.

서유럽의 주요 경쟁국들은 프랑스에 맞서 싸우기 위해 무엇보다 재정을 확충할 필요가 있었는데, 이 문제는 1492년 콜럼버스의 신대륙 발견으로 해결되었다. 아메리카 대륙에서 어마어마한 귀금속이 유입되어, 뛰어난 용병 부대를 고용하는 것은 물론 이들을 화약 무기로 무장할 수 있게 되었으니 말이다.

15세기 말을 고비로 스페인과 영국 등 서유럽 국가가 일제히 바다로 나갔던 것은 당시 귀금속의 가치가 하늘 높은 줄 모르고 치솟았기 때문이기도 하지만, 프랑스의 패권을 막기 위해 무엇이라도 해야 한다는 절박감도 큰 원인으로 작용했던 셈이다. 그리고 이와 같은 서유럽 국가의 해외 진출은 100년이 지나지 않아, 조선의 역사에 큰 영향을 미친다. 바로 1592년에 발생한 임진왜란의 원동력이 일본 전국 시대의 종결에 있었기 때문이다.

다음 장에서는 서양에서 전래된 화약 무기가 동아시아 역사에 어떤 영향을 미쳤는지 살펴보자.

참고한 글과 책

- 카를로 치폴라(2010), 『대포 범선 제국』, 14~15쪽.
- 김형오(2013), 『술탄과 황제』, 40~41쪽.
- 도현신(2016), 『전장을 지배한 무기전 전세를 뒤바꾼 보급전』, 104~105쪽.
- 리보중(2018), 『조총과 장부』, 132~135쪽.
- 임용한(2014), 『명장, 그들은 이기는 싸움만 한다』, 247쪽.
- 김시덕(2015), 『동아시아, 해양과 대륙이 맞서다』, 30쪽.
- 맥스 부트(2007), 『MADE IN WAR 전쟁이 만든 신세계』, 36~37쪽.
- 정명복(2013), 『쉽고 재미있는 생생 무기와 전쟁 이야기』, 52쪽.
- 필립 T. 호프먼(2016), 『정복의 조건』, 32쪽.
- 니얼 퍼거슨(2002), 『현금의 지배』, 48~49, 105쪽.

더 깊게 읽기 2

유럽 국가들은 얼마나 많은 세금을 거뒀을까?

15세기 말을 전후해, 이탈리아의 르네상스가 끝나게 된 것은 소위 스폰서들이 몰락했기 때문이다. 대표적인 후원자이자 피렌체를 통치하던 메디치 가문도 종교운동 지도자 지롤라모 사보나롤라Girolamo Savonarola의 영향으로 일어난 시민 폭동으로 피렌체에서 쫓겨나 몰락의 길을 걸었다. 이탈리아 경제와 정치를 이끌던 이들이 몰락한 건 이탈리아의 도시 국가들이 프랑스와 스페인, 오스트리아 등 강대국의 침략에 무너졌기 때문으로, 시민의 생명과 재산을 보호해주지 못하는 지도자가 탄핵의 대상이 되는 건 당연하다.

15세기 이후 유럽 주요 국가인 영국과 프랑스, 스페인, 오스트리아 등의 군사비 지출이 어느 정도였기에, 그 부유한 이탈리아 도시 국가를 무너뜨릴 수 있었을까?

1688년 이탈리아는 독립적인 자치 도시를 기준으로 볼 때, 총 조세 수입이 국민소득의 약 1/4 수준에 달하였다. 반면, 프랑스는 국민소득에 대한 조세 부담 비율이 1450년 18퍼센트에서 1525년에는 10퍼센트 수준으로 오히려 낮아졌다. 시민 1인당 지출 부담은 이탈리아 도시가 더 컸던 셈인데, 이는 지극히 당연한 얘기지만 도시에 밀집된 부유한 시민에게 세금을 걷는 편이 훨씬 수월하기 때문이다.

그러나 문제는 '인구'다. 피렌체와 베네치아 등 이탈리아 도시 인구는 최대치로 보아도 15~20만 수준에 불과했다. 반면 15세기 말 프랑스 인구는 1,500만 명으로 추산되며, 스페인 인구는 680만 명(오스트리아 합스부르크 제국의 200만 명 등 기타 영토를 합하면 1천만 명을 상회한다), 영국 인구는 390

만 명에 이른다.

그런데 이들 인구 대국 역시 점점 단일한 하나의 정치 체제로 통합되며 조세 부담액이 빠르게 늘었다. 예를 들어 프랑스인의 1인당 조세 부담액은 1578년 은 16.65그램에서 1776년에는 61.11그램으로 네 배 가까이 늘어났다. 더 극적으로 늘어난 곳은 영국으로, 같은 기간 조세 부담액은 10.47그램에서 180.06그램으로 폭증했다. 물론, 영국은 18세기 중반부터 산업혁명이 시작되며 1인당 소득이 빠르게 증가하는 중이었기에 단순 비교는 어렵다.

그러나 이런 특수한 요인을 감안한다 해도, 유럽 국가들이 얼마나 강력한 경쟁에 노출되었는지 쉽게 짐작할 수 있다. 같은 기간 중국의 1인당 조세 부담액은 6.09그램에서 8.08그램으로 거의 늘어나지 않아 중국 군인의 무장 수준은 유럽에 비해 점점 뒤처질 수밖에 없었다.

〈표 4-2〉 1578년과 1776년 중국/영국/프랑스의 연간 1인당 과세액

(단위: 은,그램)

국가	분류	1578년	1776년
중국	총액	6.09	8.08
	중앙정부 통제 세액	3.56	7.03
영국	중앙정부 통제 세액	10.47	180.06
프랑스	중앙정부 통제 세액	16.65	61.11

● **출처:** 필립 T. 호프먼(2016), 『정복의 조건』, 63쪽.

임진왜란 초반 조선군이 일본군에게 일방적으로 밀린 이유는?

어린 시절, 『징비록懲毖錄』(조선 선조 때 재상 유성룡이 지은 책으로 국보 132호다)을 읽으면서 조선이 왜 이렇게 허약했는지 한탄했던 기억이 지금도 선명하다. 물론 원문을 읽은 것은 아니고, 어린이용으로 발췌 요약된 이야기책이었지만 내용에 심각한 왜곡은 없었던 것 같다. 최근 발간된 전문 연구자의 책을 볼 때 크게 낯설지 않았으니 말이다.

그렇다면 임진왜란 초기에 조선군이 일본군에게 걷잡을 수 없이 밀린 이유는 어디에 있을까? 많은 연구자는 당시 조선의 최고 장수인 신립申砬이 방어에 유리한 산악 지형인 조령鳥嶺(문경새재)을 버리고, 탄금대 일대의 평지에서 전투를 벌인 것을 결정적 패인으로 지적한다. 그러나 신립은 여진족과 맞서 싸운 조선 최고의 명장이며, 그가 거느린 병사들은 대부분 기병이었다. 따라서 그가 기병이 자유롭게 활동할 수 있는 평지를 전쟁터로 고른 것을 무조건 실책으로 몰아세우기는 어려운 면이 있다.

게다가 산에서의 방어전에는 두 가지 문제가 따른다. 하나는 병사들이 숲길을 이용해 적을 앞에 두고 도망가기 쉽다는 점이며, 또 하나는 조령 외에도 추풍령과 이화령 등 한양으로 가는 다른 길이 많이 존재한다는 사실이다. 즉, 조령을 지키고 있다 다른 길로 온 일본군에게 협공을 당하는 경우에는 오히려 큰 위험에 처하게 된다.

결국 신립이 이끄는 조선의 정예부대가 힘 한번 제대로 써보지 못한 건 전술의 문제라기보다는 '군사 혁명'을 이미 겪은 군대를 대비 없이 만났기 때문이라 볼 수 있다. 1494년 대포를 앞세워 이탈리아를 석권했던 프랑스처럼, 당시 일본은 화약 무기를 주력으로 하는 부대를 갖추고 있었다. 참고로 임진왜란 당시 일본군은 프랑스군보다 많은 조총을 보유했을 뿐만 아니라, 1499년 2차 이탈리아 전쟁에서 프랑스군을 압도한 스페인군처럼 상대의 기병을 무력화할 다양한 수단(참호와 울타리)을 개발해 놓은 상황이었다.

당시 일본이 발전시킨 '군사 혁명'을 가장 잘 보여주는 사례가 나가시노長篠 전투다. 1575년 당시 나고야 지방을 석권했던 오다 노부나가織田信長 군대와 일본 동부 세력인 다케다 가쓰요리武田勝頼의 기마군단이 나가시노 벌판에서 벌인 전투로, 이때 오다 노부나가

1575년 나가시노 전투를 묘사한 그림으로, 좌측이 오다 노부나가 군대이고, 우측이 다케다 군대다.

와 그의 연합 세력(도쿠가와 이에야스)이 이제까지 볼 수 없던 새로운 전술을 선보여 대승을 거둔 것으로 유명하다. 새로운 전술은 다름 아닌 조총과 울타리였다. 오다 노부나가 군대는 나가시노 벌판에 미리 도착해 울타리를 설치하고 조총 1천 정(일설에는 3천 정)을 장전한 채 다케다 가문의 기마대를 맞았다. 다케다 가쓰요리는 잘 훈련된 기마병의 무력을 믿고 정면승부에 나서지만 결국 반나절 만에 전멸하고 말았다. 최근 연구에서는 나가시노 전투로 인해 세력의 판도가 완전히 바뀐 것이 아니라는 지적도 있지만, 1494년 1차 이탈리아 전쟁처럼 조총 부대가 기마대를 대신해 전장의 주축이 될 것임을 보여준 사건임에는 분명하다.

그런데 이 대목에서 한 가지 의문이 제기된다. 조총은 장전에도 시간이 걸리고, 특히 비가 오는 경우에는 거의 쓸모가 없는데, 전국시대 최강의 다케다 기마병이 조총에 무너진 이유는 무엇일까? 이 의문에 대한 해답은 바로 '3단 쏘기'에 있다. 오다 노부나가는 사수를 3열로 배치하여 사격과 장전을 교대로 행하게 함으로써, 사격 간의 시차를 줄여 다케다 기병부대에게 끊임없는 타격을 가했다(이는 후세의 추측일 뿐 당시 기록이 남아 있지 않다는 반박이 제기되기도 한다). 대량의 조총을 중심으로 편제하고 집중사격 방식을 고안한 것만으로도 유럽의 '군사 혁명' 못지않은 획기적 진전이라 할 수 있다.

그런데 조선을 침공한 일본군은 어떻게 조총을 습득하게 되었을까? 이 의문을 풀기 위해서는 당시 동아시아 바다의 상황을 파악해야 한다. 1543년, 일본 규슈 남쪽 끝에 위치한 다네가시마種子島 해안에 한 척의 배가 표류했는데, 이 배에 100명이 넘는 중국인뿐만 아니라 붉은 피부와 곱슬머리를 가진 사람들도 타고 있었다. 1492년 콜럼버스의 아메리카 대륙 발견, 그리고 1498년 바스코 다가마의 희망봉 발견으로 시작된 '대항해 시대'의 영향이 동아시아에도 미치기 시작했던 것이다.

이들은 곧 섬을 다스리고 있던 다네가시마의 도주島主 도키타카種子島時堯에게 불려갔다. 도키타카는 이방인들(포루투갈인)이 가져온 길쭉한 막대 같은 물건에 큰 관심을 보였고, 이들에게서 조총 두 자루를 은 2,000냥에 사들였다. 당시 병사 한 명의 1년치 봉록이 10

〈그림 7〉 다네가시마 섬의 위치(붉은 원으로 표시된 부분)

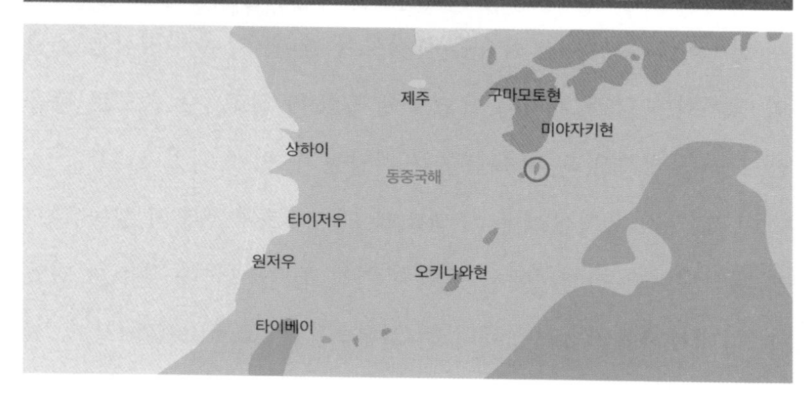

● 출처: 구글어스

냥이었으니 2,000냥이면 200명의 군대를 1년간 유지할 수 있는 어마어마한 금액이다.

물론 당시 동아시아에도 총기는 있었다. 하지만 개머리판이 없어 정확한 겨냥이 불가능한 데다, 발사할 때 심지에 불이 붙어 타는 데 시간이 걸려 기마병을 상대로는 거의 무용지물이었다. 그런데 포르투갈 사람들이 가지고 있던 조총은 세 가지 혁신이 이뤄진 상태였다. 첫 번째 혁신은 개머리판이다. 조총은 개머리판 덕분에 병사가 어깨에 올려놓고 발사할 수 있는 긴 작대기 모양으로 변신했다. 두 번째 혁신은 불을 붙이는 화탄을 화승(불심지)이나 금속 용품으로 대체한 것이다. 이로 인해 연소 시간이 길어 불씨를 오래 유지할 수 있었다. 세 번째 혁신은 방아쇠를 점화 장치가 되도록 개발한 것으로, 둥글게 굽은 쇠붙이를 총의 측면에 부착해 쇠붙이의 아랫부분이 방아쇠 역할을 하도록 하고 윗부분은 불이 붙은 채 천천히 타들어가는 화승을 붙잡도록 했다. 이로써 병사는 조총의 방아쇠를 당겨 화승이 화혈火皿에 닿도록 하고, 두 손으로 총을 잡고 눈을 떼지 않은 채 목표물을 겨냥할 수 있게 되었다.

이 세 가지의 혁신(개머리판, 화탄, 방아쇠) 덕분에 조총의 성능은 크게 개선되었고 전쟁터에서 주력 무기가 될 잠재력을 갖추게 되었다. 다네가시마의 도주, 아니 전 일본의 다이묘大名(10세기에서 19세기에 걸쳐 일본 각 지방의 영토를 다스리며 권력을 누렸던 영주를 지칭하는 말)가 앞다퉈 조총을 구입한 데에는 다 이유가 있었던 것이다.

그러나 문제는 돈이었다. 아무리 다이묘라 하더라도 조총을 구입할 돈을 허공에서 만들어낼 수는 없었다. 특히 포르투갈 상인들이 일본산 제품에서 관심을 가진 것은 오로지 은뿐이었기에, 오다 노부나가처럼 상공업 중심지를 장악해 다량의 은을 확보한 다이묘는 강력한 조총 부대를 만들 수 있었고, 그렇지 못한 다이묘는 다케다 가문처럼 멸망이라는 잔인한 대가를 치러야 했다.

그런데 다이묘들이 조총을 구입한 은은 어디에서 나왔을까? 일본은 은광석이 풍부하지만 제련 기술이 부족해 은을 그리 많이 생산하지 못하다가, 16세기 중반 조선의 금속 제련술을 습득함으로써 세계적인 은 생산 국가로 부상했다. 은은 납이나 아연 등의 광석과 함께 채취되기에 은을 광석에서 분리해낼 필요가 있는데, 연산군燕山君(재위 기간 1494~1506년) 때 김감불과 김검동 등이 혁신적인 금속 제련술을 개발하는 데 성공했던 것이다. 『조선왕조실록』에는 다음과 같은 대목이 나온다.

> 양인 김감불과 장예원 종 김검동이, 납[鉛鐵]으로 은을 불리어 바치며 말하기를, "납 한 근으로 은 두 돈을 불릴 수 있는데, 납은 우리나라에서 나는 것이니, 은을 넉넉히 쓸 수 있게 되었습니다. 불리는 법은 무쇠 화로나 냄비 안에 매운재[猛灰]를 둘러 넣고, 납을 조각조각 끊어서 그 속에 채운 다음, 깨어진 질그릇으로 사방을 덮고, 숯을 위아래로 피워 녹이는 것입니다"라고 하니, 왕이 시험해 보라 하였다.

당시 비단을 비롯한 중국산 사치품에 대한 수요가 늘며, 교역에 사용할 수 있는 국제 화폐인 은의 수요 역시 크게 늘었다. 그러니 연산군이 금속 제련술에 관심을 보이는 건 당연했다. 혁신적인 금속 제련술 개발 이후, 함경도 단천과 강계 그리고 풍천 등에서 대대적인 광산 붐이 일었고, 특히 단천은 조선에서 가장 큰 은광으로 부각되었다.

그러나 1506년 연산군을 왕위에서 몰아내는 정변中宗反正이 있은 후, 은광 개발 붐은 급작스럽게 소멸되었다. 연산군에 항거하여 정변을 일으킨 세력이 연산군 때에 벌어진 일을 '폐정개혁弊政改革'이라는 구호 아래 일소했기 때문이다. 게다가 조선은 농업 국가로서의 면모를 중시하고 있었기에, 은을 계속 생산해 다른 나라와 교역하면 나라의 근본이 무너질 수 있다는 주장도 은광 채굴을 중단하는데 데 힘을 보탰다. 경제가 화폐 부족으로 어려움에 처하자 1516년 한때 단천 은광의 개발이 재개되기도 했지만, 당시 은 부족에 시달리고 있던 명나라가 조선에게 조공을 요구할 수 있다는 우려가 제기되며 다시 폐쇄됐다.

이런 상황이 되자, 은 생산 기술자들은 살길을 모색하지 않을 수 없었다. 일례로 당시 종4품 판관 벼슬을 지냈던 유서종이 부산 왜관倭館에 머물던 일본인에게 연은 분리술을 유출하는 일이 발생했다. 그는 부산에 부임하기 이전 의주판관으로 재직했는데, 이때 명나라와 국경을 맞댄 상업도시 의주에서 은광 개발에 대한 노하우를 습득했던 것 같다. 물론 이 일로 유서종은 처벌을 받았지만, 조정이 수많은 기술자를 전부 다 감시할 수는 없는 노릇이라, 결국 조선의 신기술은 일본의 광산 개발에 활용되고 말았다.

일본 시마네현에 있는 이와미 은광石見銀山은 세계적인 은광 유적으로, 2007년에는 유네스코 세계문화유산으로 등재되었다. 기록에 따르면 1526년 하카타의 상인 가미야 히사사다神谷久貞가 본격적으로 개발했고, 1530년을 전후해 조선에서 경수慶寿와 종단宗丹이라는 두 기술자를 초청해 연은 분리법을 습득하는 데 성공함으로써 비약적인 발전을 이룰 수 있었다고 한다. 이와 같은 은광 개발 붐은 비단 이와미 은광에 그치지 않았다.

물론 워낙 오래전 일이기에, 일본에서 얼마나 많은 은이 생산되

2007년 유네스코 세계문화유산으로 등재된 이와미 은광

었는지 정확하게 측정할 방법은 없다. 다만 16세기 말 이쿠노 은광(현재의 효고현)에서 도요토미 히데요시에게 보낸 은의 양이 1만 킬로그램에 이른다는 기록, 그리고 광산의 연 생산량이 6~9만 킬로그램으로 추정된다는 주장을 통해 그 양을 짐작할 뿐이다. 일본의 역사학자 코바타는 각 지역의 자료를 취합해 연구한 뒤 17세기 초 일본의 은 수출이 연 20만 킬로그램에 이른다고 추산했다.

이와 같은 은의 생산은 일본에 또 하나의 군사적 이점을 안겨주었다. 화약을 만들기 위해 필요한 결정적 원료인 초석을 손쉽게 구할 수 있게 된 것이다. 일반적으로 흑색화약의 배합은 초석 12,

유황 12, 목탄 2.5의 비율로 이뤄진다. 일본은 화산섬이기에 유황을 손쉽게 구할 수 있었지만, 초석 공급이 원활하지 않아 화약 생산에 어려움이 있었다. 그러나 조선을 통해 습득한 '연은 분리법' 덕분에 은 생산량이 늘어나면서 중국 남부의 초석을 대량 구입해 강력한 조총부대를 육성하고 유지할 발판을 만들 수 있었다. 마침 중국도 화약 무기를 활용해 북방 유목민족의 침입에 맞서는 중이었기에, 일본산 유황에 대한 수요가 많았다는 점도 이들의 교역을 활성화시킨 요인이 되었다.

결국 임진왜란 초반에 조선 육군이 연이은 패전을 기록한 것은 오랜 기간 지속된 평화로 군사 훈련이 제대로 안 되어 있었던 탓도 있지만, '은'을 중심으로 한 국제적 교역망에서 고립되어 신무기를 습득할 기회를 아예 갖지 못했던 것이 가장 결정적인 원인이라 할 수 있다. 특히 무려 15만에 이르는 거대한 원정군을 편성할 수 있을 정도로 일본이 하나의 세력으로 통일되는 데 조총이 결정적인 역할을 했다는 점을 생각하면, 15세기 말 유럽에서 시작된 군사 혁신이 역사에 얼마나 큰 영향을 미쳤는지 새삼 느끼게 된다.

그러나 일본의 '군사 혁신'은 임진왜란 이후 갑작스럽게 사라진다. 일본을 통일한 도쿠가와 가문의 입장에서 강력한 조총 부대의 존재 자체가 위협이 되었기 때문이다. 또한 임진왜란의 실패로 해외 진출이 사실상 불가능하다는 것이 확인된 상황에서, 혁신적인 군사 전술을 개발할 필요성이 낮아진 것도 정책 전환의 중요한 이유로 작용했다.

결국 일본을 비롯한 동아시아 국가는 서양 세력에게 연이어 패배하는 굴욕을 맞을 수밖에 없었다. 임진왜란 이후 군사 혁신이 지체된 동아시아와 달리, 유럽에서는 비슷비슷한 세력이 각축하는 가운데 끊임없는 군사 혁신이 진행되었으니 말이다.

다음 장에서는 16세기 유럽에 출현한 두 번째 군사 혁신에 대해 살펴보자.

참고한 글과 책

- 김시덕(2019), 『일본인 이야기 1』, 192쪽.
- 신상목(2019), 『학교에서 가르쳐주지 않는 세계사』, 161, 177, 191쪽.
- 이상훈(2014), 『전략전술의 한국사』, 188~189쪽.
- 리보중(2018), 『조총과 장부』, 142~143쪽.
- 중앙일보(2018.11.11), "재주는 조선이 넘고 돈은 일본이 벌었다.. 통한의 '연은술'".
- 동북아역사넷, "연은 분리술(회취법)의 탄생".
- 이정수·김희호(2006), 『조선시대의 화폐와 화폐량』, 64쪽.
- 홍춘욱(2019), 『50대 사건으로 보는 돈의 역사』, 81~82쪽.
- 한국민족문화대백과사전, 『은(銀)』.
- 주경철(2008), 『대항해 시대』, 266~267쪽.
- 동북아역사넷, "일본의 정권교체와 조·일 국교 재개".
- 맥스 부트(2007), 『MADE IN WAR 전쟁이 만든 신세계』, 71쪽.
- 山内 晋次(2009), 『日宋貿易と「硫黄の道」』, 22쪽.

더 깊게 읽기 3

일본의 체사레 보르자, 오다 노부나가

이탈리아의 정치 사상가 마키아벨리는 1494년 프랑스의 침입 이후 도탄에 빠진 이탈리아의 상황을 구원할 이상적인 군주를 꿈꾸었다. 그는 『군주론』에서 다음과 같이 주장하기도 했다.

"군주는 전쟁 말고는 어떠한 목표도 생각도 직업도 없어야 한다."

그가 처한 상황을 쉽게 알 수 있는 주장이지만, 안타깝게도 당시 이탈리아에서는 마키아벨리의 사상을 받들어 장기간 '이탈리아 통일'이라는 과업을 밀고 나갈 군주를 찾을 수 없었다. 그는 한때 교황 알렉산데르 6세의 아들 체사레 보르자Cesare Borgia를 칭송하며 그가 이상적인 군주가 될 것이라 믿었지만, 체사레 보르자가 31세의 나이로 요절함에 따라 마키아벨리의 꿈은 좌절되고 말았다.

『동아시아, 해양과 대륙이 맞서다』의 저자 김시덕 교수는 마키아벨리의 사상을 가장 잘 구현한 사람이 체사레 보르자라기보다는, 일본 전국시대의 무장 오다 노부나가織田信長였다고 주장한다.

오다 노부나가의 초상화

노부나가는 일본 통일이라는 목표를 내걸고, 반反노부나가 동맹을 맺은 주변의 거의 모든 세력을 하나씩 제거해 나갔다. 특히 종교적 신념으로 똘똘 뭉친 불교 세력을 위험시했는데, 당시 일본의 불교도들이 일종의 성전 개념을 도입하여 전투를 정당화하고 사후 세계에 대한 보장을 내세워 신도들의 전의를 북돋았기 때문이었다. 반면 포르투갈을 중심으로 한 가톨릭 세력과는 원만한 관계를 유지했다. 그가 육성하던 화승총 부대 자체가 유럽의 기술에 기반을 둔 것이었고, 가톨릭 세력으로서는 경쟁자인 불교 세력을 억제하는 데 노부나가의 군사력을 이용할 수 있었기에 서로의 이해관계가 맞아떨어졌던 셈이다.

1571년 노부나가는 불교 세력의 근거지인 교토京都(일본의 옛 수도로 당시 덴노의 거주지) 북쪽의 히에이산을 포위하고 불을 질러 수천 명을 태워 죽이는 대량 학살을 자행하기에 이른다. 일본인들은 노부나가의 잔학 행위에 치를 떨었지만, 노부나가는 스스로 불법의 훼방자라는 뜻의 '제육천마왕第六天魔王'이라 칭하며 오히려 자랑스러워했다고 전해진다.

이처럼 노부나가는 종교적 권위까지 뛰어넘는 명확한 정치적 의지로 통일 전쟁을 수행하며, 일본의 정치 중심지인 교토를 장악했고, 서쪽 지방까지 정복해 나갔다. 그러던 중 1582년에 자신의 부하였던 아케치 미쓰히데明智光秀에게 살해되고 만다.

아케치 미쓰히데가 노부나가를 배반하고 살해한 원인을 둘러싸고 수많은 이야기가 전해지는데, 마키아벨리의 『군주론』에 다음과 같은 대목이 나오는 것이 인상적이다.

> "군주가 되고자 하는 사람들은 모든 악행을 심사숙고해야 하며, 악행을 행해야 할 경우에는 한 번에 몰아서 해야 한다. 악행을 되풀이하지 않아야 백성들에게 안정감을 줄 수 있기 때문이다."

마키아벨리의 통찰처럼, 노부나가가 너무 많은 피를 흘리게 했기에 유교적 도덕관에 심취했던 아케치 미쓰히데가 주군을 제거하기로 마음먹었다는 설도 있다. 하지만 히에이산 학살이 있은 지 11년이나 지나서 노부나가를 살해한 것을 보면 이 해석이 맞는지 의심스럽지만, 노부나가가 원한을 많이 쌓았다는 것만은 분명한 사실이 아닐까 생각한다.

참고로 교토 북쪽의 히에이산에는 과거에 벌어졌던 비극의 흔적을 찾을 수 없다. 히에이산 정상에 있는 엔랴쿠지는 1994년 유네스코 세계문화유산으로 등재된 아름다운 사찰이니 한번 여행을 계획해보는 것도 좋을 것 같다.

더 깊게 읽기 4

도쿠가와 이에야스는 왜 화승총 부대를 해체했을까?

1592년 임진왜란 당시, 일본군은 실로 막강한 전력을 가지고 있었다. 약 3만 정 이상의 화승총을 보유한 부대를 앞세워 20여일 만에 한양을 점령했으며, 행주산성 전투 등 성을 둘러싼 공방전을 제외한 대부분의 평지 전투에서 승리를 거두었다. 명나라 최고의 무장, 이여송李如松조차 벽제관에서 일본군에 처참하게 패배하지 않았던가.

당시 일본이 세계 최대 규모의 조총 부대를 소유하고 있었다는 사실도 놀랍기만 한데, 이보다 더 놀라운 것은 1612년 일본 동부의 다이묘, 다데 마사무네伊達政宗가 자신의 부하 하세쿠라 쓰네나가支倉常長 등을 로마 교황청에 사신으로 보낸 일이다. 당시 마사무네는 목수 800명과 대장장이 600명을 동원해 유럽의 범선을 모방한 '산 후안 바우티스타' 호를 단 45일 만에 건조했고, 이 배를 타고 유럽으로 간 이들은 1620년 무사히 귀환하는 데 성공했다. 즉, 당시 일본은 원양 항해가 가능한 범선을 제조할 수 있는 나라였다.

1612년 교황청에 사신으로 간 하세쿠라 쓰네나가의 초상화다. 그의 뒤로는 그가 로마에 타고 간 범선 그림이 있다.

그런데 하세쿠라의 항해가 한창이던 1613년에 도쿠가와 정권이 가톨릭 신부에 대한 추방령을 선포하는 등 쇄국정책을 시행한다. 갑자기 왜 이런 정책을 펼쳤을까?

여러 이유가 있겠지만 크게 두 가지 요인을 꼽을 수 있는데, 하나는 은의 생산량 감소이다. 16세기 초반부터 시작된 대대적인 광산 개발 붐 덕분에 조총 부대를 육성하고 일본 통일의 위업을 달성할 수 있었지만, 은 생산이 줄어든 가운데 교역으로 은이 해외로 유출되자 경제에 부정적 영향이 커졌다. 실제로 도쿠가와 정부는 쇄국정책 시행 이후 250년에 걸친 통치 기간 내내 금속화폐가 아닌 쌀 중심의 현물 경제로 전환하기에 이른다. 원나라 말의 혼란으로 인해 송전 수입이 중단된 것, 그리고 은의 생산이 감소한 것이 이와 같은 변화를 유발했던 것이다.

흥미로운 것은 17세기 초반, 일본의 은 수출 감소가 명나라의 멸망을 부추겼다는 주장이다. 은이 명나라 경제의 혈액 역할을 하고 있었는데, 은의 수입이 급감하며 경제 불황을 일으켜 이자성 등 농민 반란이 일어났다는 것이다. 사실의 진위는 알 수 없지만, 당시 동아시아가 얼마나 긴밀한 네트워크를 형성하고 있었는지 보여주는 좋은 사례라 할 수 있다.

도쿠가와 정부가 쇄국정책으로 전환한 두 번째 이유는 적이 사라진 데 있다. 1614년 도요토미 히데요시의 아들, 히데요리豊臣秀頼를 공격하기 위해 벌어졌던 오사카성 여름 전투 이후 일본 내에서 이렇다 할 적이 사라진 것도 조총 부대와 범선 건조의 필요성을 낮춘 요인이 되었다. 당시 동아시아 바다에 네덜란드와 포르투갈 세력이 진출해 있었지만, 그 수가 적어 크게 문제가 되지 않은 데다, 임진왜란의 실패 이후 해외로 군대를 파견하는 게 불가능해졌기에 자연스럽게 군사력을 줄이는 방향으로 선회했던 것이다. 이로 인해 250년 후 미국의 페리 제독이 이끄는 단 4척의 함대에게 강제로 개항당하는 굴욕을 맛보게 되지만, 1613년의 도쿠가와 정부로서는 이러한 미래를 예상하지 못했을 것이다.

THE HISTORY OF MONEY

서양의 두 번째 군사 혁명은 제식 훈련에서 시작되었다!

군 복무를 마친 대한민국 남성들에게 "군 생활 중 가장 기억나는 것"을 물으면 화생방부터 유격 훈련까지 다양한 답변이 나올 것이다. 그런데 질문을 바꿔 "가장 쓸데없는 짓"이 무언지 물으면, 아마 다들 제식 훈련이라 답할 것이다. 연대장 혹은 대대장 앞에서 행군하거나 좌우로 방향을 바꾸는 과정에서 수많은 실수를 저지르고, 실수를 저지르면 단체로 혼나며 훈련 시간이 한없이 길어진 경험이 누구나 있을 것이다. 훈련을 받으면서 다들 입이 댓 발쯤 나왔고, 그 투덜거리는 목소리는 동일한 한탄을 담고 있었다.

"이 제식 훈련이라는 것을 누가 만들어, 이렇게 우리를 괴롭히나!"

제식 훈련을 개발한, 아니 정확하게는 발굴한 사람은 16세기 네덜란드 독립운동의 지도자, 나사우의 마우리츠 백작Maurits van Nassau이다. 그의 이야기를 본격적으로 하기에 앞서 잠깐 시대 배경을 설명하겠다. 1567년 네덜란드는 스페인 제국의 지배를 받고 있었는데, 아래 〈그림 8〉처럼 당시 스페인 합스부르크 왕가는 아메리카 대륙의 거대한 식민지뿐만 아니라 유럽에서도 네덜란드와 오스트리아, 이탈리아 남부를 제패한 유럽 최강 세력이었다.

지배하는 영토가 거대한 만큼, 스페인 제국은 부유했다. 특히 볼리비아의 포토시, 멕시코의 사카테카스 은광을 발견해 막대한 재화를 확보했기에 다른 어떤 나라보다 강력한 군대를 갖출 수 있

〈그림 8〉 1547년 스페인 합스부르크가의 영토

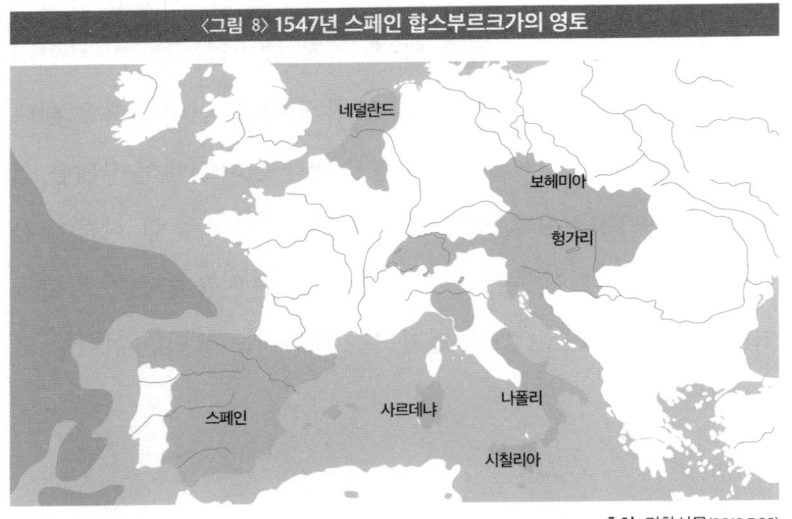

● **출처:** 경향신문(2013.7.26)

었다. 당시 스페인군은 이른바 테르시오 방진이라는 혁신적인 시스템을 채택하여 '무적 행진'을 벌이고 있었는데, 이게 다 용병을 고용할 수 있는 경제력 덕분이었다.

그러나 스페인을 통치하던 합스부르크 왕가는 '자제력'을 갖추진 못했는데, 거대한 영토를 가진 데다 매년 수천 아니 수만 톤에 이르는 은이 유입되다 보니 무슨 일이든 해낼 수 있을 거라는 자신감에 매년 전쟁을 되풀이했다. 역사학자들의 연구에 따르면, 1400~1559년에 가장 호전적이었던 나라는 스페인과 오스만 제국이었다. 또 1559~1648년을 기준으로 볼 때 스페인은 약 80여 년간 전쟁 상태에 있었다. 아무리 국력이 강하다 해도 이처럼 끝없이 전쟁을 치르면 재정이 고갈되지 않을 수 없다. 게다가 스페인은 그 못지않게 전력을 가진 거대한 인구 대국, 프랑스를 호적수로 둔 상태였고, 오스만 제국과도 적대관계였으니, 전쟁 비용을 감당하기 어려워졌다.

사태가 이렇게 되자 스페인은 유럽에서 가장 부유한 지역, 즉 네덜란드 지방에서 세금을 거둬 전쟁 비용을 조달하고자 했다. 처음에는 네덜란드 사람들도 왕에게 세금을 곧잘 바쳤지만, 점점 세금 부담이 커지면서 마찰이 발생했다. 특히 네덜란드 북부 지방은 신교도의 세력이 컸는데, 스페인이 가톨릭의 수호자를 자처하며 신교파를 탄압하고 중세를 부과했으니 반발심이 생기는 건 당연했다. 결국 1567년 네덜란드에서 반란의 불길이 치솟았고, 스페인이 군대를 파견하면서 80년에 걸친 독립전쟁이 시작되었다.

전쟁 초기에는 테르시오 방진을 앞세운 스페인이 압도적으로 강세를 이어갔다. 오랜 전쟁을 겪은 노련한 장군이 있는 것은 물론, 막대한 자금력으로 스위스를 비롯한 유럽 각지의 용병까지 고용할 수 있었기에, 스페인이 승리하는 건 시간문제로 보였다. 특히 1585년에는 가톨릭을 믿는 네덜란드 남부의 주(지금의 벨기에에 해당하는 지역)마저 스페인 편에 붙으며 승리가 완전히 스페인 쪽으로 기울었다고 여겨졌다.

하지만 전황은 예상치 못한 방향으로 흘러갔다. 1587년부터 네덜란드의 독립전쟁을 지도한 나사우의 마우리츠 백작이 새로운 전술을 내놓으며 반전의 계기를 만든 것이다. 마우리츠 백작은 당시 스페인 군대가 채택한 주력 전술, 테르시오 방진을 쳐부수기 위해서는 무엇보다 화승총을 적극적으로 채택할 필요가 있다고 보았다. 그러나 당시 화승총은 사용하기가 상당히 복잡했다. 총을 쏘기 위해서는 먼저 총구에 화약, 뭉치, 총알 순으로 넣어 꽂을대(총포에 화약을 재거나 총열 안을 청소할 때 쓰는 쇠꼬챙이)로 다지고 다른 종류의 화약을 약실에 넣은 후 불이 붙은 화승을 격발 장치에 붙여야 했다. 이 복잡한 과정이 하나만 틀려도 총은 발사되지 않았다. 스페인은 명사수로 유명한 독일의 화승총병을 고용해 이 문제를 해결했다. 반면 네덜란드는 패색이 짙어 아무도 용병으로 일하려 하지 않았기에, 애국심에 불타는 젊은이들을 징병하여 훈련시키는 것이 유일한 해결책이었다. 마우리츠 백작은 화승총을 장전하고 발사하는 복잡한 움직임을 42개로 나누고, 각 동작마다 이름을 붙인 것은 물론, 해당 동작을 하도록 명하는 적정한 구령까지 정했다.

그런데 마우리츠 백작은 42단계의 구분 동작을 반복 훈련하는 것보다 더 중요한 혁신을 이뤘으니, 바로 '제식 훈련'이다. 마우리츠 백작은 서로 발을 맞춤으로써 모든 부대원이 정해진 형식에 따라 전후좌우로 이동하여 종대에서 횡대로, 다시 종대로 대형을 바꿀 수 있게 했다. 즉 보병이 열을 짜서 싸울 수 있게 한 것으로, 마우리츠가 개발한 이 전열보병의 진형을 선형진線形陣이라 한다. 이 선형진의 핵심은 '후진'인데, 이는 맨 앞 열의 병사가 총을 쏜 후 자기가 속한 대열의 제일 뒤로 달려가서 재장전하는 동안 두 번째 열에 있는 병사가 총을 쏘는 식이다. 즉, 마우리츠는 방진을 적절하게 조정해 연속적인 사격을 가능하게 한 것이다.

그러나 이 전술에는 한 가지 문제가 있었다. 총탄이 날아다니고, 적의 창병이 돌격해오는 상황에서 열의 맨 뒤로 이동하던 병사가 도망치지 않는다는 보장이 없지 않은가. 이 문제를 해결하기 위해 마우리츠 백작은 두 가지 방법을 고안해 냈다. 첫 번째 방법은 지휘관이 통제하기 쉽게 부대의 규모를 줄이는 한편, 하사관 제도를 도입해 병사들이 전열에서 이탈해 도망가는 것을 막는 것이었다. 그리고 이보다 훨씬 더 효과적인 두 번째 방법은 장기간에 걸쳐 지속적으로 군대를 훈련시켜 병사들 사이에 원초적이고

마우리츠 백작의 초상화

매우 강력한 사회적 유대를 형성하는 것이었다. 오래 함께 훈련을 받은 병사들은 자신의 생명이 위험에 처한 극단적인 상황에서도 명령에 복종하고, 또 전우의 목숨을 구하기 위해 적진으로 돌격하는 일종의 공동체를 형성했다.

이와 같은 마우리츠의 개혁 덕분에, 네덜란드는 독립전쟁에서 승리할 수 있었다. 물론 당대 최강의 스페인군을 말끔하게 쳐부수지는 못했지만, 니우포르트 전투Nieupoort(1600년)에서 약 2,500명의 스페인군을 살상하고 500명의 포로를 잡는 등 성과를 거둠으로써 스페인의 진격을 저지했다. 이후 스페인은 이전과 같은 압도적인 우위를 점할 수 없었고, 결국 독립전쟁이 장기전으로 흘러가며 스페인의 국력을 손상시키는 성과를 거두었다.

마우리츠의 군사 혁명은 스웨덴의 천재 전략가, 구스타프 2세 Gustav II Adolf(재위 기간 1611~1632년)에 의해 마무리된다. 구스타프 2세는 네덜란드의 훈련법(선형진)에 신형 대포를 적극 활용하는 전술을 더하여 30년 전쟁(1618~1648년에 독일에서 벌어진 종교전쟁)에서 결정적인 승리를 거둔다. 1629년 스웨덴의 기술자들이 개발한 연발 발사 대포, 레예멘츠스튀케Regementsstycke는 123킬로그램에 불과해 신속하게 이동시킬 수 있었다. 즉, 마우리츠가 도입한 선형진의 뒤를 분당 3발의 대포를 쏠 수 있는 대포 군단이 뒷받침함으로써 더 완벽하고 강력하게 만든 것이다.

17세기 이후 서유럽의 군대가 다른 지역 군대에 패배하지 않은 이유를 이제 알 수 있다. 강력한 화약무기의 개발은 물론, 적군의 눈동자가 보일 정도로 가까운 거리에서 벌어지는 총격전에서도 도망가지 않는 전투 집단을 성공적으로 만들어냄으로써 전면전뿐 아니라 장기전에서도 이길 수 있는 힘을 갖게 되었던 것이다. 그리고 이와 같은 강력한 전투 집단을 보유한 국왕의 권력은 더욱 강해져, 다시 군대를 육성할 재정 능력을 갖추는 일종의 선순환이 일어났다.

상비군을 유지하고, 이들을 수개월 혹은 수년에 걸쳐 훈련시키는 데에는 어마어마한 돈이 필요했기 때문에 아무나 이 전술을 모방할 수는 없었다. 네덜란드가 독립전쟁에서 승리를 거둘 수 있었던 것은 동인도 회사VOC(네덜란드에서 동남아시아 지역으로 진출하기 위해 1602년에 세운 세계 최초의 주식회사)가 동남아시아 일대를 장악하며 후추를 비롯한 향신료 시장에서 독점적인 위치를 누린 덕분이었다. 결국 마우리츠 백작의 성공은 본인이 군사 전략의 천재였기 때문이기도 하지만, 그 구상을 실행에 옮길 수 있는 재원이 뒷받침되었기에 가능했다는 점도 잊지 말아야 할 것이다.

참고한 글과 책

- 경향신문(2013.7.26), "합스부르크가, 동유럽의 '새로운 태양'".
- 카를로 마리아 치폴라(2015), 『스페인 은의 세계사』, 42~43쪽.
- 니얼 퍼거슨(2002), 『현금의 지배』, 32~34쪽
- 맥스 부트(2007), 『MADE IN WAR 전쟁이 만든 신세계』, 136쪽.
- 윌리엄 맥닐(2005), 『전쟁의 세계사(2005)』, 177, 183~184쪽.
- 네이버 블로그 〈학생의 근세사〉.
- 로널드 핀들레이, 케빈 H. 오루크(2015), 『권력과 부』, 279~287쪽.
- 김시덕(2019), 『일본인 이야기 1』, 355쪽.
- 카를로 치폴라(2010), 『대포 범선 제국』, 84~85쪽.

더 깊게 읽기 5

네덜란드는 어떻게 부를 쌓았나?

네덜란드 동인도 회사는 기본적으로 무장 집단이었으며, 독점적 이윤을 위해 무자비한 행동을 취하는 학살자이기도 했다. 이런 면모를 가장 잘 보여준 인물이 4대 동인도 제도 총독이었던 얀 쿤Jan Coen으로, 그는 총독 직책을 맡은 이후 이사회에서 "우리는 무역 없이 전쟁할 수 없고, 전쟁 없이 무역할 수 없다"라고 선언했다.

16세기 초반, 향신료 무역의 대부분을 차지한 후추는 광대한 열대 지역에서 비교적 수월하게 자랐기에 공급을 독점하기는 불가능했다. 반면 육두구와 정향은 독점 가능성이 훨씬 높았다. 육두구는 현재 인도네시아의 반다 제도에서만 잘 자랐고, 정향도 인접한 말루쿠 제도의 암본에서만 생산되었기 때문이다. 정향이나 육두구는 재배 지역이 한정적이다 보니, 유통 마진이 어마어마했다. 예를 들어 정향은 말레이시아 남부 말라카(오늘날의 믈라카)에서 원산지인 말루쿠 제도의 30배에 달하는 가격에 거래됐으며, 인도에서는 100배, 리스본에서는 240배에 거래됐다.

이 사실에 주목한 쿤 총독은 1621년 반다 제도의 주민 1만 5,000명을 모두 학살하기에 이르렀다. 즉, 자신의 말을 듣지 않는 원주민을 모두 죽이고, 아프리카와 중국 등지에서 노예를 수입하는 플렌테이션 농업 시스템을 구축했던 것이다. 이 결과 VOC는 어마어마한 돈을 벌어들일 수 있었다. 아시아에서 본국으로 귀환하는 선박 수가 1610~1620년 50척에 불과하던 것이 1690~1700년 156척으로 늘어났고, VOC 주가는 1625~1647년 사이에 거의 4배 상승했다. 마우리츠 백작의 군사적 성공 뒤에는 VOC의 인종 청소와 독점적 이윤이 자리하고 있었다.

〈표 4-4〉 1500~1659년 동남아시아의 후추 수출량(단위: 톤)

(년)	유럽과 중동	중국	인도·일본·아메리카	합계
1500~1509	50	500	400	950
1510~1519	100	500	400	1,000
1520~1529	200	500	400	1,100
1530~1539	300	500	500	1,300
1540~1549	600	500	600	1,700
1550~1559	700	500	700	1,900
1560~1569	1,300	700	700	2,700
1570~1579	1,300	900	800	3,000
1580~1589	1,400	900	900	3,200
1590~1599	1,400	1,000	1,000	3,400
1600~1609	2,000	1,000	1,000	4,000
1610~1619	1,500	1,000	1,000	3,500
1620~1629	1,500	1,200	1,100	3,800
1630~1639	1,400	1,200	1,200	3,800
1640~1649	2,100	400	1,300	3,800
1650~1659	2,200	400	1,400	4,000

● **출처:** 로널드 핀들레이, 케빈 H. 오루크(2015), 『권력과 부』, 314쪽.

서양은 어떻게 세계를 지배하게 되었는가?

필자는 가끔 다음과 같은 상상을 하곤 한다.

"만일 타임머신을 타고 서기 900년으로 돌아갈 수 있다면, 어디로 가는 게 좋을까?"

여러 지역이 떠오르는데, 일단 피해야 할 지역부터 꼽자면 유럽, 그것도 서유럽이다. 서로마 제국 멸망 이후 치안이 엉망이었고, 보리나 밀을 주로 재배했던 탓에 농업 생산도 형편없어서 900년 전후 서유럽 사람들의 삶은 비참하기 그지없었다. 특히 서유럽은 도시 발달도 뒤처져 이베리아 반도의 코르도바를 제외하고는 대도시를 찾을 수 없는데, 코르도바도 사실 이슬람인들이 발전시킨 곳이었으니 '서유럽'이라고 부르기도 어렵다.

그런데 이랬던 서유럽이 어떻게 세계를 제패하게 되었을까?

앞에서 살펴본 것처럼 치열한 경쟁 속에 혁신이 계속되었기 때문이다. 1494년의 프랑스군과 16세기 말의 네덜란드군에 의해 시작된 두 차례의 군사 혁명은 서유럽의 군대를 무적의 강군으로 바꿔 놓았고, 이 덕분에 유럽은 아메리카 대륙은 물론 아시아 각지에 식민지를 건설하고 플랜테이션을 건설할 수 있었다.

물론 1800년을 전후한 산업혁명이 결정적 역할을 수행한 것은 분명한 사실이다. 그러나 산업혁명 이전 300년 동안 해상 교역로에서 어마어마한 이익을 내고 있었던 점을 무시할 수는 없다. 증기기관이나 철도 같은 산업혁명의 핵심적인 도구들을 개발하는 데 많은 투자가 필요했으니, 결국 원거리 무역으로 발생한 이윤이 뒷받침되지 않았다면 산업혁명도 불가능했을 것이다.

이 대목에서 한 가지 의문이 제기된다. 왜 서유럽은 17세기 초반의 일본처럼 '통일'되지 못했을까?

그 이유는 크게 두 가지로 볼 수 있다. 하나는 '운'이다. 13세기 몽골의 동유럽 침략과 15세기 오스만 제국의 동로마 제국 멸망에서 보듯, 서유럽이 군사 혁명을 일으키기 전에 이슬람과 몽골족이 유럽을 침략했더라면 서유럽이 세계사를 주도하기는 힘들었을 것이다. 그러나 몽골 칸이 사망하고, 오스만 제국의 공세가 빈의 성벽 앞에서 번번이 저지되는 등 행운이 더해진 덕분에 서유럽은 이들에 흡수되지 않고 각자 역량을 키울 기회를 가지게 되었다.

다른 요인은 '지리적 장벽'에 있다. 스페인과 프랑스의 전쟁에서 보았던 것처럼, 어느 한쪽이 상대를 압도하기 어려울 정도로 비등비등한 국력을 지니게 된 건 지리적 요인이 크다. 유럽은 알프스 산맥과 피레네 산맥 등 아주 큰 산맥이 각 지역을 갈라놓는 데다, 다뉴브강과 라인강 등 여러 거대한 강이 각기 다른 방향으로 흘러간다. 이 결과, 유럽은 황무지와 삼림으로 이루어진 대륙 여기저기에 경작에 적합한 지역이 흩어져 있다. 따라서 사람들이 모여 사는 곳도 매우 다양했다. 이와 같은 다중심성多中心性이야말로 유럽의 통합을 방해한 가장 결정적 요인이라 할 수 있다.

서유럽과 남유럽은 물론 북아프리카 전역을 제패했던 로마 제국도 결국 엘베강 동쪽으로 뻗어 나가지 못하고 게르만족에게 무너진 일, 그리고 나폴레옹과 히틀러가 러시아(및 그 후신인 소련)로의 모험적인 침략을 계기로 무너진 것 등이 지리적 요인의 중요성을 잘 보여준다. 지리적 요인이 역사의 모든 것을 설명하는 답이 되지는 않지만, 역사의 큰 틀을 규정하는 역할을 한다고는 볼 수 있을 것 같다.

참고한 글과 책

- 필립 T. 호프먼(2016), 『정복의 조건』 7~8, 10쪽.
- 카를로 치폴라(2010), 『대포 범선 제국』, 14~15쪽.
- 홍춘욱(2017), 『잡학다식한 경제학자의 프랑스 탐방기』, 70~71쪽.
- 양동휴(2014), 『유럽의 발흥』, 62쪽.

PART

5

금융은 어떻게 세상을 바꾸는가?

THE HISTORY OF MONEY

금융 발달의 좋은 점은?

은행은 기본적으로 망하기 쉬운 존재다. 2011년 저축은행 사태에서 확인한 것처럼, 예금자들이 자신의 예금을 찾겠다고 한꺼번에 몰려들면 금융 기관들은 쉽게 망한다. 은행은 고객으로부터 예금을 받아 그대로 보유하는 게 아니라, 자금을 필요로 하는 이들에게 대출해주거나 주식이나 채권, 부동산 등 수익성이 높다고 생각되는 자산에 투자하기 때문에 뱅크런Bank-run이 발생하면 예금을 지급할 방법이 없어진다.

물론 아무 때나 뱅크런이 발생하는 것은 아니다. 2011년 저축은행들은 프로젝트 파이낸싱PF에 대한 비중이 컸는데, 2008년 발생했던 글로벌 금융위기의 충격으로 부실화 위험이 높아진 것이 뱅크런의 원인으로 작용했다. 프로젝트 파이낸싱이란, 회사가 아닌 각각의 프로젝트 단위로 자금을 조달하는 방식을 말한다. 예를 들어 '신분당선'처럼 장기에 걸친 대규모 프로젝트가 시작되면, 정부는 토지를 빌려주거나 인허가를 해줄 것이고, 시행사는 당장에 돈이 많이 들어도 장기간 수입이 기대될 것이라며 투자자를 모집하고, 저축은행은 이 프로젝트에 고금리로 돈을 빌려주는 식으로 참여하게 된다. 그러나 프로젝트 추진이 돌발 변수로 인해 늦춰지거나 아예 사업 환경이 바뀌어 돈을 벌 가능성이 사라지면, 프로젝트 파이낸싱 대출은 재앙으로 바뀌고 만다. 물론 이 위험 때문에 고금리를 받는 것이지만, 돈을 빌려준 저축은행 입장에서는 심각한 사태가 아닐 수 없다. 결국, 이 사실이 일부에게 알려지고 또 주요 고객이 미리 돈을 빼가는 일이 벌어지면 뱅크런으로 연결된다.

뱅크런이 일어나면, 예금보험(한국은 5천만 원까지 정부가 보장한다) 한도를 넘은 예금을 가진 사람들이 큰 손실을 입게 되는 것은 물론, 2차 충격도 발생한다. 다른 금융기관들이 뱅크런의 위험에 대비해 부실 위험이 있다고 생각되는 금융기관에 대한 대출을 줄이거나 심지어 빌려준 돈을 회수하여 연쇄적인 기업·가계의 도산을 유발할 수 있기 때문이다. 더 나아가 뱅크런이 벌어진 금융기관과 비슷한 사업 구조를 가지고 있을 것이라 짐작되는 다른 금융기관으로도 뱅크런이 확산될 수 있다.

실제로 2011년 1월에 시작된 저축은행 위기는 그 뒤로 이어져 2012년 상반기에만 솔로몬 저축은행 등 4개의 저축은행이 추가로 문을 닫았다. 이후 한국 경제는 침체 국면에 접어들었는데, 가장 큰 문제는 금융 중개 기능이 얼어붙은 것을 들 수 있다. 대우조선해양과 동양그룹, 한진해운 등 한국을 대표하는 주요 기업들이 차례대로 무너진 것이 저축은행 사태와 무관하다고 말하기는 어렵다.

반대로 금융 시스템이 안정되고 기업이나 가계가 대출을 받기 쉬워지면 경제 성장이 촉진된다. 일군의 경제학자들에 따르면, 금융시장이 발전해 손쉽게 대출을 받을 수 있는 나라일수록 경제 성장이 촉진된다고 한다. 즉, 나라가 빈곤해 저축이 부족하고, 금융기관이 부실한 나라일수록 경제 성장도 부진한 악순환에 빠져든다는 것이다.

미국 대공황 당시 은행의 예금 지급 불능 상태를 우려한 고객들이 예금을 인출하기 위해 은행 앞으로 모여든 모습.

그렇다면 어떻게 해야 건전한 금융시스템을 만들 수 있을까? 역사에서 발견한 답은 바로 '신뢰' 획득이다. 19세기 중반, 미국 동부 해안 도시에서 일어났던 일을 살펴보자. 당시 수십만의 아일랜드 사람이 자국에서 발생한 감자 대기근을 피해 미국으로 이주해 온 상황이었다. 아일랜드 사람들은 미국에 연고가 없다 보니 함께 이민 온 이들과 강한 연대를 가지고 있었고, 예금할 은행을 선택할 때도 한두 군데의 은행만 고집하는 모습을 보였다. 뉴욕 맨해튼에 있는 이민자 산업저축은행The Emigrant Industrial Saving Bank, EISB이 대표적인데, 1850년 9월 몇몇 아일랜드 사람들이 모여 설립한 곳이다. 이런 까닭에 1850년대 말 이민자 산업저축은행의 고객 90퍼센트가 아일랜드인이었다고 한다.

1854년과 1857년 전 미국을 뒤흔든 뱅크런 당시,* 이민자 산업저축은행도 큰 충격을 받았는데, 아일랜드계 이민자들 사이에 이

---

* 1854년 뱅크런은 그해 12월 12일에 발생했다. 니커보커 은행(Knickerbocker Bank)이 뉴욕 은행 청산소에 주간 보고서를 제출하지 못한 데에서 비롯되었다. 당시 미국에 중앙은행이 없었기에, 상거래나 금융거래 때 금이나 은 같은 주화와 함께 상업은행들이 독자적으로 발행한 은행권이 사용되었다. 따라서 다른 은행이 발행한 수표, 어음 또는 은행권을 최종 결제하기 위해서는 은행의 결제 담당자들이 은행별로 주고받을 금액을 계산한 후 금속화폐를 가지고 각 은행을 찾아 다니며 결제해야 하는 불편함이 있었다. 이를 해결하기 위해 은행들이 공동으로 청산소를 설립해 결제에 필요한 준비금을 예치하고, 청산소에 모여 일괄적으로 결제하는 방식을 채택했다. 그런데 니커보커 은행이 자금난에 빠져 결제 시간을 맞추지 못했던 것이다.
1857년 뱅크런은 그해 8월 24일 오하이오 생명 신탁회사(Ohio Life and Trust Company)가 뉴욕으로 수송하던 약 2백만 달러 상당의 금괴를 잃어버렸다는 소식으로 촉발되었다. 금융위기는 미국에서 영국으로 신속하게 번져 나갔고, 1854년과 달리 경제 전반의 실업률을 높이는 등 큰 충격을 미쳤다.

에 대응하는 방식이 달라 학계의 관심을 끌었다.

뱅크런이 발생했을 때 가장 민감하게 반응하고 또 적극적으로 돈을 인출한 사람들은 미국에 온 지 얼마 되지 않고 계좌의 잔액도 소액인 사람들이었다. 1854년 이 은행의 고객은 598명이었는데, 뱅크런 과정에서 235명(39.3퍼센트)의 고객이 계좌를 해지했지만, 이민자 산업저축은행이 문을 닫지 않은 것을 보면 뱅크런에 동참한 이들이 소액의 예금을 가진 사람임을 알 수 있다.

이민자 산업저축은행에 대한 뱅크런 연구 과정에서 흥미로운 사실이 하나 더 밝혀졌다. 이민 온 지 얼마 안 된 소액의 예금주라고 해서 모두가 뱅크런에 동참했던 것은 아니고, 아일랜드의 못사는 지역에서 이주한 사람일수록 예금을 인출하는 데 열을 올렸다. 즉, 가난한 사람들이 예금 인출에 적극적이었던 것이 아니라 못사는 지역에서 온 사람들이 집단적으로 행동했던 것이다. 그들은 왜 이런 행동을 취했을까?

그 이유는 아일랜드가 금융 후진국이었기 때문이다. 1815년 아일랜드인 800만 명 중 고작 9만 명만이 은행 예금 계좌를 가지고 있을 정도였다. 즉 많은 사람이 은행 같은 금융기관에 익숙하지 않았던 셈이다. 특히 아일랜드의 서부와 북부 등 상대적으로 더 못사는 지역에서 온 사람일수록, 은행이라는 곳이 어떤 일을 하는지조차 잘 몰랐다. 결국 새로 이민 온 사람일수록, 아일랜드에서 은행 경험이 아예 없는 가난한 지역 출신일수록, 은행이 금방이라도 망할 것이라는 '소문'에 쉽게 넘어가고 당황했던 것이다. 난생 처음 은행 거래를 하는데 은행이 망해서 예금을 못 찾는다는 이야기를 듣고 평정심을 유지할 사람이 얼마나 되겠는가? 특히 은행이 망한다는 이야기를 한 사람이 아일랜드에서 함께 이주한 사람들이라면 더욱 그러하지 않겠는가?

이런 까닭에 건전한 은행 시스템을 가진 나라는 그리 많지 않다. 그럼 어떻게 해야 은행들이 건전하게 유지되고, 나아가 뱅크런에 시달리지 않게 될까?

답은 두 가지다. 첫째는 강대국이 되는 것이다. 전쟁에 지면 멀쩡한 은행들도 연쇄 도산한다. 유럽 전역에 거대한 금융 제국을 만든 로스차일드Rothschild 가문이 소유했던 오스트리아 최대의 은행, 크레디탄슈탈트Creditanstalt*가 무너졌던 것이 가장 좋은 예가 될 것이다. (물론 영국과 프랑스 등에 있는 로스차일드 가문의 사업은 여전히 번성했다. 여기서는 본가에 해당하는 오스트리아의 기반이 무너졌던 것을 다룬다.) 로스차일드 가문의 크레디탄슈탈트가 파산한 이유는 전쟁에서 패배해 오스트리아가 체코슬로바키아를 상실한 데 있다. 크레디탄슈탈트 등 오스트리아의 주요 은행들은 공업의 중심지인 체코슬로바키아와 밀접한 연관을 맺고 있었는데, 1차 세계 대전 이후 단절됨

---

* 1855년 창업되었고 1931년 파산함으로써 유럽은 물론 미국까지 연쇄적인 은행 파산을 유발했다.

으로써 큰 타격을 입게 되었다. 경영 상태가 악화되었음에도 방만 한 경영을 이어가던 오스트리아 제 2위 은행, 보덴크레디탄슈탈트 Bodencreditanstalt가 1929년 파산 위험에 처하자, 정부는 1위 은행인 크레디탄슈탈트에 합병시켰지만, 이는 오히려 금융위기를 전염시키는 경로가 되고 말았다. 결국 2년 뒤인 1931년 크레디탄슈탈트가 무너지며 오스트리아 경제는 완전히 망가졌고, 1938년 히틀러가 이끌던 독일에 합병되었다.

은행을 비롯한 금융 시스템을 안정적으로 경영하기 위한 두 번째 조건은 '신뢰' 형성이다. 전쟁에서 크게 패하지 않은 강국이라 하더라도, 정부가 갑자기 부유한 이의 자산을 빼앗거나, 친소親疏 관계 등에 따라 은행을 구제하거나 파산하도록 내버려두는 등 제대로 된 제도와 기준을 지니고 있지 않다면 뱅크런은 손쉽게 촉발될 수 있다. 특히 정책 당국이 무력해서 경제에 큰 파장이 예상됨에도 은행의 파산을 방치하는 경우 금융 시스템에 대한 신뢰는 무너질 것이다.

강대국이 되는 것과 신뢰를 형성하는 것 모두 쉽지 않은 일이다. 다행히 2차 세계 대전 이후에는 거대한 전쟁이 줄어들며 첫 번째 조건을 만족시키기가 쉬워졌지만, 두 번째 조건은 아직도 험난한 과정에 있다. 5부 2장에서는 어떻게 해야 신뢰를 얻을 수 있으며, 또 어떻게 하면 신뢰를 무너뜨리게 되는지 극단적인 사례를 보게 될 것이다.

참고한 글과 책

- 뉴스토마토(2018.4.13), “부실저축은행 지원금 회수율 41퍼센트…지난해 1조3백억 원 회수”.
- 한국경제신문(2019.10.11), “뱅크런 32兆·피해자 10만…저축銀 PF대출 부실로 드러난 최대 금융비리”.
- 연합뉴스(2016.2.20), “서민금융에 충격 ‘저축은행 사태’ 5년…변화는 현재 진행형”.
- 이찬근(2011), 『금융경제학 사용설명서』, 44쪽.
- 홍춘욱(2020), 『디플레 전쟁』, 36~37쪽.
- Matthew Famiglietti , Fernando Leibovici(2019), 『Finance and Development: Evidence from Firm-Level Data』, Federal Reserve Bank of ST. LOUIS.
- Massimo Livi-Bacci(2009), 『세계 인구의 역사』, 93, 95~97쪽.
- 라이지엔칭(2010), 『경제사 미스터리 21』, 186~190쪽.
- CORMAC Ó GRÁDA AND EUGENE N. WHITE(2003), 『The Panics of 1854 and 1857: A View from the Emigrant Industrial Savings Bank』, The Journal of Economic History, March 2003.
- MORGAN KELLY AND CORMAC O ´ GRA ´DA(2000), 『Market Contagion: Evidence from the Panics of 1854 and 1857』, The American Economic Review Vol. 90, No. 5 (Dec. 2000), pp. 1110-1124.
- 연합뉴스(2019.1.15), “로스차일드家, 200년의 오스트리아 ‘애증의 역사’ 마감”.
- 찰스 페인스틴, 피터 테민, 지아니 토니올로(2008), 『대공황 전후 세계경제』, 95, 153쪽.
- 한국은행, “지급결제제도의 발전과 중앙은행”.

더 깊게 읽기 ①

뱅크런을 막기 위한 두 가지 장치, 지급준비금과 예금자보험

이민자 산업저축은행 사례에서 본 것처럼, 은행이 부실해졌다는 소문이 도는 것만으로도 뱅크런이 벌어지곤 한다. 일단 뱅크런이 벌어지면 멀쩡한 은행도 함께 무너질 만큼 사태가 심각하다 보니, 정책 당국은 뱅크런을 막기 위해 그간 많은 고민을 했다.

이 과정에서 나온 두 가지 제도가 바로 지급준비금과 예금자보험이다. 먼저 지급준비금이란, 예금의 일정액을 따로 떼서 중앙은행에 적립하는 제도다. 예를 들어 100만 달러의 예금이 들어올 때 90만 달러만 대출해주고, 10만 달러는 중앙은행에 다시 예금한다면 지급준비율은 10퍼센트가 된다. 물론, 중앙은행은 지급준비금에 대해 이자를 지급하는데 통상적으로 이를 '정책금리'라고 부른다. 참고로 아래의 〈표 5-1〉과 같이 한국은 예금 종류별로 다른 지급준비율을 부과하고 있다.

〈표 5-1〉 예금 종류별 지급준비율(2018년 3월 현재)

예금 종류	지급준비율
장기주택마련저축, 재형저축	0.0%
정기예금, 정기적금, 상호부금, 주택부금, CD	2.0%
기타예금	7.0%

- 지급준비예치대상 금융기관을 상대로 발행된 경우 제외
- 각 금융기관은 월별(매월 1일부터 말일까지)로 매일의 지급준비금 적립 대상 채무 잔액을 기초로 평균하여 계산한 지급준비금 적립 대상 채무에 대한 최저지급준비금을 다음 달 둘째 주 목요일부터 그 다음 달 둘째 주 수요일까지 보유해야 한다.

● **출처:** 한국은행

그러나 지급준비제도만으로는 뱅크런을 막을 수 없었다. 실제 1930년대 대공황 당시, 미국은 1만 개가 넘는 은행이 파산하는 등 연쇄적인 뱅크런이 발생해 국내총생산이 1929~1933년 사이 26.3퍼센트나 줄어들었다.

끝없이 확산되던 뱅크런은 예금자보험제도의 도입으로 해결되기 시작했다. 예금자보험제도는 금융기관이 예금을 지급할 수 없을 때 제3자인 예금보험기관이 대신하여 예금을 지급해 주는 제도인데, 1933년 대통령으로 당선된 루스벨트가 예금보험공사FDIC를 설립하여 예금자 보호를 강화함으로써 뱅크런의 확산을 막을 수 있었다.

참고로 한국은 1995년 12월 29일 '예금자 보호법'이 공포되고, 1996년 6월 1일 예금보험공사가 출범하며 예금 보호가 본격적으로 이뤄졌다. 하지만 예금이 무제한적으로 다 보호되는 건 아니다. 우리나라의 경우 1인당 5,000만 원까지의 예금만 해당되며 그 이상의 예금은 보호받지 못한다. 실제 2011년 저축은행 사태 당시, 총 5,131억 원의 초과 예금이 손실을 입었다. 참고로 미국은 10만 달러, 일본은 1천만 엔이 예금 보호 한도로 설정되어 있다.

금융발달은 어떻게 경제 성장을 촉진하는가?

경제 성장을 촉진하기 위해 무엇보다 먼저 '신뢰'가 형성되어야 한다는 주장은 아래 〈표 5-2〉를 보면 쉽게 뒷받침된다. 세로축은 금융기관으로부터 대출을 받을 수 있는 제조업체의 수, 가로축은 1인당 국민소득을 나타내는데, 손쉽게 대출을 받을 수 있는 나라일수록 소득 수준이 높다는 것을 알 수 있다. "사업상의 가장 큰 장벽이 무엇인가?"라는 질문에, 고소득 국가일수록 '자금 조달'이라고 답한 비율이 현격하게 낮았다.

〈표 5-2〉 1인당 소득과 '신용'에 대한 접근성의 관계

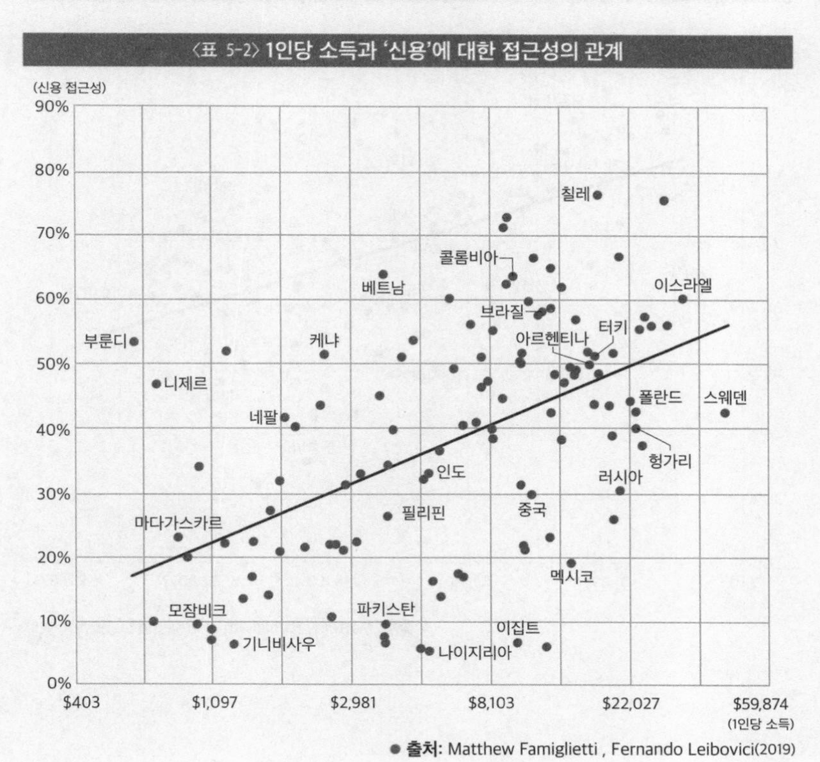

● **출처:** Matthew Famiglietti , Fernando Leibovici(2019)

아래 〈표 5-3〉에서 세로축은 기업이 가지고 있는 고정자산fixed assets(토지와 건물, 기계장치 등으로 구성됨)이 내부자금에 의해 조달된 비율을 나타내며, 가로축은 1인당 소득을 나타낸다. 기업이 내부자금, 즉 원래 사업을 시작할 때 조달했던 자본금이나 누적된 이익 등으로 투자의 대부분을 조달한다는 이야기는 은행을 비롯한 금융기관으로부터 돈을 빌리기 어렵다는 것을 의미하며, 이는 결국 투자 규모를 축소시키는 결과를 가져온다. 따라서 외부자금 조달이 어려울수록 나라 경제가 성장할 가능성은 낮다고 볼 수 있다.

〈표 5-3〉 기업의 내부자금 활용도와 1인당 소득의 관계

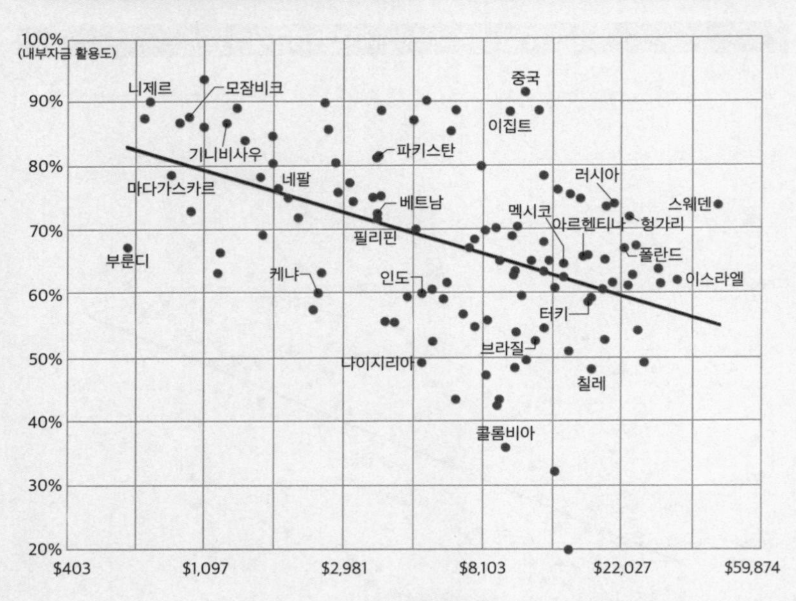

● **출처:** Matthew Famiglietti , Fernando Leibovici(2019)

영국이 파운드화를 기축통화로 만든 노하우는?

1부에서 살펴보았던 것처럼, 최초의 돈은 조개 껍데기를 비롯한 다양한 현물화폐였지만, 동양과 서양 모두 곧 금속화폐가 주류가 되었다. 금속화폐가 주류가 된 이유를 설명해주는 일화를 하나 소개하겠다. 얼마 전 영국에서 한 보물사냥꾼이 의적 로빈 후드가 활동하던 셔우드 숲에서 사파이어 금반지를 발견했는데, 감정 결과 1억 원이 넘는 가치가 있다고 평가받았다. 14세기에 만들어진 낡은 물건이지만 먼지만 털어내면 빛을 발하는 데다 수백 년이 지나도 그 가치가 유지되니, 부자들이 왜 금고에 보석과 금을 쌓아두는지 이해할 수 있다.

그러나 금을 비롯한 금속화폐를 사용하는 데는 한 가지 문제가 있었다. 바로 순도 측정에 관한 것이다. 우리에게 너무도 유명한 아르키메데스의 목욕탕 사건은 당시 사람들이 순도 측정 때문에 얼마나 골머리를 앓았는지 보여주는 사례라 할 수 있다. 당시 시라쿠사의 왕, 히에론 2세(재위 기간 기원전 270~기원전 215년)는 금 세공사에게 순금을 주며 신에게 바칠 금관을 만들게 했다. 그런데 세공사가 만든 금관을 받아든 왕은 금관에 은이 섞인 것이 아닌지 의심이 들었다. 하지만 이를 확인할 방법이 없어 아르키메데스에게 문제를 의뢰한 것이다.

아르키메데스는 오랫동안 고민하다 목욕 중에 문제 해결의 단서를 찾는다. 사람이 욕조에 들어가면 물이 차오르는 것에 착안하여 물질의 밀도에 따라 비중이 다르다는 것을 발견했던 것이다. 예를 들어 몸무게가 똑같이 70킬로그램이라 하더라도, 지방질이 많은 뚱뚱한 사람은 건장한 근육을 가진 사람에 비해 몸의 부피가 더 크니 욕조에 들어갔을 때 물이 더 많이 넘쳐흐를 것이다. 이때 건장한 사람은 상대적으로 밀도가 높다고 표현하고, 반대로 뚱뚱한 사람은 밀도가 낮다고 볼 수 있다. 그런데 금의 밀도는 19.3g/cm^3인 반면, 은은 이보다 훨씬 낮은 10.6g/cm^3에 불과하니 왕관에 은이 섞여 있다면 욕조에 넣었을 때 동일한 무게의 금 덩어리에 비해 더 많은 물이 밖으로 넘칠 터였다.

아르키메데스가 "유레카!"라는 말을 외치며 욕조 밖으로 뛰어나올 정도로 훌륭한 발견이었는데, 거꾸로 생각해보면 당시 얼마나 위조가 많이 자행되었는지 알 수 있다. 아르키메데스의 발견

덕분에 금의 순도 측정을 위한 새로운 방법이 열렸지만, 상거래를 할 때마다 금을 물에 집어넣고 넘쳐흐른 물의 양을 일일이 측정하는 데에는 많은 불편이 따라 새로운 해결책을 바라는 사람들이 늘어갔다.

이 문제를 해결하기 위해 등장한 것이 바로 '주화鑄貨'다. 기원전 7세기, 소아시아(지금의 터키 중서부 지방)의 리디아 왕국에서 만들어진 주화는 금과 은의 합금인 일렉트럼electrum으로 사자 머리가 그려져 있다.

1부 '송전宋錢' 사례에서도 설명했지만, 상인들은 주화의 무게를 일일이 측정할 필요가 없었다. 일단 사회에서 1개의 주화가 2포대의 밀가루와 교환되는 게 받아들여지면, 그 다음부터는 주화에 포함된 금속의 가치와 시장에서 거래되는 주화의 가치가 꼭 일치할 필요는 없기 때문이다. 이로써 상거래가 폭발적으로 늘어나게 되었고, 나중에 소아시아를 지배한 로마 제국도 데나리우스 은화를 주조해 유통시킴으로써 역사상 유례를 찾기 힘든 번성을 누릴 수 있었다.

로마 제국의 은화, 데나리우스

그러나 귀금속 공급 부족이 문제였다. 율리우스 카이사르가 대규모 정복 전쟁에 성공하며 많은 귀금속과 노예를 획득했던 제정 로마 초기에는 화폐 공급에 아무런 문제가 없었다. 그러나 영토 확장이 중단되고 전쟁을 통한 전리품 획득이 어려워지면서 귀금속 부족 사태가 발생했다. 경제 규모는 커지는데 주화를 만들 귀금속이 부족하면 돈의 가치가 상승하는 현상, 다시 말해 물가의 하락이 지속될 가능성이 생긴다.

특히 당시 로마 사회의 대부분이 농민이었기에, 농산물 등 생필품 가격의 하락은 곧 농민의 생활 수준 저하로 이어졌고, 결국 농민이 라티푼디움Latifundium이라고 불린 대농장 소속의 예속 노동자로 편입되는 일이 잦아졌다. 그런데 자기 토지를 잃어버린 농민들이 늘어나면 나라에도 문제가 된다. 즉, 군대에 복무할 병력이 줄어들고, 세금을 납부할 국민이 줄어 국가 재정이 부실해질 수밖에 없다.

디플레 위험이 높아질 때, 현대 사회에서는 일종의 대응 매뉴얼이 정해져 있다. 한국은행이나 미 연준 같은 중앙은행이 정책금리를 인하하거나 양적완화量的緩和, Quantitative Easing(중앙은행이 채권시장에서 유통되는 채권이나 주식을 매입함으로써 통화 공급을 확대하는 일)를 시행하여 인플레 기대를 높이는 식으로 해결하면 된다. 그러나 고대 로마에는 중앙은행은커녕 일반 은행도 없었으니 이런 식의 대응은 불가능했다.

그렇다면 당시로서는 어떤 정책을 펼쳤을까? 해결책은 두 가지였다. 하나는 전쟁을 일으키는 것이다. 전쟁을 일으키면 새로운 영토와 귀금속을 획득할 수 있고, 군대에 젊은 장정을 소집하기 때문에 농작물의 수확량이 줄어들어 디플레 위험이 해소될 수 있다. 그러나 이 해결책은 사용하기가 점점 어려워졌다. 기원전 1~2세기 로마를 제외하고는 약탈할 만한 부를 보유한 곳이 중국뿐이었는데, 비단길을 통해 중국 원정을 떠나는 것이 현실적으로 불가능했기 때문이다. 물론 엘베강을 넘어 지금의 동유럽 지역을 정복하는 것도 대안이 될 수 있었지만, 기원후 9년 토이토부르크 숲 전투에서 로마의 2개 군단이 게르만 부족에 의해 전멸된 후, 이 선택지는 로마 황제의 머릿속에서 아예 지워졌다.

결국 유일한 선택지는 주화의 '품위 저하debasement', 즉 금화나 은화에 포함되어 있는 귀금속의 양을 줄이는 것이었다. 로마 제정 말기로 가면서 이런 일이 비일비재해, 54년 데나리우스 은화의 순도는 100퍼센트였지만, 211년에는 50퍼센트, 268년에는 4퍼센트에 불과했다고 한다. 주화의 품위 저하로 디플레 압력은 다소 완화할 수 있었지만, 데나리우스 은화에 대한 대중의 신뢰는 바닥으로 떨어졌다. 아우구스투스 황제 시절에 만들어진 순도 100퍼센트 은화는 부잣집 창고로 퇴장했고, 순도가 떨어지는 은화만 거래되니 상거래에서 아예 주화가 퇴출되는 일마저 벌어지고 말았다.

서로마 제국 멸망 이후, 유럽이 기나긴 침체기를 보낸 데에는 게르만족의 침략에 따른 사회 혼란이 직접적인 원인이었지만, 화폐 시스템이 무너지며 상업이 부진의 늪에 빠진 것도 큰 영향을 미쳤던 셈이다. 1부에서 남송 말기, 회자(송나라가 발행했던 지폐)의 가치가 폭락하며 송나라가 멸망했던 일을 다시 떠올리게 한다.

물론 서로마 제국 이후 게르만족이 세운 왕국이 주화를 만들지 않은 것은 아니지만, '신뢰'를 얻는 데는 실패했고, 중세에는 피렌체나 베네치아 등 일부 도시 국가에서 만든 금화가 극소수의 사람들을 위한 용도로 제한적으로 사용되었다.

이런 상황은 스페인이 신대륙에서 채굴한 은이 유럽으로 유입되며 달라졌다. 그러나 신대륙에서 어마어마한 귀금속이 유입되었음에도 스페인의 페소화에 대한 신뢰는 그리 높지 않았다. 당시 합스부르크 왕가 출신인 스페인의 왕, 카를로스 1세(재위 기간 1516~1556년)가 여러 차례에 걸쳐 은과 금의 교환비율을 자기 마음대로 조정했기 때문이다. 1524년 그는 은화와 금화의 교환비율을 10대 1에서 11.375대 1로 조정했는데, 이로써 은의 가치가 갑자기 떨어지게 되었고, 당시 은화를 주로 쓰던 네덜란드 상인들은 자신의 재산이 갑자기 줄어드는 상황에 놓이게 되었다. (1567년부터 시작된 네덜란드의 독립전쟁이 '갑작스러운' 현상이 아니라는 사실은 여기서도 알 수 있다.)

카를로스 1세의 전횡은 이것으로 그치지 않았다. 1542년에는 교환비율을 종전으로 돌리는 대신, 은화의 품질을 낮추기 시작했

1525년 보헤미아 왕국이 발행한 탈러

다. 4년 뒤인 1546년에는 은과 금의 교환비율을 또다시 13.5대 1로 인상했는데, 이는 은화의 품위 저하를 반영한 것이기는 했지만, 당시 주화의 '신뢰' 형성이라는 문제를 전혀 인식하지 않았음을 보여주는 사례라 할 수 있다.

그런데 합스부르크 왕가의 황제들만 이런 짓을 한 것은 아니다. 프랑스 역시 1500년부터 1789년 사이에 리브르(1리브르는 1/6 에큐 은화 혹은 1/40 루이 도르 금화로 정해져 있었으나 거의 지켜지지 않았다) 주화에 포함된 은의 순도를 78.4퍼센트나 떨어뜨렸다. 또한 같은 기간 오스트리아 빈 지역에서 통용된 탈러(보헤미아 왕국이 1518년 에르츠 산맥의 요아힘스탈에서 나온 은으로 만든 은화)의 가치는 59.7퍼센트나 줄어들었다.

반면 영국은 달랐다. 명예혁명(1688년 제임스 2세를 몰아내고 네덜란드의 오렌지공 윌리엄과 메리 공주 부부가 왕위에 오른 사건) 이후, 정부는 주화의 품질을 유지하는 데 많은 신경을 기울였다. 명예혁명 이전인 1661년부터 금이나 은으로 만드는 동전의 일부에 오돌토돌한 테두리를 집어넣기 시작했는데, 이는 금화를 조금씩 깎아내는 행

영국 파운드에 대한 신뢰를 높인 군주, 오렌지공 윌리엄

위를 방지하기 위해서였다. 그래도 얌체 행위는 그치지 않았다. 1686년 제조된 은화를 9년 뒤 한 자루에 모아 무게를 재었을 때 절반밖에 되지 않았으니 말이다.

1688년 명예혁명으로 왕위에 오른 오렌지공 윌리엄(윌리엄 3세, 재위 기간 1689~1702년)은 의회에 놀라운 내용을 담은 법률, '주화의 불건전한 상태를 치료하기 위한 법'의 제정을 요구해 이를 통과시켰다. 법의 이름 그대로, 테두리가 깎여 나간 주화의 유통과 사용을 금지한 것으로, 이 법이 발효되자 시장은 충격에 빠졌다. 가뜩이나 명예혁명 및 프랑스와의 전쟁으로 경제가 어렵고 상업 활동이 원활하지 않았던 터라 반발이 컸다.

그러나 윌리엄 3세와 의회는 여기서 한 발 더 나갔다. 1691년 11월 '주화의 불건전한 상태를 더 잘 치료하기 위한 법'을 만들어 구화와 신화의 교환 시한을 연장하는 대신, 낡은 주화의 사용을 아예 금지시켜버린 것이다. 이때 위대한 과학자, 아이작 뉴턴이 조폐국장으로 취임하여 3년 만에 시중의 모든 돈을 '가장자리가 오톨도톨한 새로운 돈'으로 교체하는 데 성공하는 위업을 달성하기도 했다.

결국 돈의 품질에 대한 신뢰는 상품 매매와 유통을 촉진시키고 신용 경제의 싹을 틔웠다. 1694년 윌리엄 3세가 프랑스 루이 14세와의 전쟁 비용을 마련하기 위해 런던 상인들에게 120만 파운드를 직접 빌리는 대신, 영란은행Bank of England의 설립을 허가해 화폐 발행권을 주었던 것도 건전한 화폐의 도입 과정에서 신뢰가 싹텄기 때문이라 할 수 있다. 런던 상인들이 바보가 아닌 이상, 신뢰할 수 없는 정부의 약속을 믿고 거액의 돈을 빌려줄 이유가 없지 않겠는가?

참고로 이때 윌리엄 3세가 영란은행에게 부여한 '화폐 발행권'은 주화가 아닌 지폐였다. 다시 말해, 14세기 원나라 멸망 이후, 처음으로 국가 권력이 보증하는 형태로 종이 화폐가 다시 발행되기 시작한 것이다. 여기서 '국가가 지급을 보증하는 형태의 지폐 발행'이라는 표현을 쓴 이유는 13세기 이탈리아 이후 수많은 은행이 예금보관증 형태의 지폐를 발행한 사례가 많았기 때문이다.

영란은행은 금태환金兌換 Gold convertibility, 다시 말해 지폐를 영란은행에 가져가면 지체 없이 정해진 비율에 따라 황금을 지급해주는 제도를 채택해 지폐에 대한 신뢰를 극적으로 높였다. 참고로 영란은행은 금 1온스를 3파운드 17실링 10.5다임의 비율로 교환해주었는데, 금태환은 나폴레옹 전쟁이나 1차 대전 같은 대규모 전쟁의 시기를 제외하고는 잘 지켜졌다.

이상과 같은 지폐의 역사에서 보듯, 국민이 신뢰하는 화폐를 만들고 유지하는 것은 대단히 어려운 일이다. 심지어 금융 시스템을 슬기롭게 만든 영국조차, 스튜어트 왕가(명예혁명으로 쫓겨난 제임스 2세와 그의 후계자들)의 복위 시도가 구체화될 때마다 지폐를 들고 와 황금으로 바꿔 달라는 국민의 요구가 빗발치는 것을 피할 수 없었다.

19세기 중반 미국에 이민 온 지 얼마 되지 않았던 사람들이 뱅크런을 유발한 것처럼, 신뢰가 아직 형성되어 있지 않은 사회는 여러 차례 위기를 겪을 수밖에 없고, 또 이 위기를 견뎌내야만 신뢰가 형성된다. 반면 나라가 화폐의 가치를 스스로 떨어뜨리는 시도를 공공연히 하는 한 '신뢰' 상실이라는 뼈아픈 대가를 치러야 한다.

5부 3장에서는 최근 인도에서 벌어진 어처구니없는 사태에 대해 살펴볼 텐데, 이를 통해 국제적으로 신뢰를 얻은 통화가 적은 이유를 알 수 있을 것이다.

참고한 글과 책

- 니얼 퍼거슨(2010), 『금융의 지배』, 28쪽.
- 문화뉴스(2016.12.20), "로빈 후드가 활동하던 숲을 탐험하던 중 '금속 탐지기'가 울리기 시작했다".
- 김이한 등(2013), 『화폐 이야기』, 27~28, 33, 41쪽.
- 왕링옌, 왕퉁(2018), 『역사 속 경제 이야기』, 130~138쪽, 141~147쪽.
- 신상목(2019), 『학교에서 가르쳐주지 않는 세계사』, 299~300쪽.
- 양동휴(2014), 『유럽의 발흥』, 317쪽.
- 서울경제(2017.3.23), "뉴턴 연금술과 첼로너의 화폐 위조".
- 한국경제(2018.7.15), "[디자인의 비밀] 동전 옆 테두리가 톱니바퀴 모양인 이유".
- 니얼 퍼거슨(2002), 『현금의 지배』, 187~190쪽.

더 깊게 읽기 3

유럽의 나라들은 은화의 순도를 얼마나 떨어뜨렸을까?

스페인이나 프랑스 같은 나라만 주화의 품위, 다시 말해 화폐에 포함된 귀금속의 순도를 떨어뜨리는 짓을 한 건 아니다. 5부 2장에서 높게 평가했던 영국도 17세기 중반까지는 마찬가지로 은화의 품위를 떨어뜨리는 데 앞장섰다.

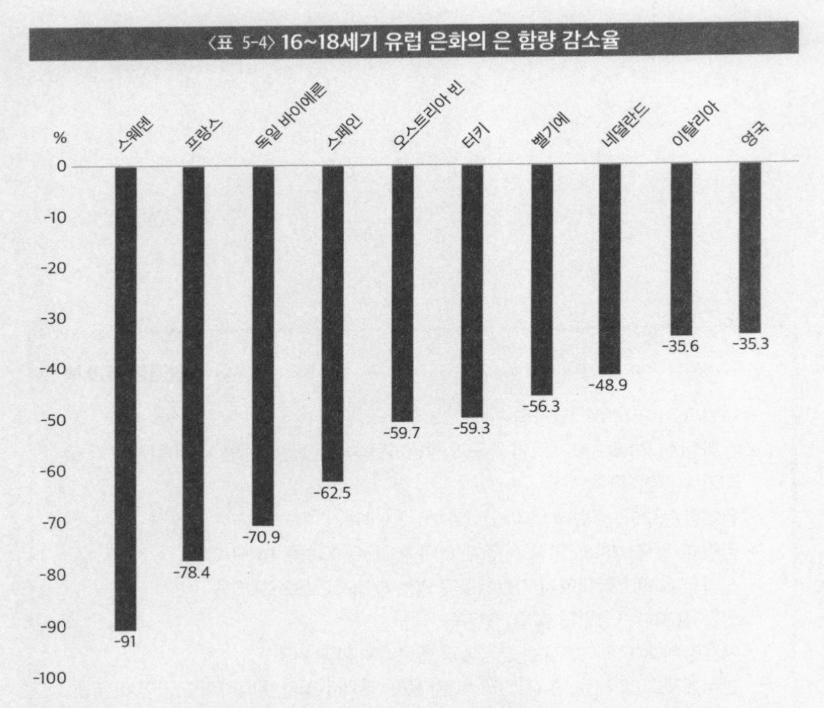

〈표 5-4〉 16~18세기 유럽 은화의 은 함량 감소율

대부분의 나라는 1500~1799년의 은화 순도 감소율을 나타낸 것이고, 프랑스는 1500~1789년, 스웨덴은 1523~1573년 기준이다.

● **출처:** 양동휴(2014), 『유럽의 발흥』, 317쪽.

〈표 5-4〉에서 보듯, 1500~1799년 사이 정부가 발행한 주화의 귀금속 함량을 떨어뜨리는 데 가장 앞장선 나라는 스웨덴이었는데, 이는 '30년 전쟁' 참전 중 국왕이 전사하는 등 비극을 겪으며 급격한 재정 위기를 겪었기 때문으로 보인다. 그 다음이 프랑스인데, 1789년 대혁명을 유발한 근본 원인이 재정난에 있었음을 알 수 있다.

반대로 네덜란드와 이탈리아, 영국 등 금융 선진국들은 상대적으로 은화의 품위 저하 폭이 크지 않아 이 세 나라가 진정한 의미에서 유럽의 '기축통화' 패권을 다투었다고 볼 수 있다. 물론 4부에서 다룬 바와 같이, 이탈리아는 1494년 이탈리아 전쟁 이후 '전쟁터'가 되는 운명을 겪고, 네덜란드는 100년에 가까운 기나긴 독립전쟁으로 국력을 소모하는 바람에 영국에게 그 기회가 돌아갔다고 볼 수 있다.

THE HISTORY OF MONEY

인도의 화폐 개혁 이후 어떤 일이 벌어졌을까?

$

2019년 봄, 매주 한 번 이상 PBPrivate Bank(거액의 자산을 보유한 고객을 상대로 영업하는 금융회사 업무 분야) 관련 세미나에서 강의를 했었다. 당시 거액 자산가를 상대로 한 세미나 요청이 빗발쳤던 이유는 '리디노미네이션redenomination' 논란 때문이었다. 이 길고도 어려운 단어의 뜻을 간략하게 설명하자면, 화폐의 액면 단위를 변경하는 것을 말한다. 그해 3월, 한국은행의 업무보고서에 원화의 액면가치가 너무 낮으니, '1천 원(구권)=1원(신권)'으로 바꾸자는 논의가 제기되었던 것이다.

실제로 요즘 커피 한잔 사러 카페에 들어가면, '아메리카노 2.0'이라고 적힌 메뉴판을 종종 보게 된다. 천 원 단위는 생략한 표기법이 나올 정도로 한국의 화폐 액면가가 너무 싸니, 이 기회에 화폐 단위를 바꿔보자는 게 한국은행의 의도였던 것 같다. 그런데 리디노미네이션과 PB 강의 사이에 무슨 관계가 있을까?

눈치 빠른 독자들은 이미 짐작했겠지만, 큰 부자들은 리디노미네이션의 '리' 자도 싫어했다. 그들 상당수는 "정부가 각 가계의 현금 보유 현황을 샅샅이 밝혀내 세금을 추징하려는 목적"이라 주장했고, 미국 달러나 금 등 이른바 안전 자산으로 갈아타기 위해 고민하는 모양새였다. 필자 같은 일개 이코노미스트에게 강의가 빗발칠 정도였으니, 아마 해외 투자를 전문으로 하는 중개인이나 투자회사는 당시 큰 호황을 누렸으리라 짐작된다. 실제 이때를 고비로 환율과 부동산 가격이 상승세로 돌아선 것을 보면, 필자의 주장이 아예 근거가 없지는 않은 것 같다.

이 일은 해프닝으로 끝났다. 환율이 치솟고 금 가격이 상승하는 등 시장의 혼란이 가속화되는 것을 우려한 한국은행이 "리디노미네이션을 검토한 적도, 추진할 계획도 없다"며 발을 뺐기 때문이다. 그러나 의문은 여전히 풀리지 않는다. 왜 거액 자산가들은 리디노미네이션을 혐오했을까? 이를 설명하기 위해서는 과거의 트라우마를 이해해야 한다.

1962년, 박정희 정부는 '경제 개발 5개년 계획'으로 대표되는 수출 주도의 적극적인 경제 성장 계획을 수립했지만, 도로와 항만, 전화시설을 설치하는 데 드는 막대한 자금을 조달할 길이 막막했다. 이에 1962년 6월 10일 긴급통화조치를 발표해 기존 10환을 1

원으로 바꾸기로 결정한다. (우리가 지금 사용하고 있는 '원'이라는 화폐 단위는 1962년부터 사용되었다.)

당시 박정희 정부가 화폐 개혁을 단행한 건 경제 개발에 필요한 자금을 조달하기 위해 국민들의 자산 수준을 가늠하고, 나아가 부정한 돈을 회수하려는 데 목적이 있었던 것 같다. 당시 재무장관이었던 천병규를 비롯한 5명의 화폐 개혁 준비반이 "기밀 누설 시 총살형도 감수한다"는 선서를 할 정도로 소수에 의해 전격적으로 추진된 것을 보면 말이다. 또한, 화폐 개혁에 사용될 새 화폐는 영국에서 제작되어 개혁이 시행되기 44일 전 부산항에 도착해 철저한 보안 아래 보관되었다. 물론 화폐 개혁의 목적이 단지 국민 자산을 파악하고 은닉 재산을 몰수하기 위함만은 아니었을 것이다. 당시 인플레 압력이 매우 높았기 때문에, 화폐 개혁을 통해 인플레 심리를 안정시키려는 의도도 있었음이 분명하다.

그러나 결과적으로 두 가지 목표 모두 달성하는 데 실패하고 말았다. 생활비에 한해 6월 17일까지 가구당 한 사람에게 5백 원 한도까지 10대 1 비율로 새 은행권을 바꿔준다고 했지만, 충분치 않은 한도로 사회적 불안감만 높아졌다. 이후에 순차적으로 1인당 교환한도가 늘어날 예정이었고 또 실제로 예금 동결 조치도 해제되지만, 시민들이 느끼는 불안은 매우 컸다. 특히 화폐 개혁을 단행한 날 통행금지 시간까지 앞당겼는데, 귀가하는 시민들이 택시를 잡으려 해도, 택시 기사가 구권을 받지 않으며 승차를 거부하는 일까지 벌어졌다. 나아가 물가 급등세는 1964년까지 지속되었다. 1961년 물가 상승률은 12.9퍼센트였는데, 화폐 개혁이 단행된 1962년에는 16.7퍼센트, 1963년에는 무려 30.0퍼센트였다.

결국 재계와 미국의 강력한 반발, 그리고 예상보다 적은 은닉 자금 규모 등에 직면하며, 박정희 정부는 예금 동결 조치를 단계적으로 해제하기로 결정했다. 그러나 최근의 리디노미네이션 추진을 둘러싼 혼란에서 보듯, 화폐 개혁이 남긴 트라우마는 컸다. 정부가 언제든 각 개인 자산의 내역을 들여다보고 조치를 취할 수 있다는 공포가 생겨 정부에 대한 '신뢰'를 낮추는 요인으로 작용했다.

이 부분에서 의문을 가지는 독자들이 적지 않을 것이다. 1999년의 유로Euro화 출범 사례에서 보듯, 다른 나라에서는 화폐 개혁 혹은 리디노미네이션이 순조롭게 이뤄졌는데 왜 한국은 실패했을까? 그 이유는 다음의 세 가지 원칙이 지켜지지 않았기 때문이다.

첫째, 새로운 화폐를 교환하는 데 수량의 제약이 없어야 한다.

둘째, 새로운 화폐를 교환하는 데 특정한 기한을 두지 않아야 한다.

셋째, 예전 화폐로 새 화폐를 교환할 때 인적 정보를 묻지 않아야 한다.

언제든지 새로운 화폐로 교환할 수 있으며, 수량 제약도 없고, 또 누가 돈을 환전하는지도 알 수 없게 진행하면 화폐 개혁이 경제에 충격을 줄 이유가 없다. 그러나 1962년 한국 정부는 환전할 신권 수량도 충분하지 않았고, 화폐 개혁 전 절대적인 보안을 유지하는 등 '누가 현금을 많이 보유하고 있는지 추적'하려는 목적을 띠었기에 국민들의 불안감을 높이는 결과를 가져왔다.

2016년 인도에서 이와 같은 일이 벌어졌다. 인도 정부가 2016년 11월 9일 자정 이후 500루피와 1,000루피 등 고액권 지폐의 통용을 일절 금지하는 한편, 11월 10일부터 500루피와 2,000루피 신권을 통용시키기로 결정한 것이다. 그러나 신권 발행량이 충분하지 않았기에 10일부터 시작되는 신권 교환은 4,000루피 한도 내에서만 가능했다. 1루피가 원화로 16원 정도이니, 1인당 약 6만

인도 콜카타에서 신권 교환을 위해 은행에 모여든 사람들

1,000루피 구권과 2,000루피 신권

4,000원 정도만 신권으로 교환해 사용이 가능했던 셈이다. 아무리 인도가 국민소득이 낮은 편이라지만, 너무 적은 한도가 아닐 수 없었다. 게다가 당시 인도에서는 거래의 80퍼센트 이상이 현금으로 이뤄졌으니, 이 점을 감안하면 경제가 받은 충격은 이루 말할 수 없었을 것이다.

인도 모디 정부가 이와 같은 조치를 취한 목적은 지하경제를 통한 부패 행위를 청산하는 데 있었던 것으로 보인다. 부동산 시장과 금 시장이 대표적인 지하 경제의 근원인데, 부동산 매매가 정부에 제대로 보고되지 않고 이뤄져 부동산 시장이나 금을 이용한 불법 거래를 통제하는 게 거의 불가능한 상황이었다. 또한 파키스탄과의 관계가 악화되면서 접경 지역을 중심으로 대규모 위조지폐가 유통된 것도 화폐 개혁을 단행하게 된 원인으로 지목된다.

그러나 이와 같은 인도의 화폐 개혁에 대해 많은 경제학자가 잘못된 정책이었다고 비판하고 있다. 연구자들은 "화폐 개혁 이후, 인도 은행의 신용 규모가 2퍼센트포인트나 줄며 경제에 심각한 충격이 발생"했다고 평가했다. 여기서 신용이란, 은행들의 각종 대출을 모두 합한 것을 의미하니 경제에 돈줄이 마르는, 이른바 '신용경색' 현상이 출현했던 셈이다.

물론 인도의 경제성장률이 2016년에는 8.0퍼센트, 2017년엔 8.3퍼센트였던 것을 감안하면, 화폐 개혁의 충격은 그리 크지 않았던 것처럼 보인다. 그러나 이 수치는 정부가 파악하지 못한 지하 자금이 노출된 영향일 뿐, 오히려 연구자들은 화폐 개혁 이후 3퍼센트포인트 이상의 성장률 하락이 나타났고, 고용률은 거의 2퍼센트포인트 가깝게 떨어지는 파멸적 결과가 초래됐다고 지적한다. 참고로 고용률이란, 15~64세 인구에서 현재 직업을 가지고 있는 사람들의 비율이다.

그렇다면 인도의 화폐 개혁은 왜 큰 후폭풍을 일으킨 걸까? 인도가 지폐에 의존하는 경제였기 때문이다. 선진국 경제는 주로 은행을 통해 필요한 자금을 주고받거나 신용카드를 주된 결제 수단으로 이용하지만, 인도는 금융시장이 거의 발달되어 있지 않아 지폐에 의존하던 상황에서 지폐 공급이 충분하게 이뤄지지 않았으니 경제적 충격이 클 수밖에 없었다. 게다가 인도의 국토 면적이 대단히 넓은 반면 철도와 도로 등 인프라가 부족했던 것 역시 화폐 개혁 충격을 더욱 확대한 요인으로 작용했다. 지역별로 신권 공급 격차가 대단히 컸고, 화폐 개혁이 시행된 지 4개월이 지난 2017년 3월까지도 구권의 77퍼센트만 신권으로 교환될 정도로 지체가 심각했으니 말이다.

물론 인도의 화폐 개혁이 모든 경제 분야에 부정적인 영향을 미친 것은 아니다. 핀테크 업체 및 신용카드 산업은 공전의 호황을 누렸다고 한다. 지폐에 대한 의존도가 높았던 인도 사람들을 강제로 신용거래의 세계로 유입시키는 결과를 가져와, 강력한 성장의 계기를 만든 셈이다.

그럼에도 화폐 개혁이 인도 경제에 크나큰 상처를 남긴 것만은 분명하다. 연구자들이 "인도의 현금 부족 사태는 미국 중앙은행이 정책금리를 단번에 2퍼센트포인트 인상한 것과 같은 경제적 충격을 미쳤다"라고 평가할 정도니 말이다. 게다가 모디 정부의 의도와 달리, 인도 사람들의 금 사랑은 더욱 높아지고 말았다. 코로나19 사태 이후 국제 금값이 지속적으로 오르고 있는데, 수요의 상당 부분을 중국과 인도 사람들이 차지하고 있다고 한다.

그러나 이상과 같은 인도의 사례는 북한에서 벌어졌던 일에 비하면 아무것도 아니다. 최근 북한 경제가 수렁에서 헤어나지 못하고 있는 이유가 잘못된 경제 성장 전략뿐만 아니라, 반복적인 화폐 개혁의 결과로 '신뢰'를 잃어버렸기 때문임을 5부 4장에서 확인할 수 있을 것이다.

참고한 글과 책

- 주간조선(2019.4.21), "화폐개혁, 누가 군불 지피나".
- 뉴스토마토(2019.5.20), "이주열 총재 '리디노미네이션 추진 안 한다'".
- 한국민족문화대백과사전, 『화폐개혁』.
- 국가기록원, 『제3차 긴급통화금융조치』.
- 대한민국 역사박물관(2016.6.13), 『한국은행 총재도 모른 1962년 6월 10일 화폐개혁』.
- 안재욱(2019), 『리디노미네이션에 대한 오해와 진실』, 자유기업원 CFE Report.
- 한국투자증권(2019.4.19), "리디노미네이션 사례와 시사점".
- 한국은행(2017.1.20), "인도의 화폐개혁에 대한 평가".
- Gabriel Chodorow-Reich, Gita Gopinath, Prachi Mishra, Abhinav Narayanan(2019), 『Cash and the Economy: Evidence from India's Demonetization』, NBER Working Paper No. 25370.
- The Times of India(2020.7.3), 『Physical gold demand in China, India continues to wane as virus weighs』.

더 깊게 읽기 ④

1962년 화폐 개혁 이후에도 한국 물가가 급등한 이유는?

한국 경제는 해방 이후 오랫동안 물가 불안(이하 '인플레')에 시달렸다. 1950년대에는 전쟁 비용을 충당하고 전쟁으로 파괴된 생산 시설 등을 복구하기 위해 화폐를 마구 찍어낸 것이 인플레의 원인이었다. 반면 1960년대 이후에는 수입 물가 상승이 인플레의 원인이 됐다. 박정희 정부가 수출 주도의 경제 성장 정책을 추진하는 과정에서 달러에 대한 원화 환율이 상승했는데, 환율이 상승하면 해외에서 수입하는 제품의 가격이 상승하고, 이는 다시 수입상의 매점매석을 부추겨 투기가 불붙게 된다. 나아가 적극적인 경제 개발 정책을 추진하는 과정에서 이자율을 낮게 책정한 것도 물가 불안의 요인

〈표 5-5〉 1954년부터 1970년까지의 한국 물가 상승률 추이

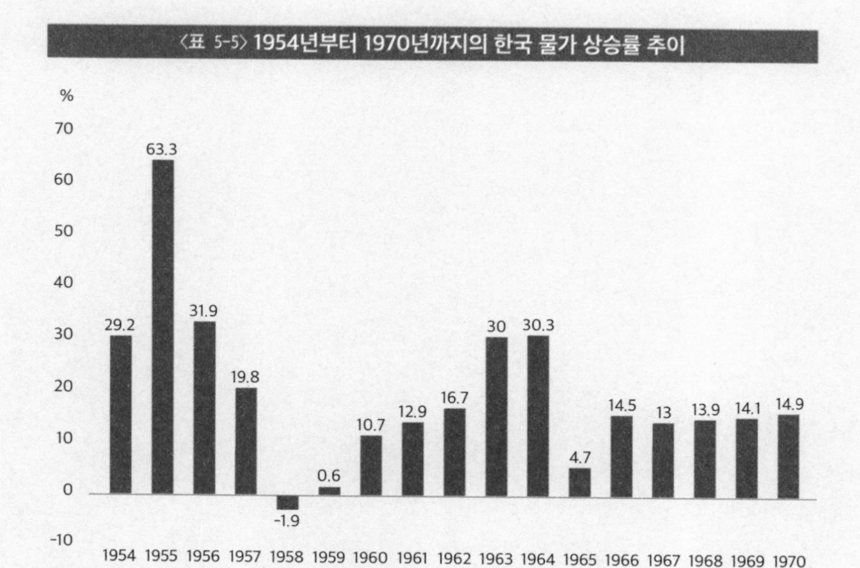

● **출처:** 한국은행 경제통계정보시스템(ECOS)

으로 작용했다. 기업들이 사업을 추진하는 데 도움을 줄 목적으로 이자율을 낮게 책정했는데, 가계 입장에서는 화폐 개혁의 충격에 낮은 이자율에 대한 실망까지 더해진 꼴이라 예금을 기피하고 주택 구입 등 실물투자로 돌아서는 계기가 됐다. 결국 수입 물가 상승에 토지·주택 가격의 급등이 가세하며 1960년대 내내 인플레 수준이 매우 높았다.

화폐 개혁 같은 특단의 조치만으로는 인플레를 잡을 수 없다. 인플레를 잡기 위해서는 환율을 안정시키고, 생산성을 향상시켜 적기에 소비자가 원하는 제품을 공급하거나 경제 전체의 수요를 진정시키는 등의 안정 대책을 마련해야 한다. 하지만 당시 상황에서 이러한 점을 기대하기는 힘들었다.

THE HISTORY OF MONEY

북한은 어쩌다 자기 발목을 잡았나?

세계 여러 경제학자들은 한국과 북한을 즐겨 비교한다. 1945년 일본으로부터 독립할 때는 둘 다 가난했지만, 2018년 기준으로 남한의 1인당 국민소득은 3만 달러를 넘어선 반면, 북한은 1천 달러 초반에 멈춰 있기 때문이다.

물론 두 나라의 출발선에 차이가 있었음은 인정해야 한다. 북한은 상대적으로 산이 많은 데다 분단으로 인해 해운을 이용하기 어려운 면이 많았다. 반면 북한이 가진 이점도 있었다. 무엇보다 일제 강점기 때, 북한 지역이 만주와 인접해 있던 관계로, 그곳에 많은 생산 설비가 집중되었던 것은 큰 이점이 아닐 수 없다. 따라서 분단 당시의 환경만으로 두 나라의 성장률 격차를 설명하기는 어렵다. 그렇다면 지금의 격차를 만든 결정적 요인은 무엇일까?

일단 구조적 문제를 차치하고 본다면, 필자는 2009년 화폐 개혁(5차 화폐 개혁)이 북한 경제를 완전히 망가뜨린 직접적인 원인이었다고 본다. 당시 북한 정부는 모든 지폐에서 0을 두 개 떼어낸 새로운 화폐를 발행했는데, 여기까지는 1962년에 시행한 한국의 화폐 개혁과 큰 차이가 없다.

그런데 북한은 한국과 달리, 화폐 개혁을 하면서 새로운 화폐로 교환할 수 있는 옛날 화폐의 액수를 제한했다. 즉, 구권 100원을 신권 1원으로 교환하되, 세대당 교환 가능 액수를 10만 원으로 한정했던 것이다. 당시의 공식 환율로 따져도 최대 교환 가능 액수는 690달러에 불과했다. 2009년 당시 북한 쌀값은 1킬로그램당 2,200원이었음을 감안하면, 쌀 45킬로그램을 살 수 있는 돈 외에는 모두 휴지조각이 된 꼴이다.

사실 이는 북한 정부가 노린 것이었다. 북한 정부는 배급에 의존하는 북한의 경제 시스템 밖의 암시장에 점점 더 신경을 곤두세우고 있던 참이었다. 그러다가 펜 한번 놀리는 것으로 암시장 상인들이 불법으로 축적한 막대한 현금을 허공으로 날려버리는 데 성공한 것이다.

그러나 현금을 모아놓은 건 암시장 상인만이 아니었다. 평범한 북한 주민 대부분도 봄철 보릿고개에 굶어 죽지 않기 위해 현금을 모아놓은 상태였다. 북한에서 흘러나오는 몇 안 되는 뉴스에 따르면, 돈을 모아놓은 사람들이 예전 화폐를 새 돈으로 바꾸기 위해

집으로 몰려가는 바람에 "시장과 기차역에서 엄청난 혼란이 빚어졌다"라고 한다. 그러나 새 화폐로 바꾸는 데 주어진 시간 또한 고작 24시간에 불과해 상당수가 전 재산을 잃어버리고 말았다.

이후에 어떤 일이 벌어졌을까?

평생 모은 돈을 하루아침에 날리는 횡액을 겪은 주민들이 새로운 화폐를 보유하고 싶어 하지 않는 바람에 북한은 다시 물물경제 혹은 해외 화폐를 주로 사용하는 나라가 되었다. 이로 인해 북한의 물가는 폭발적으로 상승했다. 화폐 개혁 이전에 쌀값이 1킬로그램에 2,200원이었으니 새 화폐로 22원이 되어야 하지만, 2009년 12월에는 50원, 2010년 1월 중순에는 300원, 그리고 1월 말에는 800원까지 폭등했다.

새 화폐의 가치는 하락한 반면, 달러의 값어치는 상승했다. 2018년 7월 북한이 발표한 공식 환율은 1달러당 102~112원이다. 이 환율은 북한 당국에서 개설해 놓은 공식 환전소에 적용되었다. 그러나 북한 주민 중 누구도 공식 환전소에서 환전하지 않았는데, 암시장에서는 1달러가 북한 돈 8,400원과 교환되었기 때문이다.

앞서 1부에서 보았던 소말리 실링이나 송전의 사례가 북한에서 나타난 것이다. 자국 정부가 스스로 통화를 파괴하거나, 품위 높은 통화를 유지할 능력이 없다고 생각될 때 사람들은 대안을 찾기 마련이다. 그 대안은 바로 '지배자가 마음대로 찍어낼 수 없는' 옛날 화폐(소말리 실리) 혹은 다른 나라에서 만들어진 화폐(송전)다. 지금 북한에서는 미국 달러나 중국 위안화가 그 대안이 되고 있는 것으로 보인다.

그런데 조선 왕조 말기에도 2009년 북한에서와 같은 일이 있었다. 홍선 대원군이 섭정하던 1866년 10월, 우의정 김병학金炳學이 경복궁 재건 등으로 야기된 재정난을 타개하기 위해 당백전當百錢의 주조를 건의해 왕의 재가를 얻었다. 당시 홍선 대원군은 안으로는 왕권을 강화하는 상징적인 사업으로 경복궁 재건을 추진했고, 밖으로는 서구 열강의 침탈에 대비하기 위해 군비 증강에 힘썼다. 두 사업 모두 대규모 재원을 필요로 하였기에, 실질적인 가치가 기존 상평통보常平通寶와 비슷하나, 액면 가치가 100배에 달하는 당백전을 주조하여 유통시키는 파격적인 조치를 취했던 것이다. 당시 위정자들도 당백전이 강력한 인플레, 즉 쌀이나 삼베 같은 생필품의 가격을 급등시킬 것이라 우려했지만 당백전의 주조를 막지는 못했다.

당백전은 1867년 1월부터 유통되었고, 주조는 그해 6월까지 이뤄져 발행 총액은 1,600만 냥에 이르렀다. 당시 화폐의 민간 주조, 다시 말해 사주私鑄 행위가 빈발했던 것을 감안하면 당백전의 실질적인 발행량은 이보다 훨씬 더 많았을 것으로 추정된다.

이와 같은 대규모 화폐 주조는 인플레로 이어져 쌀값이 5~6배나 오르는 일이 벌어졌다. 게다가 민간에서는 당백전을 기피하고 기존의 상평통보를 더 선호했기에, 시장에서 상평통보가 자취를 감추는 일까지 벌어졌다. 결국 1868년 10월 당백전의 통용은 중단되었다.

1867년 발행된 당백전

이 과정에서 조선 정부는 꽤 큰 이익을 누렸다. 이 문제를 이해하기 위해, 시장에 6만 개의 상평통보가 유통되고 있었다고 가정해보자. 이때 대원군이 상평통보의 1/10인 6천 개를 회수해 동일한 중량과 함량을 가진 '당백전'을 주조한다면? 대원군은 6천 개의 당백전으로 60만 개의 상평통보에 해당하는 구매력을 단기간에 누릴 수 있으므로 어마어마한 차익을 얻게 된다.

그 대신 경제는 멍이 든다. 경제 내에서 유통되던 화폐가 6만 개에서 65만 4천 개로 거의 백 배 늘어났으니 인플레가 발생하지 않을 수 없다. 그리고 당백전의 실질적인 가치가 폭락하는 가운데, 상거래는 사실상 정지될 수밖에 없다.

이보다 더 큰 문제는 '신뢰'의 상실이었다. 개항 이후 조선 사람들이 일본 은화나 멕시코의 페소화 등 해외 화폐를 적극적으로 받아들이고 사용했던 것은 2009년 북한 화폐 개혁 이후 벌어진 일을 연상시킨다.

북한 경제가 2009년 이후 저성장의 늪에 빠져든 것처럼, 당백전 발행 이후 조선 왕조도 비슷한 길을 걸었다. 외세의 침략에 조선이 힘없이 굴복한 이유는 군사력의 차이도 있지만, 그 이전에 강력한 군사력을 확보하고 유지할 수 있는 재정 능력을 갖추지 못한 것도 무시 못할 요인이었던 셈이다.

참고한 글과 책

- 한국은행(2020), 『2018년 북한 경제성장률 추정 결과』.
- Daron Acemoglu, David Laibson, John A. List(2019), 『경제학원론 2판』, 167~168쪽.
- 찰스 윌런(2020), 『돈의 정석』, 30~31쪽.
- 주성하(2018), 『평양 자본주의 백과전사』, 46~48쪽.
- 국사편찬위원회(2006), 『화폐와 경제활동의 이중주』, 98~99쪽.
- 왕링옌, 왕퉁(2018), 『역사 속 경제 이야기』 218~220쪽.
- 김두얼(2020), 『사라지는 것은 아쉬움을 남긴다』, 87~89쪽.

더 깊게 읽기 5

북한 경제가 망가진 근본 원인은?

북한이 침체의 늪에 빠진 가장 큰 이유는 2009년 화폐 개혁 실패 때문이지만, 사실은 김일성이 집권하던 시절부터 이미 저성장의 싹이 자라고 있었다는 점을 놓쳐서는 안 된다.

북한에서 가장 중요한 사회간접자본은 철도다. 1945년 해방 당시, 북한은 3,797킬로미터의 철도망을 가지고 있었다. 남한의 철도망이 3,614킬로미터였으니 두 나라 간 차이는 크지 않았다. 그러나 2015년이 되면, 남한의 철도 총연장 길이는 9,001킬로미터로 늘어난 데 비해, 북한은 고작 5,304킬로미터에 불과했다. 남한은 수십 개의 고속도로가 거미줄처럼 깔려 있는 반면, 북한의 고속도로는 평양-개성 구간뿐인데도 철도망의 확충이 거의 이뤄

〈표 5-6〉 1910~2015년 남한과 북한의 철도 총연장

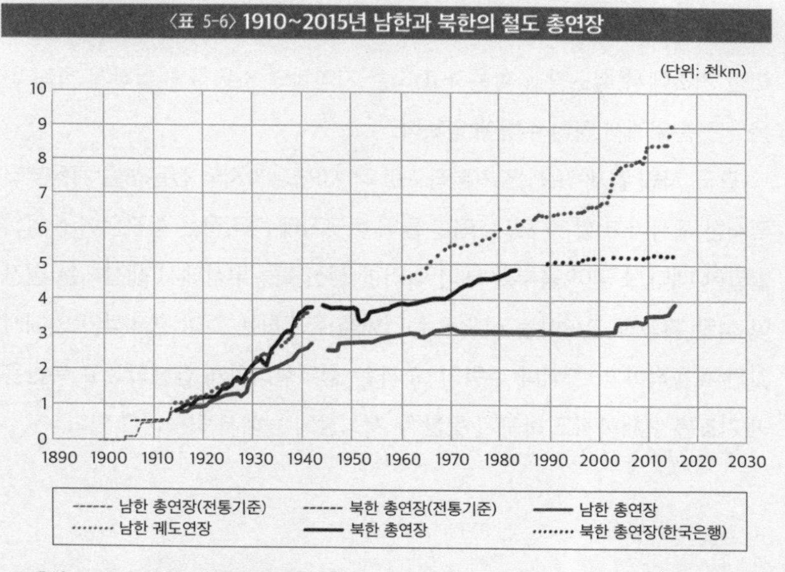

● **출처:** KDI(2018.11), 『북한경제리뷰』, "북한의 철도 건설, 1900~2015 산업화와 장기 경제침체에 대한 함의".

지지 않은 것이다. 특히 기간을 세분해보면, 1945~1990년에 증설된 구간은 1,248킬로미터에 그친다. 당시 북한 경제가 중국과 소련 등 동구권의 지원을 받으며 상당히 번창하던 상황이었음을 감안하면, 자금 부족으로 이런 일이 벌어졌다고 보기는 어렵다.

그렇다면 왜 북한 철도망은 이렇게 빈약할까? 결국 원인을 지도부의 판단에서 찾을 수밖에 없다. 북한 당국은 경제의 기본 발전 방안으로, '자립 경제' 노선을 추구했다. 자립 경제 노선은 여러 차원에서 구성되었는데, 다른 나라와의 교역에 의존하지 않을 뿐만 아니라 각 군郡이 완결된 경제 단위가 되도록 하는 것이 특징이었다.

북한 당국은 한국 전쟁이 한창이던 1952년에 평양 등 일부를 제외하고는 약 10~20만 명 인구를 가진 168개 군으로 행정구역을 개편했다. 168개 군은 식량과 원료 그리고 필요한 소비재를 스스로 생산하고 조달할 수 있게 구획되었고, 1958년 한 해에만 전국에 약 1천 개의 지방 공장이 건설되었다. 이런 기조에서 철도망을 확충하고 다른 지역과의 소통을 원활하게 하는 일은 우선순위에서 밀릴 수밖에 없었다.

결국 '자립 경제' 노선은 기본적으로 각 지역의 입지와 전문성을 처음부터 무시한 처사라고 할 수 있다. 예를 들어 바닷가에 자리잡은 청진은 수산업이 발달한 데다 소금이 풍부할 테니 이러한 생산물을 무산에서 생산되는 철강 및 석탄 제품과 교환하는 식으로 전업화를 유도하는 것이 경제적인 면에서 훨씬 효율적이다. 그러나 수령의 '교시'는 철두철미하게 집행되었고 북한은 이 기조를 현재까지도 바꾸지 못한 채 저성장의 늪에서 허덕이고 있다.

'신뢰' 받는 통화를 가진 나라인가요?

최근 세미나에서 강의를 하다 보면, 다음과 같은 질문을 받는다.

"브라질 헤알화 환율이 급등했는데, 여기 투자해보면 어떨까요?"

물론 이 질문에서 '브라질 헤알' 대신 '터키 리라'를 넣어도 된다. 어쨌든 이때마다 답은 정해져 있다.

"손실을 보더라도 인생에 지장이 없는 수준이라면 투자해도 좋을 것 같습니다."

왜 이렇게 대답할까? 해당 국가는 '신뢰'를 받는 화폐를 만들어

내지 못했기 때문이다. 이 나라 화폐에 투자해서 수익을 거둘 수도 있겠지만, 이 나라가 갑자기 화폐 시스템을 바꾸거나 정책을 전환해버리면 환율이 급등해 손실을 볼 위험을 배제할 수 없다.

가장 대표적인 사례가 브라질이다. 브라질은 현재 사용되는 헤알화 이전에 수없이 화폐 개혁을 단행했지만, 인플레를 억제할 수 없었다. 단적인 예로 1994년 브라질의 소비자물가 상승률은 2,076퍼센트였다. 물가가 한 해에 20배 올랐으니, 1867년 조선에서 벌어진 일이 브라질에서 재현되었던 셈이다.

왜 브라질 물가는 이렇게 급등했을까? 세금을 제대로 걷지 않았기 때문이다. 국내총생산 대비 브라질의 재정은 평균 -4.79퍼센트로, 1996년 이후 2019년까지 단 한 차례도 흑자를 기록한 적이 없다. 경복궁을 중건하다 축난 국가 재정을 메우기 위해서 당백전을 발행했던 대원군이 연상되지 않는가?

세금을 걷어서 재정을 꾸리기보다 윤전기를 돌려 재정을 메우는 손쉬운 방법을 선택한 대가는 바로 국민의 신뢰 상실이다. 브라질이나 터키 등 수많은 나라가 국민들이 자국 화폐보다 미국 달러나 금을 더 선호하는 상황을 완전히 극복하지 않는 한, 이런 나라의 화폐로 표시된 자산에 대한 투자는 선별적으로 이뤄져야 할 것이라 생각한다. 어떤 나라의 자산에 투자하기 전에는, 그 나라의 역사, 특히 통화 정책의 흐름을 한 번이라도 보아야 한다는 사실을 잊지 말자.

참고한 글과 책

- IMF(2020.4), 『World Economic Outlook』.
- 서울경제신문(2020.5.8), "에르도안 금리개입 탓 자본유출 가속...통화 가치 뚝 떨어지고 고물가 시달려".
- 조선일보(2020.4.27), "'코로나 탄핵 1호' 위기 몰린 브라질의 트럼프".

PART

6

모든 금융위기의 아버지, 2008년 글로벌 금융위기

THE HISTORY OF MONEY

THE HISTORY OF MONEY

2008년 글로벌 금융 위기의 발생 원인은?

2008년 리먼 브라더스가 파산하고, 메릴린치와 시티 등 세계적인 금융기관이 연쇄적인 뱅크런을 경험한 지 만 12년이 지났다. 5부에서 살펴본 것처럼, 뱅크런을 막기 위해 예금보험제도는 물론 지급준비금제도 등 다양한 대비책이 강구되어 있었음에도 왜 그런 금융위기가 발생했는지 의문을 품은 독자들이 많으리라 생각한다. 6부에서는 이 문제를 본격적으로 살펴보려 한다.

글로벌 금융위기가 남긴 상처가 너무나 깊기에 이 글을 읽는 독자들 중 일부는 마음이 불편할 수도 있을 것이다. 아직도 유럽의 많은 나라는 2007년의 국민소득을 회복하지 못했고, 우리나라 역시 한때 수출이 40퍼센트 가까이 감소하는 등 심각한 위기를 겪었으니 말이다. 그러나 2020년 3월부터 시작된 이른바 '코로나 위기'

에 대한 세계 주요 중앙은행의 정책 대응을 이해하기 위해서라도, 2008년 글로벌 금융위기가 왜 발생했고 또 어떻게 해결될 수 있었는지 알아둘 필요가 있다.

2008년 글로벌 금융위기를 이야기하려면, 1980년대부터 은행들의 사업 환경이 달라진 것부터 설명해야 한다. 그 이전까지 은행들은 아주 평화로운 환경에서 장사했다. 개인이나 기업으로부터 예금을 받아 약간의 마진을 붙여 대출해주면 이자를 따박따박 받을 수 있었다. 물론 특정 산업에 올인하거나 너무 공격적으로 대출해줄 경우에는 망할 위험이 있었다. 그래서 국제결제은행BIS이 자기자본비율 규제를 도입했는데, 그 내용은 아주 간명하다. 대출해주고 싶다면, 자기자본을 확충하라는 것이다. 자기자본이란 주주들이 이 회사에 투자한 지분과 과거에 벌어들인 이익 중에 배당하지 않고 남아 있는 돈을 의미한다. BIS 기준 자기자본비율의 최저 기준은 8퍼센트이니, 이는 8조 원의 자기자본이 갖춰져 있어야 100조 원의 기업 대출(부동산 담보대출은 이보다 더 많이 할 수 있다)을 해줄 수 있다는 이야기다.

은행들은 자기자본비율 규제에 맞춰 다양한 산업에 대출해줌으로써 안정적으로 돈을 벌 수 있었고, 신흥국에 돈을 빌려줬다가 손실을 본 콘티넨털 일리노이 은행이 1984년 파산한 것을 제외하고는 큰 금융위기나 뱅크런은 없었다.

그러나 1980년대 이후 사업 환경에 변화가 생겼는데, 가장 큰 변화는 예금 유치 경쟁이 치열해진 것이다. 최근 한국에서도 유행한 CMA(Cash Management Account의 약자로, 자산관리계좌를 뜻한다)가 등장한 것이 은행 경영 환경에 큰 변화를 가져온 요인이었다. 저금리 환경이 본격화되는 과정에서 예금자들이 조금이라도 더 돈을 주는 곳으로 이동하기 시작했는데, 메릴린치를 비롯한 증권사들이 CMA라는 혁신적인 상품을 내놓으면서 은행에 있던 돈이 다른 곳으로 빠져나갔던 것이다. 이뿐만 아니라 자본시장이 발달하면서 기업들이 은행에서 돈을 빌리기보다 채권시장에서 직접 자금을 빌리는 일, 즉 회사채Corporate Bond 발행을 늘린 것도 은행의 경영 여건을 어렵게 만든 요인이었다.

사태가 이렇게 되자, 정부는 은행에게 살길을 열어주는 차원에서 규제를 크게 완화하기 시작했다. 여러 규제가 완화되었는데, 그중 예전에는 할 수 없었던 투자은행 업무를 일반 은행도 할 수 있게 길을 열어준 것이 핵심이라 할 수 있다.

투자은행이란, 골드만삭스Goldman Sachs나 리먼 브라더스Lehman Brothers 같은 회사들을 지칭하는데, 보잉이나 테슬라 같은 기업들이 은행이 아니라 채권 혹은 주식시장에서 자금을 조달할 때 이를 중개하고 지원하는 금융기관을 말한다. 물론 이를 위해 투자은행들은 자신들이 직접 투자하기도 하고, 기업들에게 다양한 전략을 짜주는 등 컨설팅 업무를 수행하기도 한다.

투자은행 이야기는 잠시 후에 이어가고, 다시 규제 완화 이야기로 돌아가자. 투기 규제를 목적으로 서로 다른 금융업종 간의 상호진출을 금했던 글래스 스티걸법Banking Act of 1933이 1999년에 폐지되면서 상업은행과 투자은행 간의 업무 경계가 사라지자, 이후 미국을 비롯한 전 세계 은행들은 대출 '유동화' 전략을 적극적으로 추진하였다. 대출 유동화란 어떤 은행이 한 달 동안 미국 전역에서 각 10만 달러 규모의 부동산 담보대출을 1만 건 한 다음, 이를 묶어서 하나의 채권MBS(주택저당증권)으로 만드는 것을 말한다. 각각의 대출은 부실 위험이 있지만, 1만 건을 10억 달러 규모의 채권으로 묶어버리면 이 채권은 꽤 안정적인 자산으로 받아들여진다. 이를 금융 세계에서는 '대수의 법칙'이라고 한다. 즉 특정 지역에서 부실이 생기더라도, 충분히 분산해서 대출한다면 전체 대출은 매우 안정적일 수 있다는 이야기다. 물론 이 은행은 10억 달러 규모의 채권을 각국의 연기금과 중앙은행 그리고 채권형 펀드 등에 조각내어 판매함으로써 주택담보대출의 부실 위험을 털어버린다.

은행들이 이런 복잡한 일을 한 건 다음의 두 가지 이점 때문이다. 하나는 BIS 기준 자기자본비율 규제를 상당 부분 회피할 수 있어서다. 100조 원을 대출해주기 위해서는 8조 원의 자기자본이 필요한데, MBS로 대출을 팔아버리면 판매 대금이 들어와 대출을 더 해줄 수 있게 된다. 물론 은행이 만기까지 대출을 보유하는 데 따르는 수익에 비하면 MBS 판매에 따른 수익은 상대적으로 적다. 그렇다 하더라도 계속 채권 시장에서 MBS 형태로 팔 수 있기 때문에 사업의 회전율을 높일 수 있다는 장점이 있다. 즉 동일한 자기 자본으로 예전보다 더 많은 대출을 해줄 수 있어 결과적으로 수익성이 개선되는 것이다.

또 다른 이점은 '금리 상승'에 따르는 위험을 다른 이에게 넘길 수 있다는 것이다. 예를 들어 5퍼센트 이자를 30년 동안 받기로 하고 1억 원을 대출해주었는데, 금리가 10퍼센트로 상승한다면 어떻게 되겠는가? 예금 금리를 10퍼센트나 주고 자금을 조달하는데, 수익은 단 5퍼센트에 불과하니 이 은행은 큰 손실을 입을 수밖에 없다. 따라서 대출을 해주는 즉시 MBS 형태로 시장에 조각 내어 팔아버리면, 수익은 조금 제한되더라도 먼 미래에 발생할지도 모르는 금리 상승에 따른 피해는 최소화할 수 있다. 물론 1980년 이후 40년 동안 시장 금리는 계속 떨어졌지만, 은행들은 금리 상승이 가져올 피해를 아예 차단할 수 있다는 매력 때문에 적극적으로 MBS 발행을 늘렸다.

MBS는 이를 사들이는 사람에게도 이익이다. 사실 필자도 미국 MBS 투자를 선호하는데, 만기가 같은 정부 발행 채권에 비해 금리가 최대 3퍼센트 이상 높기 때문이다. 당장 2018년 말만 해도 30년 만기 미국 MBS 금리는 5퍼센트를 넘어서기도 했다. 한두 해도 아니고, 무려 30년 동안 금리를 매년 5퍼센트씩 주는데, 투자자들이 서로 사겠다고 나서지 않겠는가?

이처럼 2008년 글로벌 금융위기 때까지만 해도 은행의 규제 완화는 모든 이에게 이익이 되는 것처럼 보였다. 그러나 시간이 지나면서 급격한 '대출 증가'라는 악영향을 일으켰다. 앞에서 이야기했듯, 은행들 입장에서 동일한 자기자본을 가지고도 더 많은 대출을 해줄 수 있게 되었으니 경제 전체에 돈이 흘러넘쳤고, 이는 결국 부동산 시장 거품으로 이어졌다.

과잉 대출 못지않게 대출 심사가 간소화되었다는 점도 2008년 글로벌 금융위기를 일으킨 결정적 요인이다. MBS 발행이 대출 심사를 간략하게 만들었는데, 그 이유는 '책임 소재'에 있다. 은행들이 30년 동안 이자와 원금을 '직접' 받아야 한다면 아무에게나 대출을 해주지 않을 것이다. 그 사람의 소득을 꼼꼼히 확인하고, 그가 카드 대금을 연체한 경력이 있는지도 면밀히 점검할 것이다. 그러나 MBS 발행이 폭발적으로 늘어나자 은행들은 대출 심사에 별로 열의를 갖지 않게 되었다. 어차피 조각 내어 채권 시장에서 다른 이에게 판매할 테니 굳이 열심히 심사할 이유가 없었던 것이다.

2000년대 중반을 지나면서 부동산 담보대출은 점점 부실화되어갔다. 닌자 대출NINJA Loan('No Income No Job'이라는 말을 줄인 것으로 신용도가 낮은 사람에게 대출이 이뤄진 것을 꼬집는 말이다)이라고 불렸던, 가계의 신용도나 지불 능력에 대한 검토 없이 무작정 돈을 빌려주는 일까지 빚어졌다. 결국 신용도가 낮거나 자금이 부족한 사람마저 대출을 받아 주택을 구입하기에 이르니, 주택 시장에 거품이 끼기 시작했다.

물론 은행에 대한 규제 완화와 그로 인한 은행의 방만한 경영에만 2008년 금융위기의 책임을 돌릴 수는 없다. 오히려 2000년대 중반, 부동산 시장에 버블이 형성되고 있음에도 이를 규제하거나 금리를 인상해 대응하려 들지 않았던 연준 등의 정책 당국에 가장 큰 책임을 물어야 할 수도 있다. 다음 장에서 이 부분을 보다 자세히 살펴보자.

참고한 글과 책

- The Guadian(2011.12.36), “Virgin Money buys Northern Rock for £747m”.
- 티모시 가이트너(2015), 『스트레스 테스트』, 29쪽.
- 한국경제(2007.10.24), “‘비윤리적 행위’ 4가지 변명이 기업 망친다”.’
- 한국경제(2007.2.13), “[증권사 CMA 뜬다] 메릴린치, CMA로 컸다”.
- 이찬근(2011), 『금융경제학 사용설명서』, 25, 49, 53, 131쪽.
- 미래에셋대우WebZine(2019. 10), “[쉽고 재미있는 투자의 역사] 2008년 글로벌 금융위기의 배경은? 글래스 스티걸 법안의 폐지의 영향”.
- 벤 버냉키(2010), “Monetary Policy and the Housing Bubble”.
- 주간경향(2016.3.15), “[영화 속 경제]〈빅쇼트〉-미국 주택시장 버블의 원인 ‘닌자 대출’”.

더 깊게 읽기 ❶

2000년대 미국 사람들은 왜 그렇게 부동산을 좋아했을까?

2000년대 미국 부동산 가격이 급등했던 건 무엇보다 저금리 때문이었다. 집은 어느 나라에서나 비싼 재화이다 보니, 자기 돈을 다 주고 주택을 구입하는 사람은 그리 많지 않다. 따라서 부동산 담보대출의 이자율이 주택 시장에 큰 영향을 미치게 된다. 당시 미국 경제는 2001년 발생했던 대규모 테러 공격(이하 '9.11 테러')과 정보통신 주식 가격의 폭락 사태로 대단히 어려웠다. 특히 9.11 테러에 맞서 부시 정부가 '테러와의 전쟁'을 선포하며 아프가니스탄과 이라크로 전선을 확대함에 따라 국제 유가가 급등한 것도 경제의 어려움을 키웠다. 이에 연준은 정책금리를 1퍼센트까지 내리는 등 적극적인 경

〈표 6-1〉 1975년 이후 미국 주택 가격(1980년 1분기=100)

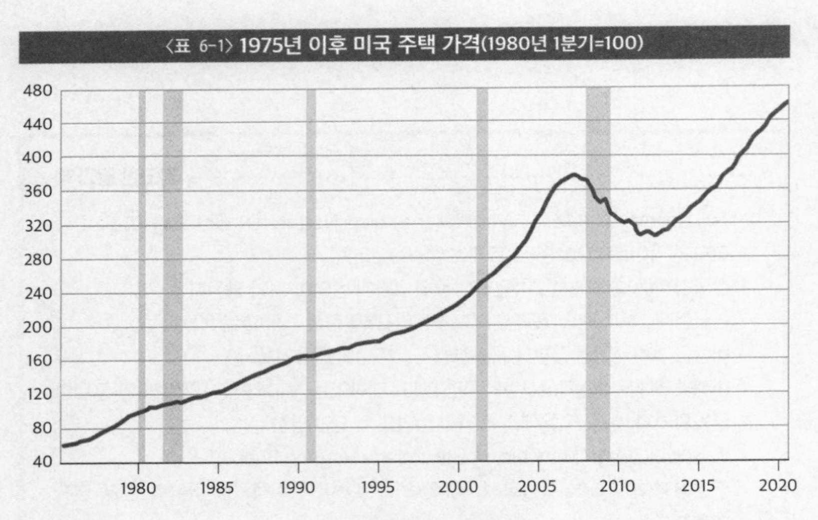

● **출처:** 세인트루이스 연은(https://fred.stlouisfed.org/series/USSTHPI)

기부양 정책을 펼쳤는데, 이러한 정책이 결국 부동산 시장의 강세를 유발한 요인이 되었다.

부동산 시장에 시중 자금이 대거 몰려든 또 다른 요인은 바로 미국 부동산 가격이 한 번도 빠진 적이 없다는 사실에 있다. 〈표 6-1〉은 1975년부터 2008년까지 미국 부동산 가격이 연간 단위로 단 한 번도 빠진 적 없이 올랐다는 사실을 보여준다. 은행이나 투자자들은 모두 주택 가격이 앞으로 계속 상승할 것이라고만 생각했지 폭락의 위험이 있다고 생각하지 않았기에 모험적인 대출에 뛰어들었던 것이다.

더 깊게 읽기 2

은행은 어떻게 돈을 버나?

은행이 어떤 식으로 돈을 버는지 알아두면, 경제를 이해하는 데 큰 도움이 된다. 기본적으로 경제는 돈이 돌아야 좋아지는데, 은행이 경제의 혈액순환에 가장 결정적인 기여를 하기 때문이다. 예를 들어, 2003년 카드 위기 때처럼 은행이 식물 인간 상태가 되면 경제성장률은 크게 떨어진다. 기업이나 가계 모두 돈을 빌리지 못해 쩔쩔매는 상황에서 투자와 고용이 제대로 이뤄질 리 없으니 말이다.

그렇다면 은행은 어떻게 돈을 벌까? 간단하다. 예대 마진에서 충당금과 판관비를 뺀 것이 바로 은행의 이익이다. 충당금이란, 은행들이 돈을 빌려줬다 떼이는 경우에 발생할 비용을 미리 쌓아두는 일종의 보험이다. 판관비는 판매관리비로, 은행이 고용한 직원에 대한 월급과 빌린 점포에 대한 임대료

〈표 6-2〉 1950년 이후 은행의 대출금리(갈색 선)와 정부 정책금리(녹색 선) 추이

● **출처:** 세인트루이스 연은(https://fred.stlouisfed.org/graph/?g=sUUt)

등이 포함되는데 판관비는 크게 변동하지 않는다. 결국 은행의 이익은 예대 마진과 충당금에 의해 좌우되는데, 예대 마진은 대출이자에서 예금이자를 뺀 것이다. 부동산 담보대출금리가 5퍼센트이고 예금금리가 2퍼센트라면, 이 은행의 예대 마진은 3퍼센트포인트라 할 수 있다.

따라서 은행은 예대 마진이 크고 충당금 설정이 줄어들 때 돈을 벌고, 반대로 예대 마진이 줄고 충당금 설정 부담이 커지면 손실을 입는다. 불황이 다가올 때(〈표 6-2〉의 음영 부분), 은행 주가가 폭락하는 이유는 이 때문이다. 불황으로 기업과 가계가 파산하면 충당금 적립 부담이 걷잡을 수 없이 커지기 때문이다. 물론 은행이 순수한 피해자는 아니다. 은행들은 불황이 온다 싶을 때 대출을 재빨리 줄이고 현금을 확보하기 위해 노력하는데, 이런 노력이 불황을 더욱 촉발하는 악순환으로 이어진다.

THE HISTORY OF MONEY

부동산 가격이 급등할 때 중앙은행은 무엇을 했나?

$

2003년 이라크 전쟁으로 경기여건이 악화되자 미 연준은 정책금리를 1퍼센트 수준으로 인하했고, 2004년 하반기부터 경기가 회복되기 시작하자 금리 인상에 나섰다. 그러나 금리 인상 속도가 너무 느렸다. 당시 1년에 여덟 차례, 연 2퍼센트포인트 금리를 인상했지만 이 정도의 금리 인상은 부동산 시장의 열기를 가라앉히기엔 역부족이었다. 오히려 완만한 금리 인상은 "연준이 주택 가격 상승을 버블이라고 보지 않는 증거"로 해석할 여지를 주었다. 전국 단위 부동산 가격 상승률은 2003년 6.3퍼센트에서 2004년에는 9.4퍼센트로, 2005년에는 무려 11.3퍼센트까지 높아졌다. 세계에서 세 번째로 땅이 넓은 나라인 미국의 부동산 가격이 이렇게 급등하는 것은 분명 비정상적인 일이었다.

그러나 연준뿐만 아니라 대부분의 경제학자는 "이게 뭐가 문제냐"라는 분위기였다. 지금은 도저히 이해가 안 되지만, 당시 분위기는 그랬다. 1995년 노벨 경제학상 수상자인 로버트 루카스Robert Lucas 시카고 대학 교수가 전미경제학회 회장으로 취임하면서 다음과 같이 이야기한 것만 봐도 알 수 있다.

"불황을 예방하기 위한 핵심적인 난제가 다 해결되었다(central problem of depression-prevention has been solved)."

이 말은 곧 앞으로 (전염병이나 전쟁 같은 돌발변수를 제외하고는) 경제위기는 없을 것이며, 경기순환이 사라진 아주 평화로운 시절이 도래했다는 것이었다.

물론 모든 경제학자가 같은 생각을 한 건 아니었다. 2005년 앨런 그린스펀Alan Greenspan 미 연준 의장의 은퇴를 기념하여 와이오밍주 잭슨홀에서 열린 국제회의 '그린스펀의 시대, 미래를 위한 교훈'에서 국제통화기금IMF의 라구람 라잔Raghuram Rajan 박사는 "현재 금융 시스템이 위험한 수준의 리스크를 안고 있다"라고 경고했다.

그러나 안타깝게도 참석자 대부분이 그를 대놓고 조롱했으며, 이후 연준의 주요 관계자들이 그의 지적을 깊게 고민한 흔적은 찾아보기 어렵다. 당시 라구람 라잔 박사는 미국 은행 수익에 뭔가 이상한 부분이 보인다고 지적했다. 즉, 경제 상황과 동떨어지게 은행들이 너무나 큰 이익을 내고 있다는 이야기였다. 그렇다면 미국 은행들은 2005년 당시 어떻게 어마어마한 이익을 올리고 있었을까?

그 답은 서브 프라임 대출에 있다. 2004년부터 대출금리가 상승하자 상당수 고객이 부담을 느끼며 부동산 구입을 망설였다. 그러자 미국 은행들은 신용도가 떨어지는 고객, 즉 서브 프라임Sub-prime(주택담보대출 심사를 통과하지 못한 부적격 고객)을 대상으로 대대적인 대출을 시작했다. 물론 서브 프라임 대출 고객은 신용도가 높은 고객에 비해 금리가 월등하게 높다. 그런데 서브 프라임 고객들은 10퍼센트 혹은 그 이상의 이자를 갚을 능력이 없었다. 이들이 파산하면 은행에 오히려 손실이 발생하지 않을까?

미국 은행들은 이 문제를 '2-28' 모기지로 해결했다. 즉 2년 동안은 '무이자' 혜택을 부과하고, 3년 차부터 원금과 밀린 이자를 갚는 상품을 내놓은 것이다. 이 상품은 NINJA 대출의 전형인 데다 3년 차부터 대대적인 이자 연체가 발생할 가능성이 높아 엄청난 위험성을 안고 있었다. 그러나 미국 금융기관은 물론 서브 프라임 대출을 신청한 사람들은 이성을 잃어버린 상태였다. 은행원의 상당수는 '2년 뒤 대출이 연체되기 전에 보너스를 받고 회사를 나가면 그뿐'이라는 생각에 젖어 있었고, 서브 프라임 대출을 받은 사람들은 무이자 혜택을 받는 2년 동안 주택 가격이 오를 테니, 이자를 낼 때가 되면 집을 팔아 해결하면 된다고 생각했던 것이다.

당시 미국 은행원들의 급여는 상상을 초월하는 수준이었으며, 특히 서브 프라임 대출처럼 수입이 크게 발생하는 상품을 팔 때 지급되는 보너스는 급여의 몇 배 수준이었다. 따라서 은행원들은 대출의 위험성을 깊이 생각하지 않았고, 대출을 채권으로 쪼개서 팔아버리면 그뿐이니, 그 뒤에 벌어질 일은 자신과 상관없다고 여겼다.

결국 2년 뒤인 2007년, 부동산 시장이 꺾였다. 무이자 기간 2년이 끝나자마자 서브 프라임 대출을 받은 사람들이 주택을 팔아 치운 데다, 정책금리도 5.25퍼센트까지 인상되어 실수요자들도 이자 부담을 느껴 너도나도 매물을 내놓기 시작한 것이다. 2007년 전국 부동산 가격은 전년도 같은 기간에 비해 단 1.1퍼센트 상승해 2006년의 상승률(7.2퍼센트)을 크게 밑돌았고, 플로리다나 캘리포니아처럼 상승을 주도하던 지역도 하락세로 돌아섰다. 금융위기가 촉발된 2008년에는 전국 주택 가격이 5.1퍼센트 빠진 데 이어, 2009년에도 5.6퍼센트 떨어져 부동산 시장뿐만 아니라 전체 경제에 치명적인 타격을 가하기에 이르렀다.

이 대목에서 잠깐 부연설명을 하자면, 미국의 부동산 담보대출은 대부분 '고정금리' 대출이다. 즉, 대출을 받을 때 금리가 높으면 이후 30년 동안 매월 많은 돈을 이자로 내야 한다는 얘기다. 따라서 이자율이 급등하는 시기에는 부동산 시장 매수세가 약해지고, 반대로 이자율이 급격히 인하될 때에는 주택 담보대출이 크게 증가한다.

그러나 당시 금융당국은 물론 경제학자들은 여전히 진상을 파악하지 못하고 있었다. 2013년 노벨 경제학상 수상자인 유진 파마Eugene Fama 교수는 2007년에 "버블이란 말을 들으면 화가 난다"면서 주택 시장을 신뢰할 수 있는 근거를 다음과 같이 설명한 바 있다.

> "주택 시장은 유동적이지는 않지만 사람들은 주택을 매입할 때 굉장히 신중해진다. 주택 구매는 대개 그들이 할 수 있는 가장 큰 투자이기 때문에 주변을 주의 깊게 살피면서 가격을 비교하게 된다. 매입 과정에 매우 세심한 고려가 이뤄진다."

즉 '신중하게' 거래되는 시장에 버블이라는 게 있을 수 없다는 결론이었다. 여기서 버블Bubble이란, 자산의 가격이 비누 거품처럼 급격히 부풀어 올랐다는 비유로, 시간이 지나면 비누 거품이 꺼지듯 자산 가격 버블도 결국 무너질 가능성이 높다.

유진 파마 교수의 주장은 꽤 그럴듯하지만, 2007년 부동산 시장 상황을 제대로 파악하지 못한 면이 있다. 2년 보유했다가 팔아버릴 생각으로 가득 찬 매수자와 보너스 받아서 퇴사할 꿈에 젖은 은행원들에게 세심한 고려를 기대하기는 어려운 일이 아닌가.

그렇게 2007년 여름부터 파국이 시작되었다. 제일 먼저 경고등이 울린 곳은 유럽이었다. 프랑스의 대형 은행, BNP 파리바가 운용하던 3개 헤지펀드의 환매를 중단했다. 헤지펀드란, 100명 미만의 소수 고객을 상대로 설정된 펀드로 다양한 운용전략을 통해 절대수익을 추구한다. 당시 BNP 파리바 은행이 설립했던 헤지펀드는 고수익을 올릴 목적으로 서브 프라임 대출을 쪼개서 판 채권에 투자했다가 큰 손실을 입었다.

이때만 해도 투자자 대부분은 '방심'한 상태였다. 서브 프라임 대출이 대부분 부실화될 것이라고는 생각 못 했고, 또 서브 프라임 대출 규모가 2조 7천억 달러까지 부풀어 올랐을 줄은 꿈에도 몰랐다. 참고로 당시 미국의 1년 국내총생산이 14조 달러였으니, 서브 프라임 대출 규모가 경제 전체의 18퍼센트 이상을 차지했던 셈이다.

2008년 3월, 미국 4위 투자은행인 베어스턴스Bear Stearns가 경영난을 겪고 있다는 사실이 밝혀져 큰 충격을 안겨주었다. 연준을 비롯한 정책당국의 노력으로 JP모건 은행이 베어스턴스를 인수하기로 결정했지만, 이 일로 연준은 큰 정치적 부담을 떠안게 됐다. 글로벌 금융위기 당시 연준 의장으로 일했던 벤 버냉키Ben Bernanke는 다음과 같이 당시를 회고했다.

"연준이 베어스턴스 사태에 개입한 것은 좋은 비난거리가 되었다. 몇몇 참석자들은 거대 금융기관을 파산하도록 내버려두는 것이 금융 시스템에 좋은 일이라고 주장했다. (중략) 런던 정경대의 윌렘 뷰이터 교수는 우리의 통화 정책과 대출 프로그램을 무자비하게 공격했다. 지나친 통화팽창 정책은 심각한 인플레를 초래한다는 것이었다."

금융기관의 탐욕에 대한 분노가 끓어오르는 가운데 구제금융에 대한 반감이 높아지자, 당국도 더 이상 구제금융을 추진하기 어려워졌다.

결국 2008년 9월 미국의 투자은행 중에서 서브 프라임 대출 관련 상품을 가장 많이 들고 있었던 리먼 브라더스가 파산하고 말았다. 9월 15일 직전, 딱 한 주 동안에만 리먼 브라더스에서 무려 500억 달러가 인출되어 순식간에 자금이 고갈된 것이다.

리먼 브라더스는 금융기관들 간의 단기 자금시장(이하 '레포' 시장)에서 베어스턴스의 3배에 달하는 자금을 거래하는 중량급 투자은행이었고, 약 90만 건의 다양한 파생상품을 계약한 상태였다. 결국 리먼 브라더스의 파산은 금융시장에 일대 폭풍을 몰고 왔다.

다음 3장에서 리먼 브라더스의 파산이 경제와 금융시장에 어떤 영향을 미쳤는지 자세히 살펴보자.

참고한 글과 책

- New York Times(2009.9.2), "How Did Economists Get It So Wrong?".
- Raghuram G. Rajan(2005), "The Greenspan Era: Lessons for the Future, Speech by Raghuram G. Rajan, Economic Counsellor and Director of the IMF's Research Department", IMF Speech.
- 라구람 G. 라잔(2011), 『폴트 라인』, 14~15, 124~126쪽.
- 매일경제(2007.8.12), "4년간 키운 유동성 버블 드디어 터지나".
- 한국금융연구원(2008.3.22), "JP모건체이스의 베어스턴스 인수 및 향후 전망".
- 벤 버냉키(2015), 『행동하는 용기』, 291, 472~473쪽.
- 티모시 가이트너(2015), 『스트레스 테스트』, 213쪽.
- 매일경제(2016.5.2), "한은 '美TARP가 모범 사례' … 재무부-연준 공조 위기돌파".
- Nicholas R. Lardy(2012), 『Sustaining China's Economic Growth after the Global Financial Crisis』, Peterson Institute for International Economics.

정책금리 인상에도 대출금리가 오르지 않은 이유는?

2008년 글로벌 금융위기를 유발한 '주범'은 미국 감독당국이었음이 분명하다. 그러나 중국도 미국 등 선진국 부동산 시장의 버블을 유발하는 데 큰 역할을 했음을 부인할 수 없다. 왜냐하면 중국 중앙은행이 MBS 등 미국 채권을 가장 적극적으로 사들였기 때문이다. 즉, 연준이 정책금리를 올려도 중국이 적극적으로 채권을 사들이는 바람에 대출 금리 상승이 억제됐던 것이다.

당시 중국이 미국 채권을 사들였던 이유는 '외환보유고'의 급증에 있다. 중국의 외환보유고는 2001년 말 2천억 달러에서 2003년 초에는 3천억 달러, 2004년 8월에는 5천억 달러, 그리고 2006년 10월에는 1조 달러에 이

〈표 6-3〉 1994년 이후 중국 외환보유고 추이(단위: 조 달러)

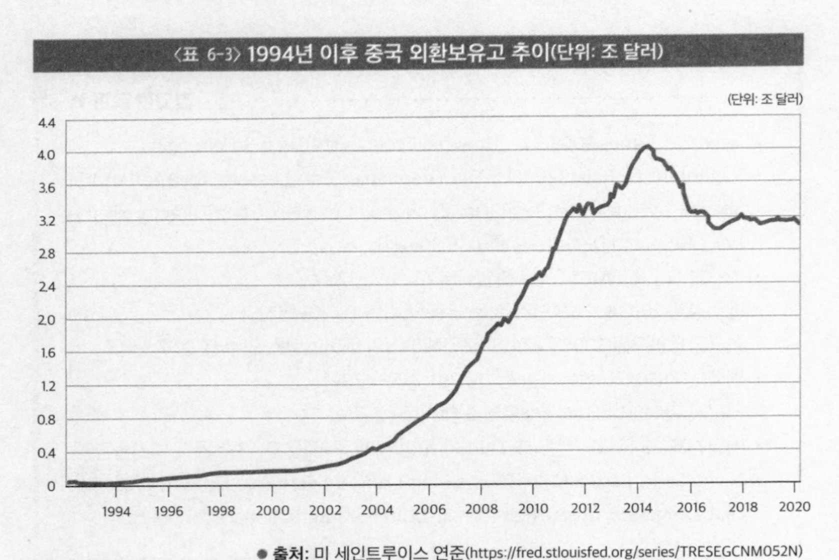

● **출처:** 미 세인트루이스 연준(https://fred.stlouisfed.org/series/TRESEGCNM052N)

르렀다. 외환보유고는 기본적으로 만일의 '위험'에 대비하기 위한 돈이기에, 일반적으로 대부분을 달러, 그것도 거래가 잘되는 국채나 MBS에 투자한다.

중국이 이처럼 어마어마한 외환보유고를 가지게 된 건 경상수지 흑자가 누적되었기 때문이다. 경상수지는 결국 수출에서 수입을 뺀 값이니 중국 사람들이 소비를 하지 않았기 때문에 외환보유고가 누적되었다고 볼 수 있다. 그럼 왜 중국 사람들은 소비, 특히 해외 상품을 구매하지 않았을까? 그 이유는 중국 정부의 수출 중심 성장 전략에 있다. 중국 정부는 성장 초기 단계에서 극도의 보호정책을 통해, 기업에게 몸집을 키운 후에 수출업체로 확실하게 전환할 것을 강하게 요구했다. 이를 위해 내수시장을 해외 기업으로부터 보호해 수출 경쟁을 위해 필요한 재원을 마련할 수 있게 유도한 것이다. 중국 소비자 입장에서는 선택의 여지가 없으니, 최대한 소비를 억제하는 것이 최선인 셈이었다.

중국 부동산 가격이 급등한 것도 소비를 줄이고 저축률을 높이는 요인으로 작용했는데, 부동산 구매에 대한 중국인들의 열망은 최근까지도 여전하다. 물론 주식이라는 대안이 있지만, 2008년과 2014년 두 차례 주가 폭락 사태로 주식은 신뢰를 잃은 상황이다. 게다가 중국은 도시 지역의 주택 보유율이 70퍼센트를 넘어서지만, 대부분이 노후화되어 주택 갈아타기에 대한 열망을 부추기고 있다.

결국 중국 사람들이 더 좋은 새집을 사려는 욕망으로 저축을 늘려 외환보유고가 늘어났고, 이것이 중국인민은행People's Bank of China(중국 중앙은행)의 미국 채권 매수로 연결되었던 셈이다. 물론 저금리에 힘입은 미국 주택 가격 급등이 중국 상품에 대한 수요 증가로 연결되었으니 중국도 함께 이득을 본 것은 분명하다.

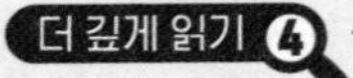

미 연준은 왜 정책금리를 빠르게 인상하지 않았나?

미 연준이 부동산 시장의 버블 가능성을 배제하고, '2-28 모기지' 같은 신종 상품이 얼마나 큰 위험을 내포하고 있는지 알아차리지 못한 것이 2008년 글로벌 금융위기를 촉발한 직접적인 원인이었다. 그런데 미 연준의 책임은 이뿐만이 아니다. 2000년대 중반 정책금리 인상을 미적거려 부동산 가격의 폭등을 유발했다. 아무리 중국이 미국 채권을 많이 사주었더라도, 미 연준이 금리를 5퍼센트가 아니라 6퍼센트 혹은 7퍼센트까지 인상했다면 MBS 금리도 상승하지 않을 수 없었을 것이다.

미 연준은 왜 금리 인상을 지체했을까? 바로 '저물가' 때문이었다. 2003

〈표 6-4〉 미국 공장가동률(갈색 선, 좌축)과 소비자물가 상승률(녹색 선, 우축)의 관계

● **출처:** 미 세인트루이스 연준(https://fred.stlouisfed.org/graph/?g=t02y)

년 발생했던 이라크 전쟁이 끝난 후에도 오랫동안 소비자물가 상승률은 연준의 목표 수준인 2퍼센트를 밑돌았고, 공장 가동률도 75퍼센트에 미치지 못하는 등 미국 경제에 인플레이션 압력은 극히 낮았다. 여기서 공장 가동률이란, 생산 능력에 비해 얼마나 생산했는지를 측정한 것이다. 예를 들어 자동차 100만 대를 생산할 수 있는 공장이 70만 대밖에 생산하지 못했다면 공장 가동률은 70퍼센트라 볼 수 있다. 통상적인 공장 가동률이 80퍼센트 초반이라는 것을 감안할 때, 2000년대 초·중반 미국 경제는 꽤 많은 유휴 설비를 가지고 있었던 셈이다.

2004년 이후 소비자물가 상승률이 2퍼센트대를 넘어 3퍼센트대까지 상승하고, 공장 가동률도 80퍼센트선을 회복했는데도 금리 인상 속도가 빠르지 않았던 것은 분명 비판받아야 한다. 그러나 물가 수준이 오랫동안 목표 수준을 밑돌다 겨우 오르기 시작했으니 금리를 공격적으로 인상하기는 쉽지 않았으리라 짐작된다.

금융위기가 발생하면 왜 경제가 망가지나?

$

2008년 9월 15일, 리먼 브라더스의 파산이 그토록 경제에 큰 충격을 주리라고 생각한 사람은 많지 않았다. 부실한 금융기관을 망하게 내버려두는 게 미래를 위해 더 나은 일이라고 주장했던 사람이 많았으니 말이다.

2008년 4월 3일 '베어스턴스 인수 관련 의회 청문회' 때, 당시 미국의 수많은 국회의원은 JP모건의 베어스턴스 인수를 사회주의적인 행동이라 비난했다. 베어스턴스가 무너지게 내버려둬야 했으며, JP모건의 베어스턴스 인수 과정에 연준을 비롯한 정책당국이 개입한 것은 잘못된 행동이라고 비난하는 이들이 다수를 차지하는 상황이다 보니, 9월 15일 리먼 브라더스가 파산 위기에 처했을 때 연준은 아무런 도움도 줄 수 없었다.

리먼 브라더스가 파산하자, 금융기관들이 보유한 자산의 '염가 매각Panic Selling'이 촉발되었다. 염가매각이란, 가격 불문하고 보유 자산을 팔아 치우는 것을 의미한다. 리먼 브라더스가 파산하는 것을 보면서 어느 누구도 자신을 지켜주지 않는다고 판단하게 되자, 은행과 보험사 그리고 증권사 등 거의 모든 금융기관이 신속하게 현금을 마련하기 위해 팔을 걷어붙였던 것이다.

금융기관들은 매우 많은 자산을 보유하고 있지만, 안타깝게도 상당수 자산은 유동성이 떨어진다. 즉, 매매하는 데 시간이 걸리는 자산이 많다. 가장 대표적인 경우가 사옥을 비롯한 부동산이 될 것이다. 그러나 이보다 더 매매하는 데 시간이 걸리는 자산이 있는데, 바로 대출채권이다. 예를 들어 A은행이 B휴대폰회사에 빌려준 돈은 매우 안정적인 수익을 창출하겠지만, 이 대출채권을 다른 이에게 파는 데에는 많은 시간이 걸릴 수밖에 없다. A은행은 B휴대폰회사와 오랜 기간 끈끈한 관계를 맺어 서로에 대해 잘 알지만, 이 대출채권을 사려는 C은행은 B휴대폰회사에 대해 아는 게 별로 없기 때문에, 면밀한 실사實査(회사를 직접 방문하여 경영 상황을 점검하는 일)를 통해 만일에 벌어질 위험을 막으려 들 것이기 때문이다.

부동산 담보대출은 MBS로 유동화되기 쉬운 편이지만, 이는 극히 예외적인 사례에 불과하며 2008년 9월에는 MBS조차 기피 대상이었다. 부동산 가격이 얼마나 더 떨어질지, 또 가계의 이자 연체 사태가 언제까지 지속될지 아무도 자신할 수 없었기에 MBS를 매입하려는 사람을 시장에서 찾아볼 수 없었다.

결국 리먼 브라더스처럼 망하지 않기 위해서는 보유한 자산을 '가격 불문하고' 파는 수밖에 없었다. 주식이나 MBS나 할 것 없이, 9월 이전에는 상상할 수도 없는 가격에 팔겠다는 주문이 쇄도했다. 그러나 모든 시장의 참가자가 자산 매각에 뛰어들었기에 거래는 쉽지 않았고 금융기관의 재무 여건은 갈수록 악화되었다. 왜냐하면 금융기관은 기본적으로 시장가치로 보유 자산을 평가받기 때문이다. 흔히 시가평가Mark to Market라고 불리는 원칙이 그것인데, 문제는 2008년 9월처럼 모든 자산의 가치가 떨어지면 금융기관이 보유한 자산의 가치도 폭락해 건전한 금융기관도 '부실한 것'처럼 보이게 된다는 것이다.

이 대목에서 한 가지 의문을 가지는 독자들이 적지 않을 것이다.

예금보험제도가 있는데, 왜 뱅크런이 일어날까? 게다가 정부가 예금보험의 한도를 늘려주면 뱅크런을 막을 수 있지 않은가?

실제로 금융위기 당시 예금보험공사는 상업은행에 있는 예금에 대해 무제한 보장TAG, Transaction Account Guarantee을 해주었다. 그러나 안타깝게도 리먼 브라더스나 메릴린치 같은 투자은행은 기본적으로 예금보험제도의 대상이 아니다.

투자은행은 회사채 매입이나 MBS 투자 등을 통해 은행과 비슷한 대출 업무를 담당하지만, 예금을 받지 않기 때문에 정부의 보호를 받지 않으며, BIS 기준 자기자본비율 같은 규제로부터도 자유로웠다. 따라서 예금보험 한도를 늘린다 한들 투자은행에 대한 뱅크런은 사라지지 않았다.

결국 미국 경제에 2차 악순환이 시작되었다. 가계가 보유한 가장 중요한 자산인 부동산 가치가 폭락하는 가운데, 주식 가격마저 떨어지니 소비심리가 얼어붙기 시작했다. 2008년 마지막 4개월 동안 240만 개의 일자리가 사라졌고, 2009년 상반기에 추가로 380만 개의 일자리가 사라졌다. 실업률이 상승해 가계는 다시 소비를 줄였고, 보유 부동산을 처분해 생활자금을 마련하려 애쓰는 등 악순환이 계속됐다.

이 대목에서 다음과 같은 질문을 던져보자.

> 부동산 시장 가격이 폭락하고 MBS에 투자한 금융기관이 큰 손실을 보고 있는 상황에서 '염가매각'이 진행되며 모든 자산 가격이 폭락할 때, 정부는 어떤 정책을 펼쳐야 할까?

제일 먼저 해야 할 일은 부동산 경기를 부양하기 위해 금리를 인하하는 것이다. 2008년 말 연준은 정책금리를 0퍼센트까지 인하했다. 이 영향으로 시장금리는 물론 부동산 담보대출금리도 인하되었다. 물론 대출을 해주려는 은행이 없기에 즉각적으로 부동산 담보대출이 늘어나지는 않았지만, 경제에 돈을 충분히 공급하고 중앙은행이 경기를 부양하려는 의지를 가지고 있다는 것을 적극적으로 보여준 점에서는 효과가 있었다.

그러나 정책금리를 인하하는 것만으로는 부족했다. 부동산과 주식, 대출채권을 염가매각하려는 금융기관이 많을 때, 나아가 어떤 금융기관이 망할지 몰라 아무도 거래를 하지 않으려 들 때 금리 인하만으로는 위기를 모면할 수 없다.

필자가 2008년 모 은행 딜링 룸Dealing Room(외환이나 상품 등을 거래하는 은행의 트레이딩 부서가 모여 있는 사무실)에서 겪었던 일이 '금융위기'란 어떤 것인지 이해하는 데 도움이 될 것 같아 소개하고자 한다. 2008년 9월 하순, 유럽의 대형 은행과 거래할 때의 일이다. 서로 조건이 맞아 좋은 가격에 거래가 성사되어 "딜 던Deal Done(어떤 거래가 최종적으로 성사되었고 이를 변경할 수 없다는 뜻)"을 외쳤다.

그런데 다음날 유럽 은행에서 급하게 연락이 와서 한다는 이야기가 "모든 비용은 우리가 지불하겠으니, 어제 거래를 취소해달라"는 것이었다. 거래가 이미 완료되었는데도 이런 요청이 가능한 건 기본적으로 외환시장에서 '현물환' 거래에 따른 돈의 송금 혹은 결제가 이틀 후에 이뤄지기 때문이다. 즉, 오늘 현재가로 거래되는 것은 2일 뒤에나 실제로 체결되는 셈이다.

이유를 물으니, "한국의 은행은 위험하니 거래하지 말라"라는 리스크 관리 부서의 명령이 떨어졌다고 했다. 참고로 당시 필자가 근무하던 은행은 매우 건전했고, 심지어 상대 은행보다 BIS 기준 자기자본비율이 훨씬 높았다. 그런데도 리스크 관리 부서는 한국 은행이 무조건 위험할 것이라고 생각해 거래를 취소하라고 명령했던 것이다.

이것이 바로 금융위기다. 누가 또 얼마나 서브 프라임 관련 대출 상품을 들고 있는지 모르니 조금만 상대가 의심스럽다 싶으면 거래를 아예 하지 않으려 들게 된다. 이렇게 서로를 믿지 못할 때, 정상적인 경제활동은 불가능하며 경제는 끝없는 악순환에 빠져든다. 실제로 1929년 대공황大恐慌, Great Depression 때 벌어졌던 일이기도 하다. 당시 미국 은행이 무려 1만 개 이상 파산했고, 그 결과 강력한 신용경색이 경제를 덮쳤다.

이런 상황에서 중앙은행은 금리 인하 이외에 어떤 조치를 취해야 할까? 다음 장에서 이 부분을 보다 자세히 살펴보자.

참고한 글과 책

- 벤 버냉키(2015), 『행동하는 용기』, 265~267, 473, 480~481쪽.
- 조선비즈(2011.6.9), "2008년 글로벌 금융위기 때 48개 국가가 예금보호 확대".
- 한국경제(2012.12.31), "美, 무제한 원금보장 해제로 은행들 자금분산 나서".
- 이찬근(2011), 『금융경제학 사용설명서』, 59쪽.
- 김병기·김진일(2014.7), 『미 연준과 유럽중앙은행의 비전통적 통화정책 수행원칙에 관한 고찰』, 한국은행 경제연구 2014-22.
- 티모시 가이트너(2015), 『스트레스 테스트』, 239쪽.
- 벤 버냉키(2014), 『벤 버냉키, 연방준비제도와 금융위기를 말하다』, 43~44쪽.
- 워런 버핏(2017), 『워런 버핏 바이블』, 592~593쪽.

더 깊게 읽기 5

미국 부동산이 2006년부터 무너진 또 다른 이유는? 공급 과잉 때문!

미국 부동산 시장이 2006년을 고비로 무너지게 된 직접적인 원인은 금리 상승과 '2-28 모기지' 가입자들의 매도 물량에 있지만, 다른 한편으로는 주택 공급이 폭발적으로 늘어난 탓도 크다.

아래의 〈표 6-5〉는 1960년대 이후의 신규 주택 착공housing start 건수를 나타낸 것이다. 연평균 주택 공급량이 약 150만 호 내외임을 알 수 있다. 그런데 2000년대 중반에는 연평균 200만 호 이상의 주택 공급이 지속되었다.

전설적인 주식 투자자 워런 버핏Warren Buffett은 그가 경영하는 회사, 버크셔해서웨이의 2011년 주주총회에서 미국 주택 시장에서 벌어진 일에 대해

〈표 6-5〉 미국 신규주택 착공 건수 변화

● 출처: 미 세인트루이스 연준(https://fred.stlouisfed.org/series/HOUST)

다음과 같이 술회했다.

"주택 경기는 회복될 것입니다. 장기적으로 주택 수는 가구 수를 따라 갈 수밖에 없습니다. 그러나 2008년 이전에는 가구 수보다 주택 수가 더 많았습니다. 그 결과 지나치게 커진 거품이 요란하게 터지면서 경제를 통째로 흔들어놓았습니다. 이 때문에 다른 문제가 발생했습니다. 침체 초기에는 가구 수 증가 추세가 둔화됐고, 2009년에는 가구 수가 극적으로 감소했습니다. 그러나 끔찍했던 수급 상황이 역전되었습니다. 지금은 주택 수보다 가구 수가 매일 더 증가하고 있습니다. 불확실한 기간에는 사람들이 결혼을 미루지만, 결국은 호르몬을 억제하지 못합니다. 사람들이 침체기 초기에는 시댁이나 친정에서 살더라도, 머지않아 이런 생활에서 벗어나고 싶어 합니다.

현재 주택 건축 착공은 연 60만 건으로 가구 증가 수보다 훨씬 적습니다. 주택 구입이나 임차가 증가해 과거의 주택 공급 과잉 상태가 빠른 속도로 해소되고 있습니다."

2006년부터 시작된 부동산 시장의 부진, 그리고 2011년부터 시작된 회복 과정에서 '공급'이 얼마나 중요한 영향을 미치는지 잘 보여주는 이야기라 생각한다.

최근 발생한 '코로나 쇼크' 속에서도 미국 등 선진국의 부동산 시장이 예전에 비해 강한 모습을 보이는 이유를 여기서 찾을 수 있다. 2008년 글로벌 금융위기 이후 주택 공급이 역사적인 평균(150만 호)을 지속적으로 밑돌다 보니, 주택 수요가 공급을 상회하는 여건이 펼쳐지고 있는 것이다.

THE HISTORY OF MONEY

연준은 어떻게 경제를 살렸나?

중앙은행은 기본적으로 두 가지 책무를 지닌다. 하나는 경제 안정을 위해 노력하는 것이고, 다른 하나는 금융 시스템이 건전하게 유지되도록 관리하는 것이다. 첫 번째 책무를 위해 가장 많이 사용하는 정책 수단은 금리 조정이다. 한국은행이 금리를 내릴 때마다 은행의 예금금리가 인하된다고 이야기했던 것처럼, 중앙은행의 금리 정책은 경제에 대단히 큰 영향을 미친다. 그런데 이보다 더 중요한 수단이 바로 '담보대출'이다. 금융기관이 망하지 않기 위해 자산을 급하게 팔 때는 금융기관의 보유자산 가치가 계속 떨어져, 이 회사가 정말 돈을 갚을 능력이 없는 건지 아니면 일시적인 어려움에 처한 건지 구별할 길이 없다. 이럴 때 중앙은행이 은행들에게 다음과 같이 구원의 손길을 내민다.

"일시적인 자금난에 봉착한 금융기관은 지역 연준을 방문해 대출채권을 담보로 제공하면 돈을 빌려주겠다."

이를 단기 자산유동화증권프로그램TALF이라 한다. 이름이 굉장히 어렵지만, 은행이 가지고 있는 다양한 대출채권(MBS와 학자금 대출, 자동차 할부금융 등)을 담보로 돈을 빌려주는 조치다. 우량대출을 담보로 하지만 중앙은행도 손실을 볼 위험이 있으니, 금융기관에게 높은 금리를 받는다. 그렇지 않으면 금융기관들이 조금만 돈이 부족해도 중앙은행을 찾는 문제가 생길 수 있기 때문이다. 즉, '벌칙성' 금리를 부과해 아주 급할 때만 중앙은행에 손을 빌리게 유도하는 것이다.

2008년 글로벌 금융위기 당시, 미 연준이 했던 가장 중요한 역할 역시 이것인데, 서브 프라임 모기지 관련 상품에 대한 투자 비중이 큰 금융기관들은 이미 크나큰 손실을 입은 상황이라 우량 대출채권을 중앙은행에 맡기고 대출받는 정도로는 뱅크런에 대응할 수 없었다. 따라서 연준은 담보대출TALF뿐만 아니라 대대적인 구제금융TARP(부실자산 구제 프로그램의 약자)을 단행해야 했다. 결국 미국 재무부와의 협의를 거쳐 경제 전체에 큰 영향을 미치는 중요한 금융기관에 대해 무제한에 가까운 돈을 투입하겠다는 경기 부양 법안을 내놓았다.

그러나 2008년 9월 29일 미 의회에서 이 법안은 부결되었다. 의

원들이 금융기관에 대한 자금 지원 요청을 거부한 건 '국민 감정' 때문이었다. 은행들이 서브 프라임 대출이라는 편법을 사용해 경제에 심각한 타격을 주었음에도, 보너스를 챙기는 등 부도덕한 행동을 보인 것이 전국적인 반발을 불러온 상황이었다.

의회의 저항은 여기까지였다. 이날 다우존스 산업평균지수DJIA가 778포인트나 폭락하고, 금융기관의 연쇄 도산 공포가 높아지자 의회도 굴복하지 않을 수 없었다. 총액 7천억 달러에 달하는 대규모 구제금융이 집행되었고, 금융기관 연쇄 도산에 대한 우려가 완화되어 금융위기에 대한 해결의 실마리를 찾는 듯했다.

그러나 담보대출TALF과 구제금융TARP에도 금융위기는 해결되지 않았다. 이번에는 강력한 '경기침체'가 발목을 잡았다. 부동산 가격이 폭락하고 경기가 나빠지는 가운데, 시티나 뱅크오브아메리카 등 대형 금융기관뿐만 아니라 다른 금융기관도 연쇄 도산할 것이라는 우려가 또다시 제기되었다. 도대체 이 문제를 어떻게 해결해야 할까?

모든 금융기관에 돈을 투입하는 것은 큰 비용이 들 뿐만 아니라, 은행들의 자구 노력을 중단시키는 결과를 가져와 더 큰 피해를 유발할 위험이 있다. 아무리 정부에서 성실한 감독자를 은행에 보낸다 하더라도 기존의 실무자보다 그 일을 더 잘 알 수는 없는 노릇이다. 결국 최선은 각 금융기관이 희망을 가지고 자구 노력을 수행하는 것이고, 정부가 금융기관의 건실함을 입증해 사람들이 갖고 있는 금융기관 파산 불안을 없애주는 것이다. 그리고 정말 도움이 필요한 금융기관에만 돈을 투입해 관리하면 부담도 줄고 금융기관이 연쇄 도산하는 것도 막을 수 있다. 하지만 어떤 은행이 자구 노력으로 회생이 가능한지, 어떤 은행이 도움 없이는 망할 수밖에 없는지 어떻게 알 수 있단 말인가?

이때 미국 재무부가 들고 나온 방법이 바로 '스트레스 테스트stress test'다. 스트레스 테스트란, 의사가 환자를 진찰하여 위중한 상황에 어떻게 대응할 것인지 판단하듯, 금융기관이 재앙적인 상황에서도 생존할 수 있는지 점검하는 방식이다. (1990년대 초반 국제적인 투자은행들이 고안하여 사용한 기법으로, 이를 미국당국이 구체적으로 실행한 셈이다.)

예를 들어 경제성장률이 -3.3퍼센트를 기록하고 실업률이 8.8퍼센트를 넘는 최악의 상황에서도 생존 가능한지 테스트해보는 식이다. 참고로 미 정책당국은 2009년 주택 가격 하락률을 무려 14.0퍼센트로 산정했는데, 실제 주택 가격 하락률은 5.6퍼센트에 불과했다. 즉, 대단히 가혹한 조건에서도 해당 은행이 살아남을 수 있는지 측정해 투자자들의 신뢰를 회복할 기회를 제공하는 것이다.

미 정책당국은 이 테스트를 통과한 금융기관에는 '합격' 도장을 찍어주고 "이 금융기관은 매우 안전합니다"라고 선언해주었다. 반대로 이 테스트를 통과하는 데 실패한 금융기관에는 정부가 구제

금융TARP을 해주거나 스스로 자금을 조달하도록 선택할 길을 열어 주었다.

2009년 5월에 실시된 첫 번째 스트레스 테스트 결과, 골드만삭스와 JP모건 등이 이 테스트를 무사히 통과하였다. 금융정책당국은 19개의 은행 중 10개 은행에 746억 달러의 자본금 확충이 필요하다고 발표했는데, 웰스파고와 시티, 뱅크오브아메리카 은행은 추가 자본금 확충이 필요한 것으로 판정되어 공적 자금 투입 혹은 자본금 증액이 이뤄졌다.

이후 기적 같은 일이 벌어졌다. 뱅크런이 진정된 것은 물론 경기가 빠르게 회복되기 시작한 것이다. 2009년 3분기(7~9월)까지 마이너스 성장을 기록했지만, 이후 경제는 가파른 회복세를 보였다. 더 놀라운 것은 2012년 상반기에 구제금융TARP에 투입한 돈의 대부분을 회수했을 뿐만 아니라 어마어마한 이익을 거두었다는 점이다. 2008년 미 정부는 4,160억 달러의 구제금융을 투입했는데, 2012년 6월 말 3,440억 달러를 회수했다. 특히 금융기관에 투입한 2,450억 달러 중 2,647억 달러를 회수했다. 즉, 투입한 돈보다 회수한 돈이 더 많았다. 이게 가능했던 것은 구제금융을 받은 금융기관들이 인력 조정과 유휴자산 매각, 증자 등을 통해 조달한 자금을 활용해 구제금융을 상환했기 때문이다. 금융기관들은 구제금융의 대가로 최고경영자의 연봉 상한 및 보너스 상한 규제 등을 받고 있었는데, 신속한 구제금융 상환을 통해 투자자들의 신뢰를 회복하고 경영을 정상화시키려 노력했던 셈이다.

이야기는 아직 끝나지 않았다. 미 연준이 여기에 방점을 찍었는데, 양적완화QE, Quantitative Easing가 그것이다. 양적완화란, 중앙은행이 직접 은행이나 증권사 혹은 연기금으로부터 채권을 매입하는 정책을 말한다. 이런 행동을 하는 이유는 '장기금리'를 떨어뜨리기 위함이다. 아무리 정책금리를 제로 수준으로 떨어뜨렸더라도, 시장에서 거래되는 만기가 긴 채권의 금리가 높은 수준을 유지한다면 경기회복에 도움이 되지 않기 때문이다.

2008년 말부터 시작된 양적완화 정책의 효과는 즉각적이었다. 무엇보다 부동산 담보대출금리가 2007년 말 6.10퍼센트를 기점으로 떨어지기 시작해, 2008년 말에는 5.33퍼센트, 2010년 10월에는 4.3퍼센트까지 떨어지며 부동산 가격 폭락을 저지하는 데 기여했다.

양적완화는 부동산 시장뿐만 아니라 기업 경영에도 큰 도움을 주었다. 회사채 금리가 빠르게 떨어지는 가운데 기업의 실적이 개선되었고, 나아가 투자가 회복되기 시작했다. 기업 투자가 회복되면 노동시장 여건도 개선되기 마련이어서, 미국의 실업률은 2009년 10월 10.0퍼센트에 이르렀지만 2012년 말에는 7.9퍼센트로 떨어졌다.

사실 아직까지도 연준의 '양적완화' 정책과 '구제금융'에 대해 찬반 논란이 이어지고 있다. 큰 잘못을 저지른 은행들을 구제한 것이

올바른 행동이었냐는 도덕률에 입각한 비판부터, 경제에서 정부가 큰 역할을 담당함으로써 혁신을 저해하고 비효율성을 높인다는 주장까지 매우 다양하다. 이러한 비판은 부분적으로 일리가 있지만, 2008년 글로벌 금융위기 당시 연준을 비롯한 금융정책당국이 적극적으로 대응하지 않았다면 1929년 대공황보다 더 심각한 위기가 발생했을 수 있었다는 점에서 실보다는 공이 크다는 생각을 하게 된다.

참고한 글과 책

- 벤 버냉키(2014), 『벤 버냉키, 연방준비제도와 금융위기를 말하다』, 19~21쪽.
- 벤 버냉키(2015), 『행동하는 용기』, 398~399쪽.
- 티모시 가이트너(2015), 『스트레스 테스트』, 22~23, 27쪽.
- 한국은행(2003.1.16), 『금융 시스템의 스트레스 테스트 방안 - 신용위험을 중심으로』, 금융경제연구 제142호.
- 한국은행(2009.5.11), 『미국 은행의 스트레스 테스트 결과와 향후 전망』, 해외경제정보 제2009-36호.
- 한국금융연구원(2012.8.18), 『미국 정부의 구제금융 지원자금 회수 가속화』, 주간금융브리프 21권 33호.
- 한국은행(2012.11.2), 『글로벌 금융위기 이후 미국 설비투자의 확대 배경과 전망』, 해외경제정보 제2012-44호.
- 라구람 G. 라잔(2011), 『폴트 라인』, 56~57, 84쪽.

더 깊게 읽기 6

부동산 규제가 왜 그렇게 완화되었을까?

세계에서 가장 엄격한 LTV 규제가 적용되고 있는 나라에 살고 있는 입장에서, 2000년대 중반 미국에서 벌어진 부동산 가격 급등과 폭락 사태에 관하여 잘 이해되지 않는 부분이 있다. LTV란 담보인정비율Loan to Value로, 주택 가격에 비해 얼마나 대출을 받을 수 있는지 측정한 것이다. 한국은 투기과열 지구의 경우 LTV가 40퍼센트인데, 2000년대 중반 미국의 전국 평균 LTV는 80퍼센트를 훌쩍 넘기는 수준이었다.

LTV의 상승을 다르게 표현하면, 더 많은 돈을 빌려 주택을 살 수 있도록 허가하는 것이다. 예를 들어 시가 5억 원짜리 집을 사기 위해 자기 돈은 1억 원만 있으면 된다는 이야기다. 만일 집값이 20퍼센트 상승해 6억 원이 되면, 이 주택의 소유자는 100퍼센트 수익을 얻게 된다. 자기 돈 1억 원을 들였는데 평가 차익이 1억 원 발생했으니 말이다. 따라서 집값이 상승할 때에는 돈을 많이 빌리는 게 수익을 높이는 지름길이 된다.

반면 집값이 조금이라도 하락하는 경우에는 치명적인 피해를 입게 된다. 5억 원이었던 집값이 4억 원까지 떨어지면, 1억 원으로 집을 산 사람의 원금은 허공으로 사라지게 된다. 원금이 허공으로 사라졌다는 사실을 돈을 빌려준 은행이 모를 리 없으니, 은행은 당장에 대출금을 회수하려 들 것이고, 결국 집은 경매 처분되어 대출로 집을 산 사람에게는 미지급 이자에 대한 지불 청구서만 가득 쌓인다. 증권시장에서의 '마진콜margin call'*을 떠올리면 된다.

* 선물계약의 예치 증거금이나 펀드의 투자 원금에 손실이 발생할 경우 이를 보전하라는 요구를 말한다.

더 큰 문제는 연쇄적인 은행 차압이다. 예를 들어 옆집이 차압으로 넘어가 헐값에 팔렸다면, 내가 살고 있는 집값도 떨어진 것이나 다름없다. 부동산은 주식처럼 매일 거래되는 게 아니기에, 주변의 시세가 곧 내 집의 시세가 된다. 그리고 이 정보는 은행도 공유하고 있기에, 담보물의 가치 하락을 우려한 은행이 대출 회수에 나설 수 있다. 실제로 한국만 하더라도 KB부동산 시세가 대출을 결정하는 잣대로 활용되고 있다.

이상의 사례가 주는 교훈은 분명하다. 주택 시장에 대한 규제를 완화할 때에는 대단히 신중해야 한다는 것이다. 주택 가격이 상승할 때에는 규제 완화가 '약'으로 작용하지만, 자칫 주택 가격이 하락하기 시작하면 연쇄적인 악순환을 일으키는 '촉매' 역할을 하기 때문이다.

그런데 2000년대 중반 미국 정부는 이 위험을 과소평가했다. 당시 부시 행정부가 규제를 완화했던 데에는 물론 나름의 이유가 있었다. 당시 미국은 날로 높아지는 불평등 문제를 해결하는 데 많은 어려움을 겪고 있었다. 1990년대 초반 이후 이른바 정보통신 혁명이 시작되어 기업의 고학력자에 대한 수요가 늘어난 반면, 자동화가 촉진되는 가운데 저학력(및 저숙련) 근로자에 대한 수요는 줄어든 것이다. 이에 대응해 대학 졸업자 수가 늘어나는 등 고학력자가 늘어나면 되지만, 이는 그리 간단한 일이 아니다. 1930년부터 1980년 사이 30세 이상 미국인의 재학 기간은 10년마다 1년씩 증가해, 1980년에는 1930년에 비해 4.7년이나 길어졌다. 그러나 1980년부터 2005년까지 미국인의 재학 기간은 총 0.8년밖에 증가하지 않아, 정보통신 혁명에 따른 노동력 수요 변화에 제대로 대응하지 못했다.

이런 현상이 나타난 건 부모들의 교육 태도가 크게 변화했기 때문이다. 아시아계 이민자와 고소득층 부모들은 자녀 교육에 열정을 쏟는 반면, 저소득층 부모는 상대적으로 열의가 떨어졌다. '학습된 무기력', 다시 말해 '열심히 노력한들 현재의 상황을 바꿀 수 없다'고 느끼는 사람들이 늘어난 것도 영향을 미쳤고, 정부가 교육 환경을 개선하는 데 적극적으로 투자하지 않은 것도 이러한 문제를 키웠다.

그렇다면 불평등의 세습(및 심화) 문제는 어떻게 해야 해결할 수 있을까? 크게 두 가지 방법이 있을 수 있다. 하나는 장기적인 안목에서 교육 시스템을 개편하고, 특히 저소득층 아이들이 고등교육을 이수할 수 있도록 지원하는 것이다. 그러나 이 정책은 단기간에 효과를 보기는 어렵고, 자금 투입 과정에 많은 어려움이 있을 수 있다.

반면 다른 방법은 단기적으로 소득 불평등 문제를 즉각 해결할 수 있는데, 다름 아니라 규제를 완화해 주택 시장을 부양하는 것이다. 저소득층도

〈표 6-6〉 미국 LTV 추이(고정금리 대출 기준)

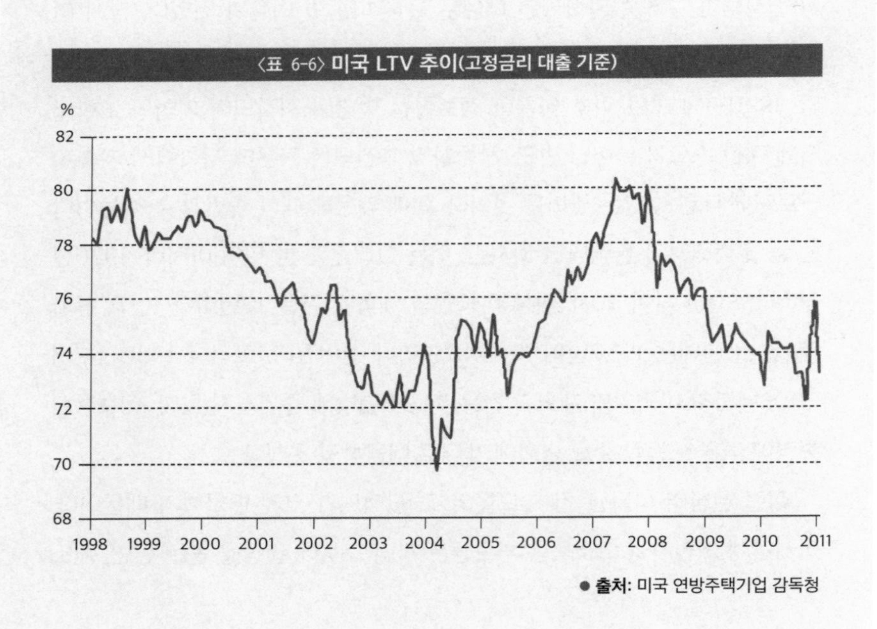

● **출처:** 미국 연방주택기업 감독청

집을 쉽게 구입할 수 있게 규제를 풀고, 초기 금리도 이전보다 싸게 제공하면 이들의 자산은 급격히 증가할 수 있다. 자산 가격이 상승하면 불평등 문제도 완화될 것이다. 그러나 2008년 부동산 시장 붕괴 이후, 미국 사회의 불평등이 더욱 심화됨으로써 부시 행정부의 정책은 결국 실패로 귀결되고 말았다.

경제위기 대응 매뉴얼은 언제까지 유용할까?

2008년 글로벌 금융위기의 발생과 해결 과정을 살펴보며, 위기에는 어떤 대책이 유용한지 알 수 있었다. 특히 다음의 세 가지 '경제위기 대응 매뉴얼'이 효과를 발휘하며, 주요 중앙은행의 당국자들에게 적극 수용된 것 같다. 필자가 생각하는 '경제위기 대응 매뉴얼'의 핵심 내용은 다음 세 가지다.

첫째, 금융위기가 발생할 가능성이 높아지는 순간, 즉각적인 금리 인하를 단행해 경제 주체들에게 "중앙은행이 금융시장의 안정을 위해 노력하고 있다"는 단호한 메시지를 전달해야 한다. 이를 통해 연쇄적인 뱅크런의 위험을 낮출 수 있을 뿐만 아니라, 금융기관들이 '염가매각'의 충동을 느끼지 않도록 유도할 수 있다.

둘째, 그럼에도 '염가매각' 압력이 높아지고 상호간에 대한 신뢰가 약화될 때에는 유동성 지원(2008년 당시의 TALF)에 나서야 한다. 금융기관이 보유한 우량 대출을 담보로 적극적으로 돈을 빌려주어 추가적인 금융위기 확산을 막아야 한다. 구제금융(2008년의 TARP)의 적기 시행 및 '스트레스 테스트'를 통해 금융기관을 선별하는 절차를 시행하는 것도 필요할 수 있다. 이를 통해 무차별적인 뱅크런을 차단하는 한편, 금융기관이 정상적으로 영업할 수 있는 기반을 만들어야 한다.

셋째, 금리 인하에도 경기 여건이 가파르게 악화될 때에는 신속하게 양적완화를 단행해야 한다. 염가매각 충격으로 채권시장마저 혼란에 빠져들 때에는 연준 말고는 이 사태를 진정할 주체가 없기 때문이다. 많은 연구자가 2009년 이후 시행된 세 차례의 양적완화가 시장금리를 낮추고, 경제 활동에 참여하는 사람들의 심리를 바꾸는 데 지대한 공헌을 했다고 평가한다. 따라서 경제 여건이 급격히 악화될 때에는 금리 인하와 함께 양적완화를 병행해야 한다.

이상과 같은 세 가지 정책은 2020년 봄 발생한 '코로나 쇼크'에도 그대로 시행되었다. 예를 들어, 연준은 2020년 3월 15일 긴급회의를 열어 정책금리를 제로로 낮춘 데 이어 지체 없이 양적완화를 단행했다. 이뿐만 아니라 3월 23일에는 회사채 시장에 유동성을 공급하는 등 단호한 정책 대응에 나섰다.

물론 이상과 같은 강력한 정책 대응이 '코로나 쇼크'로부터 경기를 회복하는데 얼마나 기여했는지 판단하기는 아직 이르다. 다만 연준의 신속한 대응 이후, 금융시장이 안정을 되찾은 것만은 분명해 보인다. 금융기관의 연쇄 도산 위험이 아직 관측되지 않은 데다, 주식이나 환율 등 핵심적인 금융시장 지표의 등락폭, 즉 위아래로의 변화 수준이 조금씩 줄어드는 것을 발견할 수 있으니 말이다.

많은 연구가 필요하겠지만, 적어도 현재까지의 상황만 놓고 본다면 2008년 글로벌 금융위기 과정에서 만들어진 '경제위기 대응 매뉴얼'은 제 역할을 다한 것으로 보인다. 이 부분에서 '역사'에 관심이 많은 경제 분석가로서 자부심을 느낀다. 2008년 글로벌 금융위기의 전개 과정에 대한 공부가 현실 세계의 대응에 큰 도움을 준다는 것을 확인할 수 있기 때문이다.

참고한 글과 책

- 김병기·김진일(2014.7), 『미 연준과 유럽중앙은행의 비전통적 통화정책 수행원칙에 관한 고찰』, 한국은행 경제연구 2014-22.
- Olivier Blanchard, Lawrence H. Summers 편저(2019), 『Evolution or Revolution?』, 12쪽.
- 미 연준(2020.3.15), 『Federal Reserve press release』.
- 한국은행(2020.5.4), 『코로나19 위기 대응을 위해 연준이 도입한 긴급대출제도 비교 및 시사점』, 워싱턴 주재원 보고서.

PART

7

미·중 무역분쟁의 근원과 우리의 대응 방법은?

THE HISTORY OF MONEY

중국 부활의 신호탄, '토지개혁'

미·중 무역분쟁 관련 협상에 참여한 중국 관계자가 "가난한 사람은 계속 가난하고, 부유한 사람은 계속 부유하란 말이냐"라는 말을 했는데, 이 말이 오랫동안 기억에 남는다. 중국은 불과 30년 전까지만 해도 세계에서 가장 가난한 나라에 속했다. 그런 중국이 미국의 견제를 받을 정도로 거대한 나라로 성장하게 된 원인은 어디에 있을까?

이 의문을 풀기 위해서는 1978년으로 돌아가야 한다. 당시 중국은 세 가지 악순환에 빠져 있었다. 첫 번째는 인구의 대부분이 농업에 종사하고 있었지만, 식량 자급이 어려워 만성적인 무역 적자를 기록한다는 것이었다. 생존을 위해 필요한 에너지 등 필수자원을 수입할 외화를 가지고 있지 못하니, 경제 발전의 주춧돌을 놓는 일 자체가 불가능했다. 특히 이때는 오랜 맹방이던 소련과의 관계가 악화되어 예전처럼 기술자와 자원을 지원받기도 힘들었다. 두 번째는 소득이 생존 수준에 간신히 걸쳐 있다 보니, 경제 내에 저축이 부족하다는 점이었다. 정부가 어떤 산업을 발전시키고 싶어도 돈이 아예 없으니 출발선에 서는 것 자체가 어려웠다. 마지막은 제대로 교육할 여력이 없다는 것이었다. 산업혁명 이후 현대 사회는 갈수록 높은 지식 수준을 요구했지만, 소득 수준이 낮은 상황에서 아이들을 제대로 교육할 여력이 있을 리 없었다. 그리고 이와 같은 교육 수준 저하는 다시 경제 성장 동력을 빼앗는 요인으로 작용했다. 이러한 '빈곤의 악순환'은 중국뿐만 아니라 당시 많은 저개발 국가가 처한 현실이기도 했다.

그렇다면 중국은 어떻게 '빈곤의 악순환'을 탈출할 수 있었을까? 1978년에 '집단 농장' 시스템을 해체한 덕분이었다. 1949년 중국 내전 이후, 조금씩 회복되던 중국 경제는 1958년 마오쩌둥의 주도하에 시작한 대약진운동大躍進運動으로 치명타를 입게 된다. "영국을 추월하고 미국을 따라잡자"는 구호를 내세우며, 모든 인력과 자원을 중화학공업에 투입하는 한편, 생산성을 높인다는 명분으로 농민들이 가진 땅을 빼앗아 집단 농장에 편입시켰는데, 이것이 패착이었다. 집단 농장에 편입될 때 가축에 대한 소유권을 빼앗긴다는 것을 알아차린 농민들이 가축을 대부분 도축했는데, 경운기 등 농기계가 제대로 보급되지 않는 상황에서 가축마저 도살하는

대약진운동으로 많은 인력이 투입된 제강산업

바람에 농업 생산성이 급격히 떨어졌던 것이다. 또한, 집단 농장에 편입된 농민들의 근로 의욕이 악화된 것도 대기근을 일으킨 결정적 원인이 되었다. 아무리 열심히 일해도 자신에게 돌아가는 몫이 늘어나지 않았으니, 농민들이 열심히 일할 리가 없었다.

사태를 더욱 악화시킨 것은 허풍 과장 보고와 강압적 명령 시스템이었다. 예를 들어 1958년 허난성 전체의 양식 생산량이 실제로 281억 근(1근은 약 600그램)이었는데, 허난성 위원회는 황당하게도 721억 근이라 부풀리고는 이를 근거로 양식 징수 지표를 정해 시행하기도 했다. 문제는 이것으로 그치지 않았다. "생산량을 속이고 감추는 것은 우파右派"라며 반혁명 분자의 딱지를 붙이고 협박해, 농민들이 생존을 위해 몰래 저장해둔 양식마저 빼앗는 일이 비일비재했다. 결국 1960년 파국이 찾아왔다. 참고로 스티븐 핑커 Steven Pinker 교수의 역작 『우리 본성의 선한 천사』에 따르면, 대약진 운동으로 인한 사망자의 수가 4,000만 명에 이른다고 한다. 제2차 세계 대전으로 인한 사망자 수가 약 5,500만 명, 그리고 몽골족의 세계 정복 과정에서 발생한 사망자가 약 4,000만 명으로 추정된다는 점을 감안하면 1958년 이후 중국에서 얼마나 비극적인 일이 벌어졌는지 알 수 있다.

대약진운동으로 시작된 '집단 농장' 시스템은 1978년이 되어서야 해체되었다. 1976년 마오쩌둥이 사망한 후, 치열한 권력 투쟁 끝에 덩샤오핑이 권력을 잡았던 1978년 겨울, 중국 중부의 안후이성에서 역사적인 사건이 벌어졌기 때문이다. 안후이성 샤오강촌 小岡村의 집단 농장은 작업조를 나누어 '조별 도급제'를 시행했는데, 각 조 내부에서 작업량의 기록과 작업 태도 등에 대한 평가를 둘러싸고 분규가 끊이지 않자, 결국 "차라리 해산하고 말자"라고 결의했던 것이다.

1978년 11월 24일 밤, 샤오강촌 생산대의 18호 농가 호주들은 1차 비밀회의를 열었다. 자유로운 토론을 거쳐 마을의 지도자, 옌 홍창이 '생사협약'이라는 협약서의 초고를 낭독했다. 주요 내용은 다음과 같다.

"우리는 각 호 단위로 농지를 나누고, 각 호의 호주가 서명하고 날인한다. 이후 가정마다 정부에 납부하는 공량公糧 외에는 어떤 돈이나 양식도 요구하지 않는다. 상부와 외부에는 비밀로 하되, 발설하는 자는 전 촌민의 적이 된다. 만일 실패하여 간부들이 감옥에 가게 되면, 남은 사람들은 그들의 아이를 18세가 될 때까지 양육할 것을 보장한다."

가족 단위 생산 책임제인 '다바오간大包干' 제도가 처음 시작된 것인데, 이후 샤오강촌에서 기적 같은 일이 벌어졌다. 1979년에만 양식 6만 6천 킬로그램을 생산했는데, 이는 1966~1970년, 즉 5년간의 생산량과 맞먹는 수준이었다.

샤오강촌의 비밀은 오랫동안 지켜지지 못했고, 결국 보수파의 공격에 직면해야 했지만, 당시 중국 최고지도자 덩샤오핑은 다음과 같이 샤오강촌의 행동을 지지했다.

(안후이성 성장) 완리*: 어려움이 한 가지 있습니다. 어떤 사람은 제가 모양새만 바꾸어 자본주의(=개별 경작)를 한다고 비난합니다.

덩샤오핑: 완리 동지, 다른 사람에게 모자를 씌우고 딱지를 붙이는 것밖

---

* 중국의 정치가. 1958년 베이징 당위원회 서기처 서기와 부시장이 되었고, 이후 철도부 부장, 당 중앙위원, 정치국 위원, 국무원 부총리 등을 역임하였다.

에 모르는 사람들에게 이렇게 전하게. 덩샤오핑은 '인민을 굶겨 죽이는 것이 곧 범죄'라고 하더라고.

덩샤오핑의 집단 농장 해체에 대한 지지 의사는 역사적 전환점을 제공했다. 1952년부터 1977년까지 농업 생산액은 연평균 4.1퍼센트 늘어나는 데 그쳤지만, 집단 농장이 해체된 1978년부터 1995년까지 연평균 증가율은 무려 14.9퍼센트를 기록했다.

그렇다면 농업 부문의 놀라운 생산성 개선, 다시 말해 농업 혁명은 중국 경제에 어떤 영향을 미쳤을까? 전체 인구의 82.1퍼센트가 살고 있는 농촌 지역의 소득 증가는 무엇보다 경제 전체의 성장으로 이어졌다. 중국 경제는 1978년부터 1995년까지 연평균 10.09퍼센트의 놀라운 성장을 기록했는데, 농업 혁명이 뒷받침하지 않았다면 불가능했을 것이다. 농업 혁명의 기여는 여기에 그치지 않았다. 농업 생산성 개선으로 물가가 안정되고, 농촌의 소비가 대규모로 늘어났다. 또한 농업의 성장은 대외 교역 면에서도 긍정적이었다. 식량 수입 필요성이 낮아지면서 자연스럽게 무역수지가 개선되었고, 그 결과 산업화에 필요한 각종 자본재를 수입할 수 있었다.

선순환으로 제조업도 발달했다. 농업의 발달로 생겨난 잉여 인력이 도시 공장 근로자로 충원되었기 때문이다.

중국의 농업 혁명은 복지 측면에서도 매우 긍정적인 영향을 미쳤다. 가난한 나라는 실업수당이나 국민연금 같은 복지제도가 존재하지 않는 만큼, 불경기 때 해고 당한 공장 노동자들이 가족 농장으로 돌아갈 수 있는 기회가 엄청난 중요성을 지닌다. 중국에는 무려 2억 명 이상의 농민공農民工, 다시 말해 농촌 지역의 호구戶口를 지닌 채 도시 지역에서 일하는 근로자들이 존재한다는 사실을 감안하면, '가족농' 시스템이 얼마나 중요한 역할을 하는지 이해할 수 있을 것이다. 실제로 1997년이나 2008년 같은 경기 불황 때 농민공들이 대량 해고되었지만, 이들이 고향으로 돌아가 다시 농민으로서의 삶을 살 수 있었기에 큰 사회적 혼란이나 위기 없이 넘어갈 수 있었다. 이는 가족농 시스템의 장점이라 할 수 있다.

그러나 중국의 개혁 과정은 순탄하지만은 않았다. 경제가 가파르게 성장하는 과정에서 민주화에 대한 요구가 높아진 것은 물론, 기존의 국가주도 경제 시스템이 와해될 것이라는 우려가 높아졌기 때문이었다. 다음 장에서는 1990년을 전후해 중국이 어떤 변화에 맞닥뜨렸는지 살펴보자.

참고한 글과 책

- 비즈한국(2018.10.1), "'대국' 중국이 '바짝' 몸 낮춘 까닭".
- SBS(2018.9.25), "'가난한 사람은 계속 가난하란 말인가'…중국의 '하소연'".
- KBS(2017.1.5), "외교 관례도 거듭 무시…막 나가는 중국".
- 박인성(2010), 『중국의 도시화와 발전축』, 85~86쪽.
- 임반석(1999), 『중국경제 두 가지 기적과 딜레마』, 70쪽.
- 스티븐 핑커(2014), 『우리 본성의 선한 천사』, 351쪽.
- 경향신문(2018.12.17), "[중국 개혁개방 40주년, 현장을 가다](상) '개혁의 발원지' 샤오강촌".
- 조 스터드웰(2016), 『아시아의 힘』, 52~53쪽.
- 한국농촌경제연구원(2010), "농민공 문제에 관한 고찰".
- 위클리비즈(2019.6.7), "집단농장 해체하자 수확량 4배↑".

더 깊게 읽기 ①

중국의 농업 생산성은 얼마나 개선되었나?

중국 농업은 긴 시간 동안 생산성이 정체되어 있다가 1978년 이후 비약적인 성장을 기록했다. 1952~1977년 연평균 식량 생산 증가율이 4.1퍼센트에 불과했지만, 1978~1995년에는 무려 14.9퍼센트까지 상승했다. 이와 같은 생산성의 혁신은 '무한정에 가까운 노동력 공급'이 가능한 소농小農 사회의 특성을 반영한다. 『아시아의 힘』의 저자 조 스터드웰은 '토지개혁'이 경제성장으로 이어지는 이유를 다음과 같이 설명했다.

> (경제성장을 위한 핵심적인) 변화의 수단은 중국, 일본, 한국, 대만에서 집행된 일련의 토지개혁 프로그램이었다. (중략) 간단하게 말하자면 가용 농지를 평등한 토대 위에서 농업 인구에게 나누어주는 것이다. (중략) 소규모로 분할된 토지를 소유한 사람들이 생산량을 극대화하는 데 노동력과 잉여 자본을 투자하도록 장려한 결과, 4개국 모두 소출이 크게 늘어났다. (중략)
>
> 5인, 6인 혹은 7인으로 구성된 가족들은 1헥타르(1만 제곱미터로 약 3천평) 미만의 토지를 일구었다. 일반적인 경제 이론에 따르면 이런 구조는 비효율적이어야 한다. (중략) 신대륙의 대농장은 투자 자본 대비 가장 높은 수익을 창출할 수 있다. 그러나 이는 개발도상국에 적합한 농업적 '효율'이 아니다. 노동력이 넘치는 개발 초기 단계의 빈국에서는 추가 노동력에 따른 수익이 제로가 될 때까지 작물 생산을 극대화하는 게 낫다. 예를 들어 집안에 어린아이와 몸이 불편한 노인이 있더라

도, 텃밭을 비롯한 다양한 작물을 재배할 때 얼마든지 활용할 수 있다는 의미다. 그리고 이런 식의 농업은 중국인들에게 아주 친숙한 것이었다.

실제로 샤오강촌만 하더라도, 각 가구의 구분 경작을 결정하자마자 제일 먼저 한 일이 움직일 수 있는 모든 가족 구성원이 주변 산으로 가서 퇴비에 쓸 자원을 채취한 것이었다고 한다. 이런 일이 가능했던 것은 막대한 노동력이 뒷받침되었기 때문인데, 1978년 중국의 도시화율(전체 인구 중 도시에 사는 사람의 비율)은 단 17.9퍼센트에 불과했다. 많은 사람이 농촌에 살았던 이유는 도시로 이주했다가는 굶주릴 위험이 컸던 데다, 호구제도戶口制度 등으로 도시로의 이동에 어려움이 있어서였다.

이 결과, 중국 농촌에는 여유 인력이 넘쳤고, 이로 인해 생산성을 촉진할 '동기incentive'가 생겨 폭발적인 생산량 증가로 연결되었다. 물론 이와 같은 농업 생산성 향상이 계속되지는 않았다. 1990년대 중반을 전후해, 도시에 많은 일자리가 생기면서 도시로의 인구 이동이 늘어났고, 나아가 노동력 투입에 따른 생산성 향상이 장애에 부딪히면서 식량 생산량 증가 속도는 둔화되기 시작했기 때문이다.

특히 중국 사람들이 예전에 비해 훨씬 더 많은 육류, 특히 돼지고기를 섭취하면서 콩을 비롯한 사료용 곡물 수입이 폭발적으로 늘어나 식량 수입 의존도가 다시 높아지고 있다. 최근 미·중 무역 갈등 과정에서 중국이 미국산 콩에 대해 대규모 보복 관세를 부과한 일 이면에는 이와 같은 중국의 식생활 패턴 변화가 있었음을 알아두면 좋을 것 같다.

〈표 7-1〉 중국의 식량 생산량 변화 추이

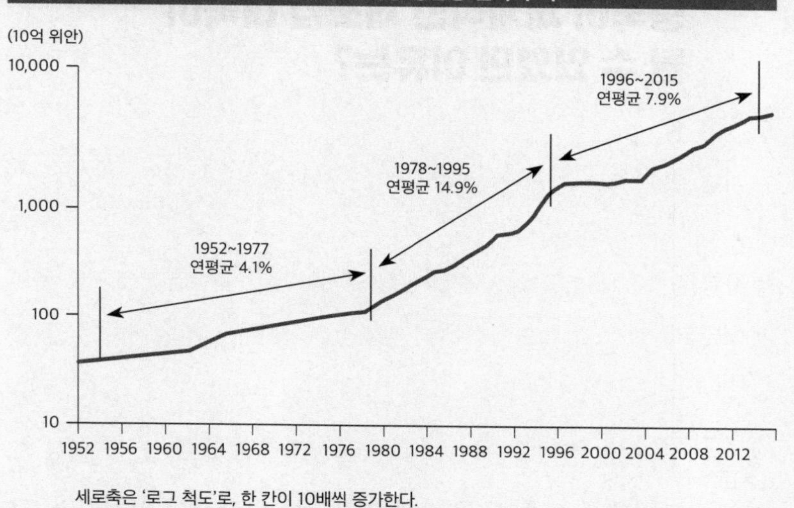

세로축은 '로그 척도'로, 한 칸이 10배씩 증가한다.

● **출처:** CEIC.

중국이 세계적인 제조업 대국이 될 수 있었던 이유는?

토지개혁 이후 중국 경제는 가파른 성장세를 이뤘지만, 그 과정에서 두 가지 문제가 불거졌다. 하나는 농촌 내 잉여 노동력이었다. 농촌에서 노동 생산성이 높아지고 소득이 늘어난 것은 대단히 긍정적인 일이었지만, 이로 인해 노동력이 남아돌기 시작한 것이다. 이런 현상이 나타난 원인을 설명하기 위해서는 '한계생산물 체감 현상'에 대해 설명해야 하는데, 다음의 예를 보면 그리 어려운 이야기는 아니다.

예를 들어 1마지기의 토지에 쌀 농사를 지을 경우, 1명이 일할 때보다는 2명이 일할 때 더 많은 수확량을 거두게 된다. 그러나 2명이 3명이 되고, 3명이 5명으로 늘어나는 순간 추가적인 생산량은 급격히 줄어들 것이다. 이런 현상을 '한계생산물 체감 현상'이라고 한다. 농업에서는 아주 혁신적인 종자(송나라 때 전해진 참파쌀 등) 혹은 화학비료의 투입이 없을 때 한계생산물 체감 현상이 나타난다. 1978년 이후 시작된 농업 생산성 혁신은 대단한 수준이었지만, 시간이 흐름에 따라 '아무리 추가 노동력을 투입해도 생산량이 늘지 않는' 일이 나타났기에 더는 추가적으로 농업에 노동력을 투입할 이유가 없었다. 잉여 노동력을 농촌이 아닌 새로운 일자리에서 활용한다면 문제될 것이 없지만, 적시에 일자리가 주어지지 않는다면 이는 심각한 사회불안을 일으킬 요인이 된다.

당시 중국을 괴롭힌 또 다른 문제는 인플레였다. 농업 생산성이 가파르게 개선되며 농산물 가격이 안정된 것까지는 좋았는데, 소득이 늘어남에 따라 소비재에 대한 수요가 점점 더 높아져 물가 상승의 원인으로 작용했다. 1978년 농촌에 살고 있는 사람의 1인당 소득은 133.6위안에 불과했는데, 1984년에는 355.3위안으로 1978년에 비해 166퍼센트나 상승했다. 또한 1990년에는 농촌의 1인당 소득이 686.3위안으로 1978년의 4.1배에 달했다. 이처럼 소득이 가파르게 증가하자, 농촌의 소비 지출도 폭발해 1990년에는 소비율이 89퍼센트에 이르렀다. 즉, 소득이 1,000위안일 경우, 이 가운데 900위안을 써버린다는 이야기이니 얼마나 소비성향이 높았는지 짐작할 수 있을 것이다. 이 대목에서 한 가지 의문을 지니는 독자들이 적지 않을 것이다.

부족한 소비재를 생산해주면 될 일이 아닌가?

그러나 당시 중국은 소비재를 생산할 여력을 가지고 있지 않았다. 무엇보다 시장이 개방되어 있지 않았기에 해외의 소비재를 수입해오지 않았고, 대약진운동 추진 과정에서 중화학공업을 중심으로 산업을 육성했기에 소비재 생산의 병목현상이 제때 풀리지 않았다. 또한 국영기업의 경영이 방만했던 것도 문제를 키웠다. 1983년 이전까지 중국 정부는 공장 근로자의 임금을 8등급으로 구분해 관리했다. 여기에 관리직 임금 등급까지 더하면, 중국의 임금 등급은 총 24개에 달했다. 그런데 일단 임금 등급이 결정되고 나면 이후에는 연공서열형 임금이 적용되었으니, 생산성이 엉망일 수밖에 없었다.

이상과 같은 여러 요인이 결부되어 1980년대 말부터 폭발적인 소비자물가 상승이 나타났는데, 1984년 2.7퍼센트 상승하던 것이 1985년에는 11.9퍼센트, 1988년에는 무려 20.7퍼센트에 이르렀다. 1980년대 말 중국을 강타했던 거센 민주화 열풍 뒤에는 인플레에 따른 실질적인 생활 수준 저하(및 농촌의 잉여 노동력) 문제가 중요하게 자리잡았던 셈이다.

그렇다면 중국 정책 당국은 이 위기를 어떻게 해결했을까? 문제 해결의 단초는 1992년 1~2월, 덩샤오핑이 중국 남부를 방문해 발표한, 이른바 '남순강화南巡講話'였다. 덩샤오핑은 "자본주의에도 계획이 있고, 사회주의에도 시장이 있다"며 시장 개방 및 개혁 조치가 거스를 수 없는 대세라는 것을 분명히 밝혔다. 이어 중국 공산당은 다음해인 1993년 11월에 열린 제14차 공산당 전당대회에서 부실 국유기업의 개혁을 비롯한 대대적인 시장경제 확대 조치를 취하며, 남순강화 선언이 일시적 사건이 아니라 공산당의 지속적인 정책 방향임을 명확히 드러냈다. 물론 덩샤오핑은 정치제도까지 바꿀 생각은 조금도 없었다. 그는 1979년 '네 가지 원칙(① 마르크스·레닌주의 ② 사회주의 ③ 공산당에 의한 지도 ④ 인민민주독재)'을 제시하며, 개혁 정책을 추진하는 과정에 정치적 틀을 마련한 바 있다.

중국의 정치 개혁 문제는 이 책의 주제가 아니니, 다시 경제 상황에 집중하자. 덩샤오핑의 남순강화는 경제 성장을 촉진했을 뿐만 아니라 인플레 압력을 낮추는 데도 결정적인 공을 세웠다. 당시 수많은 외국인 투자자들은 중국 정부의 태도에 믿음을 갖지 못했다. 개혁파가 권력을 잃어버릴 경우, 다시 예전처럼 '자력갱생' 노선으로 복귀할 가능성이 높고 이때에는 중국에 투자한 자금을 빼앗길지 모른다는 공포를 가지고 있었다. 그러나 제14차 공산당 전당대회 이후 개혁개방 노선이 명확해지면서 외국인 투자자들의 태도가 바뀌었다. 1988년까지만 해도 중국 국내총생산GDP의 1.0퍼센트에 불과했던 외국인 직접 투자 규모가 1993년에는 무려 6.2퍼센트로 급증했다. 물론 1989년을 고비로 독일이 통일되고 소련이 무너지는 등 이른바 '소비에트 블록'이 해체된 것도 외국인 투자자의 신뢰를 얻는 데 큰 영향을 미쳤다.

해외의 거대 자본이 물밀듯이 들어오면서 1980년대 말에 겪었던 인플레 문제는 깔끔하게 해결되었다. 일단 외국인 투자자 대부분이 제조업 부문에 투자함으로써 산업 생산이 폭발적으로 늘어났고, 또 국영기업도 대대적인 경쟁에 노출되면서 개혁을 추진하지 않을 수 없었기 때문이었다. 중국 정부는 1992년 국영기업의 임금 구조에 자율권을 허용하는 조치를 취했고, 1995년 단 한 해에만 전체의 약 40퍼센트에 이르는 3천만 명의 국영기업 근로자가 해고되었다. 나아가 농업 노동자들의 이동을 허용함으로써 거대한 도시화의 물결이 일어나게 되었다. 이에 따라 농촌 호구를 가지고 있지만 도시에서 일하는, 이른바 농민공이 1982년 인구의 1퍼센트에 불과한 700만 명에서 2012년 1억 6,300만 명으로 급증했으며, 고향 지역 내 도시로 이동한 9,900만 명을 합치면 무려 2억 6,300만 명에 달했다.

이와 같은 경제 성장 모습은 1960년대 한국과 대만이 추진했던 '수출 주도형 경제 성장'과도 궤를 같이하는데, 이 전략의 핵심 내용은 다음 두 가지로 정리할 수 있다.

첫째, 강력한 인센티브다. 즉, 외국인이나 국내 기업이 제조 공장을 설립하는 경우 토지 임대료를 경감해주는 등 다양한 인센티브를 제공하는 것이다. 중국 정부가 제공한 인센티브의 핵심은 저금리였다. 1978년에서 2010년까지 연평균 성장률은 9.9퍼센트에 이르렀고, 소비자물가 상승률은 5.7퍼센트에 이르니 명목성장률*은 15퍼센트를 훌쩍 뛰어넘고 있었던 셈이다. 그러나 기업들에게 제공되는 금리 수준은 이보다 훨씬 낮았다. 예를 들어 2010년 1년 만기 대출금리는 단 5.3퍼센트에 불과했다. 경제가 15퍼센트 이상 성장하는데, 대출금리가 5퍼센트라면 어떤 일이 벌어질까?

바로 '과잉 대출'이 발생한다. 적정 수준보다 대출금리가 크게 낮을 때 과도한 대출이 발생하는 이유는 다음과 같다. 예를 들어, 소득 대비 주택가격비율PIR, Price to Income Ratio이 일정하다고 가정하면, 주택가격은 소득 증가분만큼 상승할 것이다. 베이징 지역의 주택이 그 지역 주민들 연 소득의 10배 수준에서 오랫동안 거래되었다고 가정하면, 경제가 15퍼센트 성장하고 소득도 그만큼 성장한다면 주택가격도 같은 비율로 상승하지 않겠는가? 그런데 이런 상황에서 대출금리가 5퍼센트에 불과하다면? 돈을 빌릴 수 있는 사람은 누구나 대박을 누릴 것이다. 주택 가격은 15퍼센트 오르는 데다가 지렛대 효과도 누릴 수 있으니 말이다. 따라서 대출금리가 1인당 소득증가(≒명목성장률)보다 지나치게 낮을 때에는 강력한 '대출 수요'가 발생하며, 시장경제 국가라면 금리는 15퍼센트 전후까지 상승하게 될 것이다.

그러나 예나 지금이나 금리는 정부에 의해 통제되고 있기에, 극

* 명목상으로 계측한 경제성장률을 실질성장률과 구별하여 명목성장률이라고 한다.

소수의 기업들만 저금리의 혜택을 누릴 수 있다. 그리고 이 혜택을 누리는 기업들은 이익을 극대화하기 위해 굳이 돈이 필요 없는 상황에서도 최대한 대출을 받기 위해 노력한다. 중국 대도시 곳곳에 다양한 디자인의 거대한 국영기업 사옥이 즐비한 이유가 여기에 있다.

물론 과잉 대출로 성장한 기업들에게 경쟁력을 기대하기는 어렵다. 부동산 투자 혹은 주변의 민간 기업들에게 돈을 빌려주는 것만으로도 어마어마한 이익을 누리는데, 굳이 어렵게 경쟁력을 갖출 이유가 없지 않겠는가?

최근 드러난 반도체 회사 우한홍신반도체제조HSMC의 사기 의혹이 대표적인 사례다. HSMC는 2017년 11월 설립 당시 1,280억 위안(약 22.3조 원)의 투자금을 확보해 중국에서 가장 혁신적인 반도체 공장을 건설하겠다고 큰소리쳤다. 그러나 불과 3년이 지나지 않은 지금, 공장은커녕 제대로 된 기술도 확보하지 못한 것으로 드러났다. 창업자 리쉬옌을 비롯한 주요 인사들의 행적이 묘연한 것을 보면, 애초에 사기였던 게 아니냐는 분석까지 나오는 상황이다.

결국 중국 정부로서는 적극적인 자금 지원 같은 당근뿐만 아니라 강력한 '규제'라는 채찍을 들고 나오지 않을 수 없다. 즉, 1960년대 박정희 정부처럼 "정부의 보조금을 받고 싶다면 적극적으로 수출하라"는 식의 규제를 하는 것이다. 결국 기업은 수출을 늘리고 세계 시장 점유율을 높여나가는 한, 무제한에 가까운 지원을 받

중국의 반도체 업체 HSMC가 투자 유치를 하며 선보였던 공장 조감도

● **출처**: Electronics Weely.com(2020.8.28), 『Another China fab project stalled』

을 수 있지만, 수출을 하지 않고 내수시장에서 부동산 투자에 몰두한다면 강력한 조치를 받게 된다.

최근 세계 시장을 호령하는 샤오미Xiami나 화웨이Wuawei 같은 기업들은 이와 같은 정책의 대표적인 성공 사례라 할 수 있다. (한편으로는 가파르게 성장했던 기업의 창업주가 갑자기 사라지거나 자신의 지분을 포기하는 등의 일이 벌어지는 것도 쉽게 발견할 수 있다.) 이러한 양면 전략 덕분에 중국은 대단히 빠른 속도로 성장할 수 있었다. 그 대신 중국은 주변 국가의 강력한 반발에 직면하게 되었다. 다음 장에서는 2018년부터 미·중 무역분쟁이 촉발된 이유에 대해 살펴보자.

참고한 글과 책

- 나카가네 카츠지(2001), 『중국경제발전론』, 84~85, 88~89쪽.
- 임반석(1999), 『중국경제 두 가지 기적과 딜레마』, 68~69쪽.
- Nicholas R. Lardy(2014), 『Markets over Mao: The Rise of Private Business in China』, 14~16, 17, 43쪽.
- 조선일보(2020.9.3), "삼성 잡겠다더니, 2조 6000억 원 먹고 튄 중국 반도체 사기단".
- 조선일보(2019.5.28), "中 안방보험 이어 이번엔 중소은행 경영권 접수... 금융 리스크 커졌나".
- 조 스터드웰(2016), 『아시아의 힘』, 274쪽.
- NBER(2019), 『Can a Tiger Change Its Stripes? Reform of Chinese State-Owned Enterprises in the Penumbra of the State』.
- IMF(2019), 『The Impact of US-China Trade Tensions』.

더 깊게 읽기 2

미국의 관세 부과에도 중국산 제품 가격이 인상되지 않는 이유는?

2018년부터 시작된 미·중 무역분쟁 과정에서 미국이 중국에 대해 10~25퍼센트에 이르는 관세를 부과했음에도, 미국에서 팔리는 중국산 제품의 가격은 오히려 하락한 것으로 나타났다. 중국산 제품의 가격이 하락한 이유는 무엇일까? 이 의문을 푸는 데 최근 전미경제분석국NBER에서 발간한 흥미로운 논문(Can a Tiger Change Its Stripes? Reform of Chinese State-Owned Enterprises in the Penumbra of the State)이 큰 도움을 준다.

〈표 7-2〉의 갈색 선은 중국의 국영기업이 부담하는 대출금리를 보여준다. 1998년에는 5퍼센트 전후 수준이었던 것이 2008년을 전후해서는 3퍼센트까지 내려간 것을 발견할 수 있다. 참고로 2008년 중국의 명목경제성장률이 17.8퍼센트였다는 점을 감안하면, 3퍼센트 대출금리는 대단한 특혜라고 할 수 있다. 반면, 검은색 선은 민간기업들의 체감 금리를 나타내는데, 국영기업에 비해 매우 높은 수준임을 알 수 있다.

이렇듯 어마어마한 (암묵적인) 보조금을 지급받고 있기에, 중국 국영기업은 대중 관세 부과에도 제품가격을 인상하지 않을 수 있었다. 물론 중국산 제품의 대미 수출 단가가 하락한 이유는 이뿐만이 아니다. 중국 정책당국이 1달러에 대한 위안화 환율을 이전 6위안에서 7위안 초반까지 인상한 것도 관세 부과의 충격을 완화하는 데 도움을 주었다. 예를 들어 미국 트럼프 대통령이 10퍼센트의 관세를 부과했더라도, 환율을 10퍼센트 인상해버리면 그 효과는 거의 희석된다.

물론 이 두 가지 요인 중 어떤 것이 더 큰 영향을 미쳤는지 정확하게 판단하기는 어렵지만, 최근 미국 무역당국이 무차별적인 관세 부과 기조에서 화웨이 등 핵심 기업을 제재하는 방향으로 바꾼 것을 이해하는 데에는 도움이 될 것이다.

〈표 7-2〉 중국의 기업 유형별 대출금리

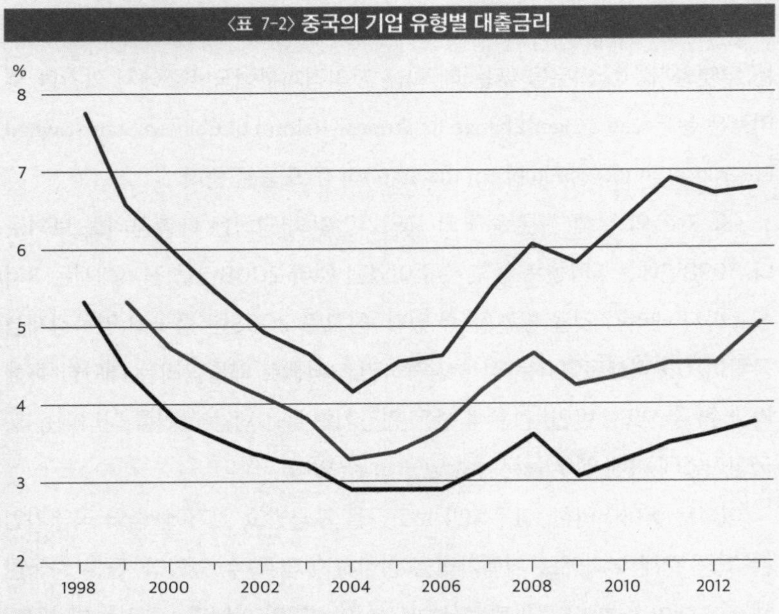

갈색 선은 국영기업의 대출금리, 초록색 선은 민영화 되기 이전 국영기업의 대출금리, 검은색 선은 민간기업의 체감 금리이다.

● **출처:** NBER(2019)

미·중 무역분쟁이 2018년부터 격화된 이유는?

1992년 '남순강화' 이후 중국이 세계 최대의 제조 국가로 우뚝 설 수 있었던 이유는 두 가지다. 하나는 소비에트 블록 해체에 따른 글로벌 투자자금의 중국 이동이고, 또 다른 하나는 무제한에 가까운 노동력과 정부의 지원이다.

그러나 지난 2018년 시작된 미·중 무역갈등으로 인해, 과거의 성취가 무너질 것이라는 우려의 목소리가 높아지고 있다. 대체 왜 무역분쟁은 격화되었을까? 가장 직접적인 원인이야 2016년 트럼프 대통령 당선에 있겠지만, '중국의 경쟁력 강화'가 중요한 이유로 작용했다는 해석이 가장 지배적인 듯하다.

2018년 8월 3일, 미국 의회는 외국인 투자가 국가안보에 위협이 되는지 심사하는 기구인 외국인투자심의위원회CFIUS를 통해 미국

내 중국 투자에 대한 심사를 강화하고, 미 기업들의 핵심 수출을 통제하기로 결정했다. 또 ZTE, 화웨이 등 중국 통신기업이 미 정부 조달에 참여하는 것을 원천적으로 배제하진 않았지만, 국가안보 위협을 이유로 제한할 수 있도록 했다. 여기에 미 무역대표부USTR가 2017년 8월부터 조사한 결과를 담은 보고서가 중국에 대한 미국의 태도를 더욱 강경하게 만든 계기를 제공했는데, 중국이 합작법인 설립, 외자 기업 투자 규제, 특허 사용 계약 등을 통해 미국 기업의 기술 이전을 강요했다는 내용이었다. 예를 들어 전기차 배터리 등 주요 기술에 대한 지식 재산권을 중국 내 합작법인이 보유하도록 관련 요건을 규정하는 식이었다.

그렇다면 중국은 왜 이렇게 기술 확보에 혈안이 되었을까? 기존 경제 성장 전략에 한계가 나타났기 때문이다. 『127가지 질문으로 알아보는 중국경제』의 저자, 아서 크뢰버는 다음과 같이 중국 가전산업의 특성을 설명한다.

> 중국의 가전산업은 흥미로운 연구 사례다. 어찌 보면 중국은 이 분야에서 엄청난 성공을 거두었다. 현재 중국은 컴퓨터나 스마트폰 같은 전자 제품 세계 수출 물량의 40퍼센트 이상을 차지하고 있다. (중략) 그런데 중국에서 이루어지는 전자제품의 생산 과정은 거의 대부분 최종 조립이다. 이 단계는 마진이 극히 적은 데다 이마저도 대부분 해외 기업들이 좌지우지하고 있다. 특히 대만 회사인 팍스콘Foxconn(중국 남부 선전에

있는 공장에서 애플의 아이폰을 위탁 생산하는 것으로 유명함)이 대표적이다. 기술 가치 사슬Tech Value Chain의 최상부에 위치한 완제품 디자인과 마케팅, 집적회로 디자인, 오리지널 소프트웨어 개발 등은 여전히 삼성, 애플, 인텔, 마이크로소프트 등 글로벌 기업들이 차지하고 있다.

결국 중국 제조업 생산 규모의 내실이 부족하다는 이야기다. 외형은 세계 최고 수준으로 성장했지만, 자체 기술력을 갖지 못했던 것이다. 그래서 중국 정책당국은 이른바 '제조업 2025'라는 성장 전략을 채택하기에 이른다. 제조업 2025란 중국의 리커창 총리가 2015년 전국인민대표대회에서 처음 발표한 것으로, 제조업 기반 육성과 기술 혁신 등을 통해 중국의 경제 모델을 '양적 성장'에서 '질적 성장'으로 바꾸겠다는 일종의 산업 정책이다. 즉, 핵심 부품과 자재의 국산화율을 2020년까지 40퍼센트로 끌어올리고, 2025년에는 70퍼센트까지 달성하여 10대 핵심산업을 세계 최고 수준으로 만들겠다는 목표를 세운 것이다. 참고로 10대 핵심산업에는 정보통신기술, 로봇, 항공 우주, 고속철도, 고효율·신에너지 차량, 신소재, 바이오 등이 포함된다. 이 목표를 달성하기 위해 중국 정부는 각종 보조금과 혜택 등을 지원하고 있다.

이중 가장 핵심이 되는 산업은 전기차 분야다. 중국은 오랫동안 기계산업의 여왕인 자동차 산업을 육성하기 위해 노력했지만 사실상 실패했다. 중국의 자동차 산업 점유율을 살펴보면, 여전히 해외 기업(정확하게는 합작법인)이 압도적인 우위를 차지하고 있음을 발견할 수 있다.

세계적인 기업과 합작을 통해 기술을 습득하려 노력했지만, 중국의 토착기업들이 제대로 된 경쟁력을 갖지 못한 이유는 '인센티브' 부족에 있다. 해외 기업 입장에서는 나중에 언제든 경쟁자로 돌아설 수 있는, 중국 로컬 파트너에게 순순히 기술을 넘길 이유가 없다. 로컬 파트너들이 대부분 국유기업이었던 것도 문제였다. 국유기업 경영자들 입장에서는 자칫 큰 손실을 입을 수 있는 대대적인 투자보다는 해외 파트너가 들여오는 '검증된 모델'을 중국 시장에서 파는 것을 선택할 수밖에 없었다.

그러던 차에 시작된 세계적인 '전기차 붐'은 중국 정책당국에게 대단히 좋은 기회로 다가왔다. 중국에게 전기차 산업이 안성맞춤인 이유는 중국이 심각한 대기오염으로 골머리를 앓고 있기 때문이다. 연구에 따르면 차량에서 나오는 배기가스가 중국 도시 공기오염원의 3분의 1을 차지하니 전기차야말로 좋은 대안인 셈이다.

중국이 전기차 산업을 육성하는 또 다른 이유는 승산이 꽤 높다고 판단했기 때문이다. 내연기관 부문에서 사실 중국 기업이 두각을 나타낼 틈새는 별로 없다. 내연기관은 100년도 더 지난 오래된 기술인데, 그 기술의 핵심인 파워트레인은 이미 독일, 미국, 일본계 기업들이 장악한 상태다. 하지만 전기차는 다르다. 전기차의 핵심은 배터리 및 관리 시스템이니, 중국 기업도 해볼 만한 게임

중국의 전기차 NIO

이라 할 수 있다. 물론 이 과정에서 중국의 기존 자동차 회사도 큰 타격을 받을 수 있다. 그렇지만 내연기관 자동차를 만드는 선두주자들과의 격차가 큰 데다 별로 좁혀지지도 않는다면, 전기차 산업을 키우는 게 가장 나은 선택이 될 수 있다. 결국 최근 미국 정부가 중국의 전기차 및 부품 산업에 대해 문제를 제기하는 것은 단순히 '기술 이전' 문제가 아니라, 중국이라는 위협적인 경쟁자가 성장하기 전에 미리 견제할 필요가 있음을 느낀 데에서 비롯된 것으로 볼 수 있다.

이 대목에서 한 가지 첨언하자면, 미·중 무역분쟁이 발생한 원인을 중국에서만 찾으면 안 된다. 중국은 이미 2000년대 들어 강력한 국가로 성장했다. 그런데 왜 2018년이 되어서야 무역분쟁이 발발했을까?

이 문제를 이해하려면 미국 내부의 변화를 살펴봐야 한다. 미국 경제에서 발생한 첫 번째 변화는 불평등의 심화다. 미국 기업이 중국에 대거 진출해 공장을 세운 결과, 소비자들은 예전보다 훨씬 싼값으로 소비재를 구입할 수 있었던 반면, 자유무역으로 인한 피해도 무시 못할 수준으로 높아졌다. 미국 경제학계의 스타, 데이비드 오터David Autor 교수 등은 "중국과의 교역 확대로 제조업이 밀집한 중서부 및 동남부 지역의 고용이 감소했으며, 그 규모는 직간접적으로 98만~200만 명에 달한다"라고 지적한다. 참고로 오터 교수가 '자유무역의 피해를 집중적으로 받은 지역'이라고 묘사한 곳의 상당 부분이 2016년 미국 대선 당시 트럼프 후보를 지지한 지역이다.

미국 내에서 발생한 두 번째 변화는 셰일 오일 혁명이다. 미국이 제2차 세계 대전 이후 '세계의 경찰' 역할을 수행했던 건 크게 보아 두 가지 때문이었다. 하나는 독일을 스탈린그라드에서 쳐부순, 세계 최강의 육군을 지닌 소련의 위협이다. 미국으로서는 소련을 견제해야 했는데, 직접 소련과 맞서 싸우기보다는 독일이나 일본 등 소련과 맞닿아 있는 나라들을 키워 '방어막'으로 쓰는 게 훨씬 더 이익이었던 것이다. 미국이 세계의 정치에 개입했던 또 다른 이유는 사우디아라비아를 비롯한 중동의 석유 생산국으로부터 선진국으로 이어지는 수송로를 보호할 필요가 있었기 때문이다.

그러나 지금 이 두 가지 이유는 모두 사라졌다. 1991년 소련이 해체됨에 따라, 소련을 제어하기 위해 다른 동맹국을 육성할 필요성이 사라진 것이다. 또한 셰일 오일 혁명 덕분에 에너지의 자급자족이 가능해져, 석유 수송로를 지키는 데 열의를 가질 이유도 없어졌다. 따라서 미국은 이제 '경제적' 이익의 관점에서 세계를 바라볼 여유가 생겼다. 2016년 미 대선이 이런 관점을 부각시킨 결정적 계기였음은 물론이다.

이상의 요인을 감안할 때, 2020년 미 대선에서 누가 당선되든지 간에 중국에 대한 강경 자세가 완화될 가능성은 없어 보인다. 물론 민주당과 공화당의 정책 '수단'에는 차이가 있을 수 있지만, 미·중 갈등이 해소되기는 힘들 것으로 판단된다.

참고한 글과 책

- 중앙일보(2018.8.3), "미국 의회 '중국 림팩 참가 금지, 화웨이·ZTE 기술 미국 내 거래 제한'".
- 연합뉴스(2018.3.23) "[미중 무역전쟁] 관세폭탄 빌미된 중국 '기술도둑질' 살펴보니".
- 아서 크뢰버(2017), 『127가지 질문으로 알아보는 중국경제』, 92쪽.
- 한겨레(2018.4.4), "미국이 두려워하는 '중국제조 2025' 도대체 뭐길래?".
- 이필상(2018), 『아시아 투자의 미래』, 204~206, 215~217쪽.
- David H. Autor, David Dorn and Gordon H. Hanson(2016), 『THE CHINA SHOCK: LEARNING FROM LABOR MARKET ADJUSTMENT TO LARGE CHANGES IN TRADE』, NBER Working Paper 21906.
- 피터 자이한(2018), 『21세기 미국의 패권과 지정학』, 192~193, 196쪽.
- EIA(2019), 『Annual Energy Outlook 2019』.
- GS칼텍스 블로그(2018), "셰일가스의 개발 특성과 국제유가".
- 홍춘욱(2020), 『디플레 전쟁』, 77~78쪽.
- 국제무역연구원(2019), "중국제조 2025 추진성과와 시사점".
- Ana Maria Santacreu and Heting Zhu(2018), 『What Does China's Rise in Patents Mean? A Look at Quality vs.Quantity』, St. Louis Fed Economic Synopses No. 14.

더 깊게 읽기 3

중국의 기술 경쟁력은 어떤 수준일까?

최근 세계 특허 출원 건수를 조사하면, 중국의 발전 속도가 대단히 가파른 것을 알 수 있다. 중국의 특허 출원 건수는 2000년대 초반부터 증가세로 돌아섰고, 2010년대 중반에는 급기야 세계 1위의 자리에 올라섰다.

이렇듯 가파른 성장세를 보일 수 있었던 이유는 이른바 '제조 2025' 정책 수립 이후 연구개발 투자R&D가 크게 늘어난 데 있다. 중국 정부는 10대 핵심 산업의 23개 분야를 미래 전략 산업으로 육성하고 있다. 물론 특허만으로 중국의 기술력을 평가하는 것은 문제가 있다. 최근 미국 세인트루이스 연은의 이코노미스트들은 "중국의 특허 출원(및 승인) 증가가 '글로벌 혁신 리더'가 되는 것을 의미하는 것은 아니다"라고 지적했다. 특허 출원 건수는 혁신을 평가하기에 불완전하기 때문이다. 모든 특허가 '혁신'의 결과물은 아니기 때문인데, 실제로 중국 특허청은 특허를 다음의 세 가지로 분류한다. 첫째, 가장 혁신적인 '발명Invention' 특허. 둘째, 상대적으로 낮은 수준의 독창성을 담은 '실용 신안Utility Model' 특허. 마지막은 '디자인Design' 특허다.

그런데 중국의 특허 승인 건수를 살펴보면, '실용 신안 특허'가 압도적인 반면, 발명 특허는 여전히 소수에 불과한 것을 확인할 수 있다. 게다가 특허 출원 중 승인이 이뤄진 비율도 대단히 낮다. 세인트루이스 연은의 이코노미스트들은 "2000년과 2016년 사이, 전체 특허 출원 건수에서 승인된 특허의 비중은 평균 23.44퍼센트에 불과하다. 반면 독일은 43.5퍼센트, 미국은 44.93퍼센트, 한국은 45.54퍼센트, 일본은 50.50퍼센트를 차지한다"라고 지적했다. 즉, 최근 중국의 특허 출원이 급증한 것은 '보조금 지급' 등의 인센티브 정책 때문일 뿐, 아직 내실은 부족하다고 볼 수 있다.

물론 이는 과거의 데이터에 불과하다. 중국 정책당국이 적극적으로 기술 혁신을 위해 다양한 촉진책을 펼치고 있는 데다, 기업들도 막대한 유무형의 보조금을 이용해 투자할 수 있는 만큼, 중국이 주요 산업에서 한국의 강력한 경쟁자로 나타날 가능성이 매우 높다. 최근 한국의 LCD산업이 투자 규모를 축소하거나 아예 공장 설비를 이전하는 움직임을 보이는데, 이는 BOE(1993년 설립되었으며, 정식 명칭은 '京东方科技集团股份有限公司')를 비롯한 중국 경쟁 기업의 저가 공세에 어려움을 겪기 때문이다.

〈표 7-3〉 전 세계 특허 출원 건수

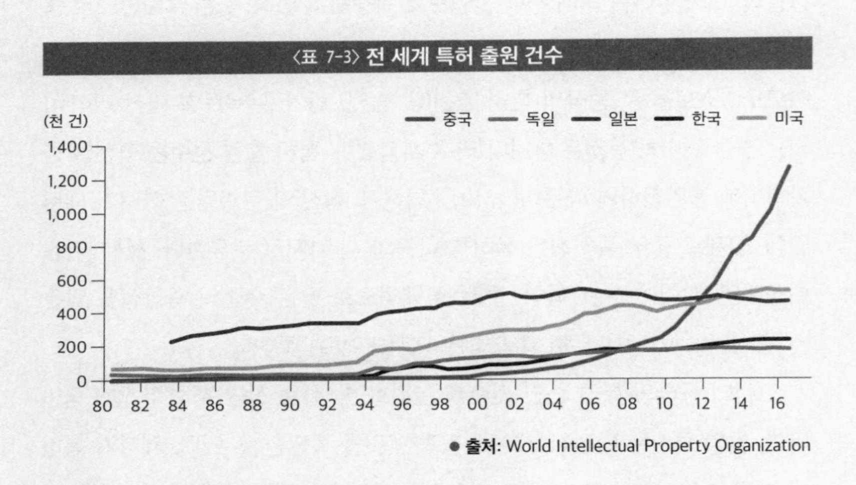

● 출처: World Intellectual Property Organization

한국 경제는 미·중 분쟁으로 어떤 영향을 받을까?

7부의 이야기를 요약해보면, 다음 세 가지 포인트를 발견할 수 있다.

첫째, 중국은 외국인 직접투자 및 강력한 보조금 지급에 힘입어 빠른 성장을 달성했으나 이러한 성장 전략에 한계를 느끼고 있다. 근로자의 임금 수준이 높아진 데다, 선진 기술을 모방하는 것만으로는 높은 부가가치를 달성하기 어려워졌기 때문이다. 따라서 중국 정책당국은 앞으로 '제조업 2025'류의 산업정책을 더 지속할 것으로 보인다.

둘째, 미국 입장에서 중국의 약진을 더 이상 용인할 이유가 없다. 예전에는 중동 석유자원을 보호하기 위해, 그리고 러시아라는 강력한 경쟁자를 견제할 목적으로 중국과 우호적인 관계를 맺었지만, 이제 그 필요성이 감퇴되었다. 게다가 중국산 저가 공산품의 유입으로 인해 제조업 기반이 약화되고 불평등이 심화되고 있음을 감안할 때, 2020년 대선 결과에 상관없이 중국에 대한 견제는 더욱 강화될 가능성이 높다.

셋째, 2020년 발생한 '코로나 쇼크'로 내집단內集團에 대한 선호가 높아지는 흐름까지 겹치는 만큼 글로벌 교역은 2000년대와 같은 호황을 누리기 어려워 보인다. 물론 백신이 신속하게(그리고 저렴하게) 공급된다면 글로벌 교류가 다시 재개되겠지만, 적어도 수년간은 완만한 회복이 나타날 가능성이 높다.

이상과 같은 세 가지 변화는 우리 경제에 한 가지 부정적 영향과 긍정적 영향을 미칠 것으로 예상된다. 부정적 영향을 먼저 이야기하자면, 수출 주도 경제 성장 전략이 상당 기간 어려움을 겪을 가능성이 높다. 2018년처럼 대대적인 대중 관세 부과(및 각종 제재 조치)가 재개될 가능성을 배제하기 어려운 데다, '코로나 불황'으로 선진 각국이 큰 타격을 받았으니 말이다. 따라서 향후 수년에 걸쳐 과잉공급 문제에 봉착할 위험을 각오해야 할 것이다.

물론 긍정적인 면도 있는데, 이는 중국의 성장 전략이 기존 수출 중심에서 내수 주도로 바뀔 가능성이 높아졌다는 것이다. 중국이라는 거대 내수시장이 열릴 뿐만 아니라, 중국의 강력한 경기 부양이 세계 경제 회복에 도움이 될 거라는 점에서 우리 경제에 큰 호재로 작용할 가능성이 높다.

1978년 이후 중국 정부는 대기업이 자리잡은 상하이와 광저우 등 연안 지역에 폭발적으로 인구가 유입되고, 이로 인해 도시 주민의 생활 수준이 떨어지게 되는 것을 우려하여 '도시화'의 속도를 조절하는 정책을 줄곧 펼쳐왔다. 이 결과, 농촌 지역에서 도시 지역으로 이주한 농민공들은 주택 구입이나 교육 등 여러 면에서 도시 지역에 살고 있던 사람에 비해 차별을 감수해야만 했다.

그러나 수출 주도의 성장 전략이 점차 한계에 봉착하고 있는 만큼, 도시화의 속도를 촉진시킴으로써 내수경기를 부양하려 들 가능성이 높아지고 있다. 실제로 2020년 양회*에서, 중국 정부는 코로나 방역을 최우선 과제로 제시하는 한편, '내수 확대'를 중점 업무로 공언했다.

따라서 한국은 미·중 무역분쟁으로 초래된 새로운 환경에 대비할 필요가 있을 것이다. 무엇보다 중국의 추격에 맞서 연구개발 투자를 적극적으로 활용하는 것은 물론, 중국 내수시장 개방에 발맞춰 현지 사정에 맞춘 신제품을 개발하고 효과적인 마케팅 전략을 펼쳐나갈 수 있도록 준비해야 할 것이다.

---

* 우리나라의 정기 국회에 해당되는 전국인민대표회의와, 공산당과 각계 정당의 대표로 구성되는 전국인민정치협상회의를 뜻한다. 매년 3월에 열리는데 2020년에는 코로나 쇼크로 인해 5월에 열렸다.

참고한 글과 책

- 박철현(2016), 「개혁기 위계적 시민권과 중국식 도시사회의 부상」, 14, 16~17, 25, 28~29쪽, 〈역사비평〉, 2016년 여름호.
- 한국경제(2020.4.26), "중국 경제 구조 전환 힘 실리나".
- 대외정책연구원(2020.6.4), "2020년 양회를 통해 본 중국의 경제정책 방향 및 시사점".

유례없는 코로나 사태를 맞아 세상이 어떤 방향으로 흘러갈 것인지 고민하는 독자들이 많으리라 생각한다. 27년 넘게 이코노미스트로 일해오고 또 돈에 얽힌 역사에 대해 공부해온 필자로서는 다음과 같은 세 가지 현상이 우세해질 것이라 생각한다.

첫째, 디플레 압력이 높아질 가능성이 높다. 정보통신 혁명으로 경제의 생산성은 계속 높아진 반면, 코로나 쇼크가 불러온 불황으로 경제 내의 유효 수요가 크게 위축되었기 때문이다. 생산 설비가 남아돌고 재고가 쌓이게 되면, 실업자가 늘어나고 가격 인하 압력이 높아질 수밖에 없다. 2020년 하반기 중 신규 채용을 계획한 기업이 단 30퍼센트에 불과하다는 소식이 이를 뒷받침한다.

둘째, 제로 금리 시대가 장기화될 수 있다. 강력한 디플레 압력에 맞서, 각국 중앙은행은 '디플레 파이터'로서의 본색을 드러낼 것으로 보인다. 특히 미 연준이 발표한 '평균 물가 목표제Average Inflation Targeting'는 앞으로 상당 기간 제로 금리 정책이 유지될 수 있음을 시사하는 것으로 볼 수 있다. 평균 물가 목표제를 설명하기 위해 〈표 8-1〉에서 2008년 글로벌 금융위기 이후 미국의 소비자물가 흐름을 살펴보자. 갈색 선은 연준의 목표(2퍼센트 물가 상승)가 달성되었을 때의 소비자물가를 나타내며, 초록색 선은 실제 소비자 물가의 흐름을 보여준다. 2008년 글로벌 금융위기 이후 경제 내에 '구조적 충격'이 발생하면서 소비자물가가 과거의 추세에 비해 훨씬 내려간 것을 발견할 수 있을 것이다. 결국 평균 물가 목표제란, 소비자물가 상승률이 일시적으로 정책 당국의 목표를 상회하더라도 평균적인 물가 수준이 2퍼센트에 도달하지 않았다면 금리인상을 단행하지 않겠다는 것을 의미한다. 다시 말해, 소비자물가가 〈표 8-1〉의 '갈색 선' 수준에 도달할 때까지 금리인상을 하지 않겠다는 약속이라 할 수 있다.

〈표 8-1〉 미국 소비자물가 추이

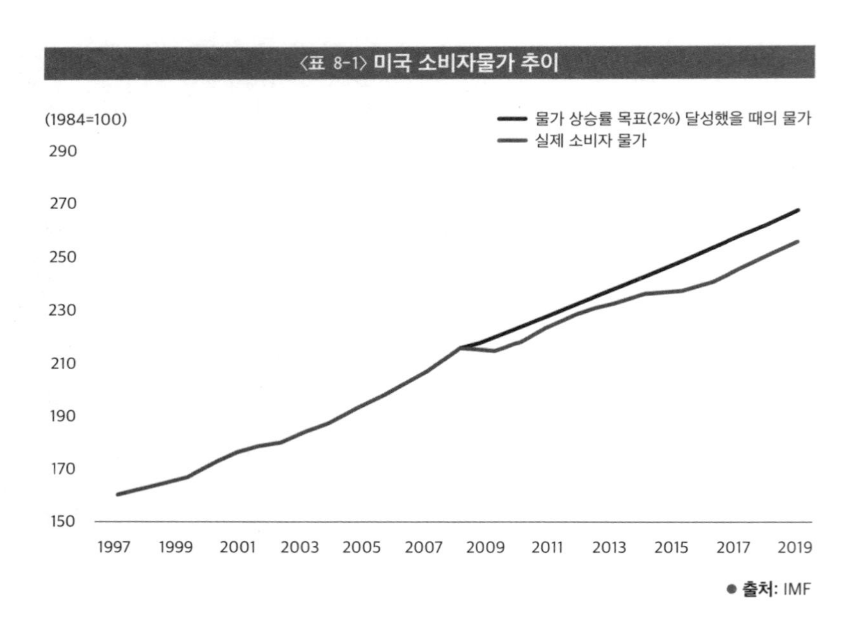

● 출처: IMF

셋째, 재정 정책의 중요성이 과거와 비교할 수 없이 높아질 것이다. 정부는 국민으로부터 거둬들인 세금을 가지고 교육·국방·SOC투자 등 개인이 하기 어려운 사업을 추진하며, 2020년처럼 초유의 불황이 시작될 때에는 지출을 더 늘려 경제가 끝없는 수렁에 빠지지 않도록 노력한다. 그런데 금리가 급격히 상승하는 경우에는 재정정책이 효과를 거둘 수 없다. 왜냐하면 정부가 부족한 돈을 시장에서 빌려오는 데 필요한 비용(=이자)이 늘어나면서 부채가 걷잡을 수 없이 늘어날 위험이 높은 데다, 정부가 채권을 발행하는 과정에서 이자율을 더욱 인상시켜 기업이나 개인이 돈을 빌리는 일이 더 어려워질 수 있기 때문이다. 그러나 최근 정부가 발행한 채권 금리 수준은 역사상 가장 낮은 수준이며, 또 중앙은행이 양적 완화(중앙은행이 채권시장에서 국채나 회사채 등을 매입하는 일)를 지속하는 한 금리가 급격히 오르기는 어려워 보인다. 따라서 유례없는 저금리 환경을 배경으로 정부가 강력한 부양 정책을 펼쳐 나갈 것으로 예상된다.

이상과 같은 세 가지 흐름이 언제 끝날지 현재로서는 알 수 없다. 7부에서 살펴본 바와 같이 중국의 내수성장 노선 추진과, 6부에서 언급했던 주요국 중앙은행의 통화 공급 확대 노력이 성공하느냐에 따라 정상화 시기는 달라질 것이다.

역사에서 배운 교훈을 잘 살려, '코로나 불황'에서 신속하게 벗어날 수 있기를 바라는 마음 간절하다.

참고한 글과 책

- 매일경제(2020.9.6), “대기업 10곳 중 7곳은 하반기 채용계획 없다”.
- 이데일리(2020.9.5), “파월이 꺼내든 평균물가목표제(AIT)”.